예술정책, 법대로 하자

연극과인간

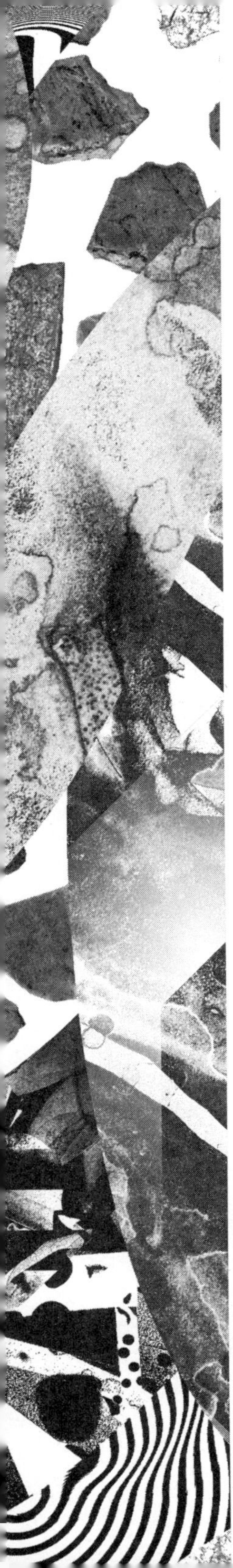

예술정책, 법대로 하자

황윤동

연극과인간

머리말

1995년 지방자치제도가 시작된 이래로 구미시는 정책 방향에 따라 문화와 관련된 주무부서의 명칭을 수정했고 2008년 문화예술 주무부서인 문화예술과를 통해 다양한 문화예술 사업들을 펼쳐왔다. 하지만 필자가 종사하고 있는 예술현장이 개선되거나 존중받고 있다는 생각은 별로 없었던 것 같다. 그리고 이 생각은 2020년 3월, 코로나 19의 팬데믹 선언 후 구체화되었다. 경상북도에서 유일하게 공연장등록이 되어 있는 소극장은 그 흔한 방역지원 한 번 받지 못했고 소상공인 대출지원사업에서도 제외되었다. 전업 연극인으로 구성된 전문예술법인이자 사회적 기업으로서, 지역예술을 견인하고 있다는 자부심은 상처받았고 자존감은 무너졌다.

구미시의 문화 분야 조례 중 문화예술분야의 조례는 총 11개이다.

문화예술진흥법과 지역문화진흥법을 모법(母法)으로 한 문화예술 진흥 기본조례로 '구미시 문화예술진흥 지원 및 기금 운용 조례'가 있다. 하지만 문화예술과 관련된 단체를 보조하기 위한 근거 정도로만 활용되고 있을 뿐이다. 또한 법 조항에 명시된 기금 운용에 관한 사항은 조례 제정 이후 실현된 적이 한 번도 없다. 사회복지나 교육복지 등 시민들을 위한 복지사업들이 즐비하게 있지만 예술인 복지에 관한 사업은 언급된 적이 없다. 당연히 예술인 복지에 관한 기본조례 또한 없다. 시민들의 문화예술 향유권을 실현하기 위한 사업들은 많지만 문화예술 교육지원에 관한 기본조례 역시 없다. 당연히 예술가들을 활용할 방법을 찾지 못하고 있다.

한편, 「2017년 기준 지역문화실태조사」(문화체육관광부, 2019)에 따르면 전국

229개 지자체 중 구미시는 자체문화사업 추진 건수가 104건으로 여수시와 함께 공동 2위이다. 하지만 2019년 기준 지자체 총예산 대비 문화예술 예산비율은 1.81%로 세종특별자치시를 포함한 76개 기초 시 지자체 중 31번째이고 인구 1인당 문화예술 금액은 5만 6,549원으로 52번째이다. 한편 최근 5년간(2015~2019) 구미시 보조금 사업 평균 신청 건수는 142건에 평균 선정건수는 138.4건으로 평균 선정율 97.5%인데 선정단체는 평균 89.2개 단체로 거의 동일한 단체가 매년 지원을 받고 있다. 그리고 대부분이 행사성 사업이고 예술창작에 대한 지원사업은 없다. 2021년 5월 현재 구미시는 문화재단이 없다.

구미시는 문화예술에 대한 정책이 없다. 아니 한 번도 정책수립을 위한 시도를 해 본 적이 없다.

구미시의 행정기관이나 입법기관이 나름의 논리로 문화예술과 관련된 사안을 다루는 것을 보면 문화와 예술에 대한 철학이나 예술인들에 대한 애정에서 출발하기보다는 빈약한 정보에 근거하거나 개인의 취향(趣向)에 의해 좌우되고 있다는 인상이다. 예술인들 역시 지원사업으로만 접근하는 태도 역시 문화예술 진흥에 관한 논의를 빈약하게 만들고 있다.

필자가 문화예술 주요법률에 주목한 이유가 바로 이것이다.

정책(政策)은 정치적 목적을 실현하기 위한 방책이다. 문화예술정책(文化藝術政策)은 정부 등의 공공기관이 문화를 발전시키고 국민들의 문화적 삶의 질을 높이기 위하여 문화 예술 활동에 개입하여 지원하는 행정 정책이다. 국가는 이런 행정 정책의 뒷받침을 위한 방편으로 해당 법률을 제정하여 국가와 지방자치단체가 책무(責務)를 이행하도록 하고 있다.

하지만 법률에서 책무를 부여하고 있어도 각 지방자치단체들이 그 실행을 위해 조례를 마련하고 또 확실한 의지를 가지고 실행하지 않는다면 문화의 발전과 예술의 진흥이라는 근본 목적은 달성할 수 없다. 따라서 문화예술 주요법률 기본조례의 제정은 지역의 문화정책과 관련한 법 · 제도적 장치를 마련함으로써 정책적 실행력을 높이겠다는 지방자치단체의 의지를 확인할 수 있는 지표로 볼 수 있다.

이 책은 문화예술 주요법률에 기반한 문화예술 진흥방안에 관한 연구이다.

이 책은 필자의 박사학위 논문 「문화예술 주요법률에 기반한 기초 지방자치단체 문화예술 진흥 방안 연구: 구미시를 자료체로」를 기반으로 하고 있다. 연구는 문화예술 진흥과 관련하여 문화기본법이 선언한 지방자치단체의 책무 이행 현황을 파악하기 위해서 그 실제 실행을 담보해 주는 문화예술 주요법률 기본조례의 제정 현황과 책무 이행 실태 그리고 문화예술 기반요소별 지방자치단체의 문화예술 현황을 파악하였다. 그런 다음 구미시를 자료체로 문화예술 실태 분석을 통해 도출된 문제점을 밝혀내 구미시 문화예술 진흥을 위한 개선 방안을 제시하고 이와 더불어 기초 지방자치단체의 문화예술 진흥 방안에 대해 이야기하고 있다.

제1장에서는 문화기본법을 위시(爲始)하여 문화예술 주요법률 — 문화예술진흥법, 지역문화진흥법, 문화예술교육 지원법, 예술인 복지법 — 이 국가 및 지방자치단체의 책무를 법적 조항으로 규정하고 있다는 것과 이들 법률의 핵심조항을 문화예술 진흥을 위한 분야별 정책 수립의 기반요소로 보고 항목을 "문화예산", "기반시설", "진흥기관", "활동조직", "활동인력" 이렇게 5개로 구분하여 제시하였다.

제2장에서는 정부 수립 이후 국가 문화법률의 제정 · 개정 및 폐지의 역사와 문화정책 수립의 변화를 알아보았다. 그런 다음 문화체육관광부 소관의 문화법률 체계를 통하여 문화예술 영역의 법률을 구분하고 그중 문화예술 주요법률인 문화예술진흥법, 지역문화진흥법, 문화예술교육 지원법, 예술인 복지법이 서로 상호보완적 관계임을 규정하고 각 법률의 목적과 내용 구성을 살펴보았다.

제3장에서는 지방자치단체별 문화예술 주요법률 기본조례 제정 현황과 책무 이행 실태를 분석하였다. 책무 이행은 "계획수립"과 "위원회 구성"으

로 구분하여 광역시 · 도 및 기초 시 지방자치단체별로 실태를 분석하였고 기초 시 지방자치단체는 "진흥기금 설치" 책무 이행 실태를 추가로 살펴보았다. 그리고 각 책무 항목마다 종합분석을 통해 책무 이행 실태를 정리하였다. 덧붙여 '진흥'에 관한 법률 기본조례가 기초 시 지방자치단체마다 문화예술진흥법과 지역문화진흥법 그리고 예술인 복지법의 조항을 단독, 조합, 혼합의 형태로 구성하고 있어서 '진흥'에 관한 법률 기본조례의 유형을 분류해 보았다.

제4장에서는 문화예술 주요법률의 핵심조항으로 구성한 문화예술 기반요소를 지표로 하여 광역시 · 도 및 기초 시 지방자치단체의 문화예술 실태를 분석하였다.

제5장에서는 본 연구의 자료체인 구미시의 문화예술 진흥 방안에 관한 연구를 진행하였다. 조례 실태 분석과 문화예술 기반요소 실태 분석이 그것이다. 먼저 구미시 조례 제정 실태를 분석하고 도출된 문제를 개선하기 위한 방법으로 문화예술 주요법률에 기반한 조례 제정을 제안하였다. 다음으로 문화예술 기반요소 항목별 실태를 분석하고 도출된 문제점을 개선하고 보완할 부분에 대한 방안을 제시하였다.

마지막 결론에서는 지금까지 연구과정을 되짚어 보고 기초 지방자치단체의 문화예술 진흥방안을 제시하였다.

참고로 실태조사에 사용된 분석 자료의 기준연도는 학위 논문에 준하고 있으나 시 · 도 및 기초 시 지방자치단체의 문화예술 실태 분석에 영향을 미치지 않는 문화예술 주요법률 개정 횟수와 지역문화재단 현황은 2021년 2월 기준의 최근 자료로 정리하였다.

문화예술 주요법률에 기반한 기본조례 제정이 문화예술 진흥을 보장한다고 할 수는 없다. 본 연구를 통해 확인한 것은 문화예술 주요법률 기본조례 제정이나 책무 이행을 제대로 하고 있는 지역이 그리 많지 않은 것과 기초(특별) 시 지방자치단체들 중 기본조례의 책무를 이행한 지방자치단체가 문화예술 기반요소 항목별로 타지역에 비해 상대적 우위를 차지하지는 않는다는 것이다. 즉, 법 · 제도적 장치가 반드시 문화예술 진흥을 담보한다고 볼 수 없다는 것이다.

하지만 이런 문제에 대해 현재 제정 · 시행하고 있는 지방자치단체의 기본 조례가 지역 현실을 반영하고 있는지 현장에 필요한 내용을 담고 있는지에 대해 제고할 필요가 있다. 다시 말해 문화예술 주요법률을 근거로 지방자치단체의 특성에 맞게 해당분야의 전문가들과 해당분야의 관계자들이 개방적이고 민주적인 과정을 통해 문화예술 정책을 수립하고 실행하고 있는지 말이다.

덧붙여 사전을 보면 '지지하여 도움'을 '지원(支援)'이라 하고 '떨치어 일어남. 또는 떨치어 일으킴'을 '진흥(振興)'으로 정의하고 있다. 따라서 소극적이고 보조적인 의미가 포함된 '지원'보다는 보다 적극적인 의미를 내포한 '진흥'의 관점에서 문화예술 정책을 바라봐야 할 것이다.

이 책은 필자의 주무대인 구미시의 문화예술진흥에 대한 고민에서 출발하였다. 하지만 문화예술 정책을 수립하는 대한민국의 모든 지방자치단체의 관계자들이 이 책에서 다룬 법률의 조항을 기반으로 구성한 문화예술 기반요소를 보편적인 기준으로 활용할 수 있을 것이다. 문화예술 주요법률에 기반한 정책수립은 국가와 지방자치단체의 책무로 규정하였기 때문이다. 그래서 이 책의 제목을 『예술정책, 법대로 하자』로 정한 것이다. 이론서나 개념서는 아니지만 문화예술 진흥과 관련된 논의를 필요로 할 때 이 책에서 제시한 기반요소를 기준으로 시작해 보길 바란다. 나아가 지방자치단체의 구성원들이 자기 지역의 특성과 색깔에 맞는 정책 수립을 위한 새로운 지표들을 만들어 나가길 바란다.

지역 촌놈의 절실한 고민을 학위 논문으로 펼치는 과정에서 아낌없는 조언을 주셨던 경민대학교의 박상순 교수님과 순천향대학교의 변재란, 김이진, 장찬우 교수님께 감사를 드린다.

아무것도 가진 것 없이 지역에서 전업 연극하겠다고 고군분투하는 촌뜨기를 제자로 받아들여 문화예술에 대한 시야를 체계적으로 넓혀주신 순천향대학교의 오세곤 선생님의 지도와 격려로 석사와 박사 학위에 이어 이 책이 나올 수 있게 되었다. 지면을 빌려 존경과 감사의 마음을 전한다.

그리고 역시 시골뜨기의 박사 학위 논문을 출판해 주신 연극과 인간의 이성복 사장님께 감사를 드린다.

가깝지만 먼발치에서 묵묵히 응원해 주시는 이동철 선생님과 김용원 형님 그리고 코로나 19의 힘든 상황에서도 꿋꿋하게 버텨주고 있는 필자의 연극동지들 ㈔문화창작집단 공터다의 영심, 윤희, 영균, 승호, 유정, 천기에게 고마움을 전한다.

그리고 음악예술을 하던 친구가 연극하는 필자를 만나 평생 들어보지 못한 욕을 먹으며 고통과 고난을 극복하고 성장하여 이제는 한 단체의 대표로, 감히 경북 최고의 문화기획자라 부름에 마지않는 필자의 동지(同志)인 ㈜생활문화예술콘텐츠연구소 유신애 대표에게 고마움을 전한다.

마지막으로 가족이라는 이름으로 든든한 울타리가 되어준 최훈영과 최원경 처남 내외와 아무것도 가진 것 없이 이상만 먹고 사는 철딱서니 없는 필자를 구제해주고 매 선택의 순간에도 흔들림 없는 절대적인 지지로 응원해주는 평생의 동반자인 아내 최진아와 사랑하는 나의 아들 준우 그리고 존재만으로도 인생의 나침반이 되어주시는 장인 최종명 님과 장모 김봉선 님께 이 책을 바친다.

2021년 5월

황윤동

목차

제1장

서 론

Ⅰ. 연구의 필요성과 목적

1. 연구의 필요성

우리 헌법(憲法)은 제9조에서 "국가는 전통문화의 계승·발전과 민족문화의 창달에 노력하여야 한다."고 공언하고 있다. 또 제22조 제1항에서는 "모든 국민은 학문과 예술의 자유를 가진다."고 하였으며, 제2항에서는 "저작자·발명가·과학기술자와 예술가의 권리는 법률로써 보호한다."고 하였다. 결국 문화를 발전시키고 예술을 진흥하는 것이 국가의 의무라는 사실을 최상위의 법으로 분명히 하고 있는 셈이다.

이 헌법의 정신을 실현하기 위해서는 법률(法律)과 자치법규(自治法規)의 뒷받침이 필요하다. 법률은 국회의 의결을 거쳐 대통령이 서명하고 공포함으로써 성립하는 국법(國法)이다. 또 자치법규는 지방자치단체가 자치 입법권에 기초하여 법령의 범위 안에서 제정하는 자치에 관한 규정으로 조례(條例)와 규칙(規則)이 있다. 대부분 지방자치단체는 조례를 근거로 지역 살림을 꾸려나가는데, 조례는 국가에서 정한 법률에 의거해 지방자치단체의 환경에 맞게 제정·시행한다.

한편 정책(政策)은 정치적 목적을 실현하기 위한 방책이다. 문화예술정책(文化藝術政策)은 정부 등의 공공 기관이 문화를 발전시키고 국민들의 문화적 삶의 질을 높이기 위하여 문화 예술 활동에 개입하여 지원하는 행정 정책이다. 국가는 이런 행정 정책의 뒷받침을 위한 방편으로 해당 법률을 제정하여 국가와 지방자치단체가 책무(責務)를 이행하도록 하고 있다.

문화예술진흥법(1972.8.14.)은 "문화예술의 진흥을 위한 사업과 활동을 지원함으로써 우리나라의 전통적인 문화예술을 계승하고 새로운 문화를 창조하여 민족문화의 중흥에 기여함"을 목적(제1조)으로 제정되었다. 이 법의 제정으로 우리나라는 본격적인 문화예술 정책 수립을 위한 법적근거를 마

련하게 된다.[1]

1972년 문화예술진흥법의 제정으로 문화예술정책의 법제화를 구현했지만 지방자치단체들은 지방자치제도가 시작된 1995년부터 동 법률을 근거로 하여 조례를 제정하면서 본격적인 문화예술 시책과 재원마련을 하기 시작한다. 그리고 2021년 2월 현재 문화체육관광부 소관 문화관련 법률은 문화기본법을 기본법으로 총 57개가 제정 · 시행되고 있다.

한편 문화기본법(2013.12.30.)의 제정 이유를 다음과 같이 밝히고 있다.

> 현행 문화 또는 문화예술과 관련된 법률은 문화예술진흥법, 문화예술교육지원법, 문화산업진흥 기본법 등 주로 문화예술 창작자나 사업에 대한 지원과 청소년 교육 및 관련 산업 진흥에 치우쳐 있어, 국민이 마땅히 누려야 할 문화적 권리에 대해서는 소홀한 측면이 있었는바, 국민의 문화향유를 장려하고 문화의 가치를 사회영역 전반에 확산시켜 국민의 삶의 질을 높이며, 문화격차 해소를 통해 국민 모두가 문화로 행복한 사회적 분위기를 조성하기 위하여 국민의 문화적 권리와 국가의 책무 등을 명시하는 법률을 제정하려는 것임.
>
> (국가법령정보센터, 문화기본법 제정이유)

이상의 이유로 제정된 문화기본법은 문화에 관한 국민의 권리와 국가 및 지방자치단체의 책임을 정하고 문화정책의 방향과 그 추진에 필요한 기본적인 사항을 규정함으로써 문화의 가치와 위상을 높여 문화가 삶의 질을 향상시키고 국가사회의 발전에 중요한 역할을 할 수 있도록 하는 것을 목적으로 국가와 지방자치단체의 책무(제5조), 문화정책 수립 · 시행상의 기본원칙(제7조), 문화진흥 기본계획의 수립(제8조), 문화 진흥을 위한 분야별 문화정책의 추진(제9조), 문화 인력 양성(제10조), 문화 진흥을 위한 조사 · 연구와 개발(제11조), 문화행사로 문화의 달과 문화의 날 지정(제12조), 문화진흥

1 박광무. 『한국문화정책론』. 김영사, 2010, p21.

사업에 대한 재정 지원(제13조) 등의 조항으로 구성되어 있다. 즉 국민의 문화권을 보장하는 선언적 성격의 강한 법률이라 할 수 있겠다.

이 기본원칙을 전제로 실제 실행을 담보해 주는 것은 세부 사항 별 법률들이다. 이러한 문화예술 관련 법률에 대해 주무부서인 문화체육관광부는 다음과 같이 밝히고 있다.

> 문화예술과 관련한 법령의 주요목적은 첫째, 국민 모두가 문화를 누릴 수 있도록 문화 향유의 기회를 확대하는 것이며 둘째, 문화예술인들의 창의성을 최대한 존중하고 각종 문화예술 시설과 프로그램의 확충을 통해 문화예술 창작을 활성화하는 것이다. …(중략)… 지역발전을 도모하고 …(중략)… 이러한 법령들의 궁극적인 목적은 '국민의 삶의 질'을 한 차원 더 높이고 문화 창조력 증진을 통하여 문화예술을 통해 국가경쟁력을 제고하는 것이다.
>
> (2018 문화예술정책백서, 문화체육관광부)

이런 측면에서 문화예술과 관련하여 실제로 가장 영향력이 큰 법률은 문화예술진흥법이라 할 수 있다. 다음으로 이 문화예술진흥법의 한계를 보완하고 지역문화 진흥을 위해 제정된 지역문화진흥법, 또 전 국민 대상의 문화예술교육의 지원과 활성화를 위해 제정된 문화예술교육 지원법, 그리고 예술인에 대한 복지 지원을 통해 창작 활동을 증진하고 예술의 발전을 꾀하고자 제정된 예술인 복지법까지 문화예술 관련 주요 법률이라 할 수 있을 것이다.

문화기본법이 국가와 지방자치단체의 책임을 정하고 있듯이 이 주요 법률들도 모두 국가와 지방자치단체의 책무를 명시하고 있다.

문화예술진흥법 제3조(시책과 권장)

① 국가와 지방자치단체는 문화예술 진흥에 관한 시책(施策)을 강구하고, 국민의 문화예술 활동을 권장 · 보호 · 육성하며, 이에 필요한 재원을 적극 마련

하여야 한다.

지역문화진흥법 제4조(국가 및 지방자치단체의 책무)

① 국가와 지방자치단체는 지역문화의 진흥을 위한 정책을 수립하고 그에 필요한 지원을 하여야 한다.

② 지방자치단체는 이 법의 시행을 위하여 재원의 확보 등 필요한 사항이 있을 경우 해당 지역문화 실정에 맞게 조례를 제정하는 등 각종 시책을 적극 추진하여야 한다.

문화예술교육 지원법 제5조의 2(국가 및 지방자치단체의 책무)

① 국가 및 지방자치단체는 문화예술교육의 활성화를 위한 정책을 수립하고 그에 필요한 지원을 하여야 한다.

예술인 복지법 제4조(국가 및 지방자치단체의 책무 등)

① 국가와 지방자치단체는 예술인의 지위와 권리를 보호하고 예술인의 복지 증진에 관한 시책을 수립하여 시행하여야 한다.

이처럼 국가와 지방자치단체에 대해 시책 강구와 정책 수립을 지시하고 있으며 그에 필요한 재원 마련이나 지원을 주문하고 있다.

이 주요 법률에 근거해서 문화체육관광부에서는 문화예술 정책과 연계된 계획 수립 및 실태조사 그리고 재원 마련과 주요 법률의 목적을 수행할 기구를 설치 · 운영하고 있다.

먼저 문화예술진흥법 제3조(시책과 권장)를 근거로 문화예술 진흥 중장기계획인 〈새예술정책(2018~2022)〉을 수립하였고, 제4조의 2(문화시설에 관한 실태조사 및 통계작성 등)에 따라 문화시설의 운영 현황 등에 관한 실태조사를 3년마다 실시하고 매년 〈전국 문화시설기반 총람〉을, 제7조(전문예술법인·단체의 지정육성)를 통해 전문예술법인 또는 전문예술단체를 지원 · 육성하도록 하고 매년

〈전문예술법인 · 단체 백서〉를 발간하고 있다. 그리고 제4장 문화예술진흥기금과 제5장 한국문화예술위원회를 통해 문화예술 진흥을 위한 사업과 활동을 지원하고 있다.

다음으로 지역의 생활문화진흥과 문화진흥기반을 구축하기 하기 위하여 지역문화진흥법 제6조(지역문화진흥기본계획의 수립 등)를 통해 5년마다 '지역문화진흥기본계획'을 수립 · 시행 · 평가하고 제11조(지역문화실태조사)로 5년마다 조사하여 〈지역문화실태조사〉를 발간하고 있다. 그리고 제4장과 제5장을 통해 문화도시 · 문화지구의 지정 및 지원에 관한 사항과 지역문화재단 및 지역문화예술위원회의 설립하도록 권고하고 있다.

그리고 문화예술교육 지원법 제6조(문화예술교육 종합계획의 수립 등)를 통해 5년마다 '문화예술교육종합계획'을 수립하고 있다. 제8조(문화예술교육지원위원회의 설치 등)와 제9조(지역문화예술교육지원협의회)를 통해 위원회와 협의회를 두도록 하고 있고 제10조 한국문화예술교육진흥원과 지역 센터 설치로 문화예술교육에 관한 지원 사업을 전담하도록 하고 있다.

마지막으로 예술인 복지법 제4조에 따라 5년마다 '예술인복지정책기본계획'을 수립하고 예술인 복지 및 창작환경 등에 대한 실태조사를 3년마다 실시하여 〈예술인실태조사〉를 발간하고 있다. 그리고 제4장 한국예술인복지재단을 설치하여 예술인복지사업을 수행하고 있다.

그러나 법률에서 이렇게 책무를 부여하고 있어도 각 지방자치단체들이 그 실행을 위해 조례를 마련하고 또 확실한 의지를 가지고 실행하지 않는다면 문화의 발전과 예술의 진흥이라는 근본 목적은 달성할 수 없다. 따라서 문화예술 주요법률 기본조례의 제정은 지역의 문화정책과 관련한 법 · 제도적 장치를 마련함으로써 정책적 실행력을 높이겠다는 지방자치단체의 의지를 확인할 수 있는 지표로 볼 수 있다.

또한 정책적 실행력에 대한 지방자치단체의 의지를 확인할 수 있는 또 다른 방법은 문화예술 진흥과 관련된 분야별 정책수립을 위한 기반요소를 지표로 설정하여 그 결과 값으로 지방자치단체 간 비교해 보는 것이다. 이

지표 역시 문화예술 주요법률에서 찾을 수 있다.

문화예술 주요법률이 다루고 있는 법률의 핵심 조항은 문화예술 진흥을 위한 분야별 정책 수립의 기반요소이다. 왜냐하면 주요 법률의 핵심조항들은 해당 법률의 목적을 이루기 위한 필수 요소이기 때문이다. 따라서 문화예술 주요법률이 자신의 목적을 실현하기 위하여 구성한 법 조항 중 핵심조항을 정리해 보면 아래 〈표 1〉과 같다.

〈표 1〉 문화예술 주요법률 핵심조항

법률	핵심조항
문화예술진흥법	문화시설, 전문예술법인 · 단체, 전문인력 양성
지역문화진흥법	생활문화시설, 지역문화재단, 지역문화예술위원회, 지역문화진흥기금
문화예술교육 지원법	문화예술교육사
예술인 복지법	예술인 경력 실태조사

이상과 같이 주요법률 핵심조항을 문화예술 진흥을 위한 문화예술 기반요소라 하고 이들의 구성은 아래 〈표 2〉와 같이 다시 한 번 정리할 수 있다.

〈표 2〉 문화예술 기반요소

항목	요소
문화예산	문화예술 예산, 지역문화진흥기금
기반시설	문화기반시설, 생활문화시설
진흥기관	지역문화재단, 지역문화예술위원회
활동조직	전문예술법인 · 단체(문화예술분야 사회적 기업)
활동인력	예술인, 문화예술교육사

이상의 분류와 같이 문화예술 기반요소는 "문화예산", "기반시설", "진흥기관", "활동조직", "활동인력" 이렇게 5개의 항목으로 구분할 수 있을 것이다.

"문화예산"은 문화예술예산과 지역문화진흥기금, "기반시설"은 문화기반시설과 생활문화시설, "진흥기관"은 지역문화재단과 지역문화예술위원회, "활동조직"은 전문예술법인 · 단체, "활동인력"은 예술인과 문화예술교육사, 이렇게 각 항목을 해당 문화예술 기반요소로 구성할 수 있다.

따라서 1995년 지방자치제도가 시작된 지 25년이 지난 지금 문화기본법이 선언한 문화에 대한 국민의 권리와 지방자치단체의 책무 이행을 확인할 수 있는 방법은 문화예술 주요법률 기본조례의 제정 현황과 책무 이행 실태 그리고 문화예술 기반요소별 지방자치단체의 문화예술 현황을 파악하는 것이다. 그리고 이를 통해 지방자치단체의 문화예술 진흥에 관한 노력들을 점검할 수 있을 것이다.

2. 연구의 목적

본 연구의 목적은 문화예술 진흥과 관련하여 문화기본법이 선언한 지방자치단체의 책무 이행 현황을 파악하기 위해서 그 실제 실행을 담보해주는 문화예술 주요법률 기본조례의 제정 현황과 책무 이행 실태 그리고 문화예술 기반요소별 지방자치단체의 문화예술 현황 파악하는 것이다. 그런 다음 이들 지방자치단체 중 기초 시 한 곳을 선정하여 이 지방자치단체의 자료체[2]를 대상으로 분석하여 기초 지방자치단체의 문화예술 진흥 방안을 연구하는 것이다.

본 연구의 자료체로 활용할 기초 지방자치단체는 구미시이다.

그 이유는 첫째로 문화예술 진흥에 필요한 물적 기반을 예산으로 볼 수 있는데, 구미시는 2019년 기준 재정자립도가 세종특별자치시를 포함한 76개 기초 지방자치단체 중 12번째로 경기도 권역 시와 세종특별자치시 다음

2 = Analytic object = 분석 대상체

으로 높은 지역이다. 따라서 기초 시들 중 재정자립도가 상대적으로 높은 구미시는 문화예술 진흥을 위한 물적 기반을 갖춘 지방자치단체로 볼 수 있다.

두 번째로 도·농 복합도시이자 대표적인 내륙 수출산업도시로 우리나라 산업경제의 한 축을 담당했던 도시이기도 하다. 여기에 평균연령 38세로 30세 이하가 도시 전체의 인구의 51%를 차지하는 젊은 도시이기도 하다. 따라서 문화예술에 대한 인적 자원이 대체로 젊다고 볼 수 있고 이는 문화예술 진흥의 지속가능성을 담보하고 있다고 볼 수 있다.

세 번째로 낙동강을 중심으로 펼쳐진 역사·문화 자원을 가진 도시이기도 하다. 즉 문화예술과 관련된 사업에 활용할 원재료가 풍부한 지역이기도 하다.

하지만 이러한 도시의 장점에도 불굴하고 문화예술 행정은 문화사업 위주에서 벗어나지 못하고 있다.[3] 도시의 이미지는 여전히 공단 및 산업도시에 머물러 있고 문화향유에 대한 시민들의 욕구가 높은 반면에 문화예술에 대한 참여나 접근 기회가 낮다.[4] 또한 문화정책의 대부분을 구현하는 주체이자 주민과의 매개자 역할을 하는 지역문화재단이 없는 실정이다.

따라서 이상의 이유로 구미시를 본 연구의 직접적인 대상시로 선정하였다.[5]

---

3 「2017년 기준 지역문화실태조사」(문화체육관광부, 2019)에 따르면 전국 229개 지자체 중 구미시는 자체문화사업 추진 건수가 104건으로 여수시와 함께 공동 2위이다. 하지만 2019년 기준 지자체 총예산 대비 문화예술 예산비율은 1.81%로 세종특별자치시를 포함한 76개 기초 시 지자체 중 31번째이고 인구 1인당 문화예술 금액은 5만 6,549원으로 52번째이다. 한편 최근 5년 간(2015~2019) 구미시 보조금 사업 평균 신청 건수는 142건에 평균 선정건수는 138.4건으로 평균 선정률 97.5%인데 선정단체는 평균 89.2개 단체로 거의 동일한 단체가 매년 지원을 받고 있다. 그리고 대부분이 행사성 사업이고 예술창작지원사업은 없다. 즉 이런 내용을 종합해 보았을 때 구미시의 문화예술 행정은 소액 다건주의라고 할 수 있다.

4 구미시. 「구미문화도시조성계획」, 2019, p110~123.

구미시는 1995년 민선 1기부터 민선 7기인 현재까지 총 3명의 단체장이 문화 분야 소관 부서를 통하여 문화예술 행정을 펼쳐왔다. 시기별 문화 분야 소관 부서는 아래 〈표 3〉과 같다.

〈표 3〉 구미시 역대 문화 분야 소관 부서

구분	기간	단체장	문화 분야 소관 부서	존속 기간
민선 1기	1995.7.1 ~ 1998.6.30	김관용	문화공보담당관실	1995 ~ 2007
민선 2기	1998.7.1 ~ 2002.6.30			
민선 3기	2002.7.1 ~ 2006.2.27			
민선 4기	2006.7.1 ~ 2010.6.30	남유진	문화예술담당관실	2008 ~ 2015
민선 5기	2010.7.1 ~ 2014.6.30			
민선 6기	2014.7.1 ~ 2018.1.25		문화관광담당관실	2016 ~ 2018
민선 7기	2018.7.1 ~ 현재	장세용	문화체육관광국 문화예술과	2019 ~ 현재

민선 1기에서 3기까지는 문화공보담당관실에서, 4기와 5기는 문화예술담당관실에서, 6기는 문화관광담당관실에서 맡아오다가 7기부터는 국으로 승격시키고 분리된 문화예술과가 문화예술 관련 업무를 담당하고 있다. 덧붙여 민선 1기에서 6기까지의 단체장은 관료출신, 7기는 비관료출신이다.

소관 부서의 명칭에서 알 수 있듯이 민선 1기에서 3기는 시정 홍보와 관련한 문화사업 위주의 활동을 대표기관인 구미예총과 구미문화원을 통하여 펼쳤다고 할 수 있다.

5 필자는 1992년부터 현재까지 구미시를 거점으로 30여 년 이상 문화예술 현장에 몸담고 있는 종사자이다. 따라서 다른 기초 시보다 구미시의 문화예술 진흥 방안에 관심이 있다는 것이 또 다른 이유이다.

문화예술을 전면에 내세우기 시작한 것은 민선 4기 부터이다. 이 시기는 축제로 대변되는 문화사업들이 생겨나기 시작하는데 관 주도의 축제 행사[6]와 민간 주도의 축제 행사[7]가 만들어지기 시작한다. 또한 중앙정부가 발주한 기획 공모 사업인 문화특화지역조성사업에 선정되어 문화사업 위주의 소액다건 식 사업이 아닌 생활문화와 지역문화의 기반 구축을 통한 지역문화 진흥을 위한 계획 수립의 가능성이 열리기 시작한 시기이기도 하다.[8]

하지만 새로운 민선 7기가 시작되면서 문화예술과가 독립부서로 분리되면서 문화예술의 정책 지원기관인 구미문화재단 설립을 추진하지만 반대 여론에 부딪쳐 2020년 5월 현재까지 답보 상태이다. 한편 문화특화도시조성사업은 예비 문화도시 지정에 실패하면서 2019년 막을 내리게 되고 지난 5년간의 사업성과는 지속성을 잃게 된다. 또한 문화적 도시재생사업 역시 단년 사업으로 끝이 난다.[9] [10]

하지만 이러한 역사적 사실의 단순 나열로는 구미시 문화예술 실태를 파악하기 어렵다. 그러나 앞서 언급했듯이 문화예술진흥법의 제정으로 우

---

6 구미시 다문화 축제(2007.10), 구미하이테크페스티발(2008.10), 구미불빛축제(2013.9, 2014.11).

7 제29회 전국연극제(2009.6), 구미아시아연극제(2010~현재), 구미전국전통연희축제(2010~현재), 구미국제음악제(2013~2017).

8 문화특화지역조성사업(2015~2019), 문화적 도시재생사업(2019.6~2020.3).

9 '문화특화지역조성사업'은 지역의 문화자원을 활용하여 지역 특성에 맞는 문화도시 및 문화마을 조성을 통해 지역문화 활성화 및 지역 문화격차 해소를 목적으로 2014년부터 현재까지 지속 추진 중인 문화체육관광부 공모사업이다. 구미시는 2015년에 '문화예술중심형'으로 선정되어 사업을 진행했지만 (예비)문화도시 지정 공모에 탈락되어 2019년 총 5년의 기간을 끝으로 모든 사업을 마무리하게 된다. 2015년 당시 사업유형은 '문화예술 중심형', '문화산업 중심형', '문화자산 중심형'이다.

10 '문화적 도시재생사업' 역시 문화체육관광부 사업으로 지역 내 공공이용이 가능한 공간(실내 · 외 유휴 공간, 광장, 공원, 골목길, 지하보도 등 공공의 이용 가능한 다중 이용 공간 및 시설)을 활용하여 원도심을 활성화하는 장소가치 기반의 문화 활동 및 장소성 재구축(조성) 작업의 사업으로 2018년 파일럿 공모사업 형태로 시작하여 2019년 공모사업을 끝으로 폐지하게 된다.

리나라는 본격적인 문화예술 정책 수립을 위한 법적근거를 마련하게 된다. 그러므로 지방자치단체의 문화예술 주요법률 조례를 살펴본다면 그 실마리를 찾을 수 있을 것이다.

따라서 본 연구는 문화예술 주요법률 기본조례 제정 현황과 책무 이행 실태 그리고 문화예술 주요법률 핵심조항으로 구성한 문화예술 기반요소를 지표로 광역 및 기초 지방자치단체의 문화예술 실태를 파악한다. 그리고 이 과정에서 구미시를 자료체로 문화예술 실태 분석을 통해 도출된 문제점을 밝혀내 구미시 문화예술 진흥을 위한 개선 방안을 제시하고 이와 더불어 이 전 과정을 통하여 얻은 결과물로 기초 지방자치단체의 문화예술 진흥 방안을 제안하고자 한다.

Ⅱ. 연구의 범위와 방법

문화예술 진흥을 위한 정책 수립의 첫 시작은 분야별 법 · 제도적 장치의 마련이다. 이 장치를 근거로 국가와 지방자치단체는 문화예술과 관련된 지원과 사업을 수행한다. 국가의 문화관련 법률이 제정되면 지방자치단체는 이 법률을 근거로 지역의 실정에 맞게 문화관련 조례를 제정 · 시행하여 문화예술 행정을 펼친다.

따라서 본 연구의 범위는 국가의 문화예술 주요법률과 이 법률에 근거하여 기본조례를 제정 · 시행하고 있는 16개 광역시 · 도 및 세종특별자치시를 포함한 76개 기초 시 지방자치단체이다.

연구의 진행 방법은 제2장에서는 정부 수립 이후 국가 문화법률의 제 · 개정 및 폐지의 역사와 문화정책 수립의 변화를 알아본다. 그런 다음 문화체육관광부 소관의 문화법률 체계를 통하여 문화예술 영역의 법률을 구분하고 그 중 문화예술 주요법률인 문화예술진흥법, 지역문화진흥법, 문화예술교육 지원법, 예술인 복지법의 목적과 내용구성을 살펴본다.

제3장에서는 지방자치단체별 문화예술 주요법률 기본조례 제정 현황과 책무 이행 실태를 분석한다. 책무 이행은 "계획수립"과 "위원회 구성"으로 구분하여 광역 및 기초 지방자치단체별로 실태를 분석하고 기초 시 지방자치단체는 "진흥기금" 책무 이행 실태를 추가로 살펴본다. 그리고 각 책무 항목마다 종합분석을 통해 책무 이행 실태를 정리한다. 덧붙여 '진흥'에 관한 법률 기본조례가 기초 시 지방자치단체마다 문화예술진흥법과 지역문화진흥법 그리고 예술인 복지법의 조항을 단독, 조합, 혼합의 형태로 구성하고 있어서 '진흥'에 관한 법률 기본조례의 유형을 분류해 본다.

제4장에서는 문화예술 주요법률의 핵심조항으로 구성한 문화예술 기반요소를 지표로 하여 광역 및 기초 지방자치단체의 문화예술 실태를 분석한다.

제5장에서는 본 연구의 자료체인 구미시의 문화예술 진흥 방안에 관한 연구이다. 진흥 방안 연구는 두 부분으로 나누어 진행하는데 조례 실태 분석과 문화예술 기반요소 실태 분석이 그것이다. 먼저 구미시 조례 제정 실태를 분석하고 도출된 문제를 개선하기 위한 방법으로 문화예술 주요법률에 기반한 조례 제정을 제안한다. 다음으로 문화예술 기반요소별 실태를 분석하고 도출된 문제점을 개선하고 보완할 부분에 대한 방안을 제시한다.

마지막 결론을 통해 지금까지 연구과정을 되짚어 보고 기초 지방자치단체의 문화예술 진흥의 첫 시작은 문화예술 주요법률에 기반한 기본조례 제정임을 다시 한 번 확인하며 연구를 마무리한다.

제2장

문화 법률

문화기본법은 제9조(문화진흥을 위한 분야별 문화정책의 추진)를 통해 문화진흥에 필요한 분야를 다음과 같이 구분하고 있다.

1. 문화유산 · 전통문화의 보전과 활용
2. 국어의 발전과 보전
3. 문화예술의 진흥
4. 문화산업의 진흥
5. 문화자원의 개발과 활용
6. 문화복지의 증진
7. 여가문화의 활성화
8. 문화경관의 관리와 조성
9. 국제 문화 교류 · 협력의 활성화
10. 지역문화의 활성화
11. 남북 문화교류의 활성화

이상의 분야 중 1항에서 4항은 기본분야로 문화유산 · 전통문화, 국어의 발전과 보전, 문화예술, 문화산업의 영역으로 구분해 볼 수 있는데 문화국가를 위한 헌법연구(한국문화관광연구원, 2017)에서는 문화체육관광부의 문화 법률을 문화기본법을 기본법으로 문화예술, 문화산업, 문화유산, 국어 이렇게 4개 영역으로, 각각의 영역은 문화예술진흥법(문화예술), 문화산업진흥기본법(문화산업), 문화재보호법(문화유산), 국어기본법(국어) 이렇게 4개의 하위 기본법으로 구분하고 있다.

본 장에서는 정부 수립 이후 현재까지 역대 정부별 구분을 통해 정부의 문화예술 정책 기조의 변화에 따른 법률의 제 · 개정을 훑어보면서 문화예술 영역과 관련된 법률의 제 · 개정 현황을 살펴보겠다.

Ⅰ. 역대 정부별 문화 분야 소관부처 문화 법률

1. 정부 수립 ~ 제2공화국(1945 ~ 1961년)

1945년 8월 해방 직후 미 군정 시기 문화행정의 주무부서는 학무국으로, 1946년 3월 공보부의 설치와 함께 학무국을 문교부로, 사회교육과와 문화과를 통합하여 교화국으로 승격시키고 그 아래 교도과, 예술과, 문화시설과를 설치하여 문화행정을 담당하도록 하였으나 아직 문화행정이라 불릴 만한 틀이 잡히지 않은 시기라 할 수 있다.[1 2]

이 시기 제정된 문화법률은 1948년 정부 수립과 동시에 예술의 자유를 보호하기 위한 목적으로 예술보호법(안)(1949.5.29)이 발의되었지만 제헌국회 임기 만료로 자동 폐기된다.[3] 이후 국립극장 설치법(1950.5.8), 문화보호법(1952.8.7.), 저작권법(1957.1.29.), 신문 등 및 정당등록에 관한 법률(1960.7.1.)이 제정된다.

국립극장 설치법을 통해 국립극장이 개관(1950.4.29.)하고 문화보호법에 근거하여 학술원과 예술원이 개원(1952.8.7.)된다.

저작권법은 제정이후 총 32번의 개정(전부개정 2회 - 1986.12.31, 2006.12.28, 타법개정 10회, 일부개정 20회)을 거쳐 현재 총 11장 12절 142조항과 부칙으로 구성된 문화예술 영역 중 가장 오래된 법률이다.[4]

---

1 김정수. 『문화행정론』. 집문당, 2010, p374.

2 강은경 (2018). 「문화예술과 국가의 관계 연구」, 서울대학교 대학원 박사학위논문, p183.

3 금성희 (2000). 「문화예술정책 제도변화에 관한 연구」, 단국대학교 대학원 박사학위논문, p77.

4 제정 당시 목적(제1조)은 '학문적 또는 예술적저작물의 저작자를 보호하여 민족문화의 향상발전을 도모함'이다. 이후 전부개정(1986.12.31.)에서 '저작자의 권리와 이에 인접하는 권리를 보호하고 저작물의 공정한 이용을 도모함으로써 문

2. 제3, 4공화국(1961 ~ 1979년)

1961년 6월 공보부가 발족되면서 문화행정은 다시 문교부와 공보부로 이원화되어 추진된다. 문교부에서 관장하던 영화, 공연사무와 국립극장, 국립국악원이 공보부로 이관되고 문학, 미술, 음악, 도서, 문화재행정, 박물관은 문교부에서 관장한다. 공보부는 문화선전국의 문화과, 출판과, 공보국의 영화과, 등록과를 통해, 문교부는 문예국의 문화교류과와 예술과를 통해 문화행정 업무를 수행하게 된다.[5]

이 시기 제정된 문화법률은 신문 · 통신 등의 등록에 관한 법률(1963.12.12.), 방송법(1963.12.16.), 언론윤리위원회법(1964.8.5.), 외국정기간행물 수입배포에 관한 법률(1961.12.30.), 출판사 및 인쇄소의 등록에 관한 법률(1961.12.30.), 영화법(1962.1.20), 음반에 관한 법률(1967.3.30.), 불교재산관리법(1962.5.31.), 도서관법(1963.10.28.), 지방문화사업조성법(1965.7.1), 공연법(1961.12.30.), 향교재산법(1962.1.10.), 문화재보호법(1962.1.10.), 문화예술진흥법(1972.8.14.), 한국방송공사법(1972.12.31.)이다.

이 시기 공연, 영화, 방송, 음반 등 문화예술에 대한 분야별 법적 지위가 부여되면서 예술정책 관련 법률들이 체계화되기 시작하고 현행 문화 분야 법률은 대부분 이 기간 제정되지만 문화예술 활동의 자율성보다는 군사정권의 정치적 목적 달성을 위해 예술의 자유를 규제 또는 통제하기 위한 수단으로 활용하려는 것이 주된 목적이었다.[6] 한편, 정부는 1947년 2월 좌익계열의 문화단체 조직에 대항하여 결성한 전국문화단체총연합회는 1961

화의 향상발전에 이바지함'을 목적으로 하다가 다시 일부개정(2009.4.22.)에서 '저작자의 권리와 이에 인접하는 권리를 보호하고 저작물의 공정한 이용을 도모함으로써 문화 및 관련 산업의 향상발전에 이바지함을 목적으로 한다.'로 개정된다.

5 강은경 (2018). 위의 논문, p185.

6 강은경 (2018). 앞의 논문, p185~186.

년 5월 16일 이후 해산되었다가 1962년 한국문화단체총연합회의 결성으로 이어진다.[7]

하지만 문화예술진흥법의 제정은 우리나라가 근대적 의미의 본격적인 문화정책의 법제화를 구현하기 시작했다는데 의의가 있다.[8] 이 법을 근거로 문화예술의 진흥에 관한 중요시책을 심의하기 위하여 국무총리 소속하에 문화예술진흥위원회를 두고(제5조) 문화예술의 진흥을 위한 사업과 활동을 지원하기 위하여 한국문화예술진흥원 설립과 진흥원에 문화예술진흥기금을 설치 · 운영하게 된다(제6조). 또한 문화 분야에서의 최초의 장기계획이라 할 수 있는 〈제1차 문예중흥 5개년 계획(1974~1978)〉과 〈제2차 문예중흥 5개년 계획(1979~1983)〉을 수립한다.[9]

한편 문화예술진흥법과 함께 이 시기 제정된 문화예술 영역의 법률은 지방문화사업조성법, 도서관법, 공연법이 있다. 지방문화사업조성법은 지방문화원진흥법(1994.1.7.)이 제정되면서 폐지된다. 도서관법은 도서관진흥법(1991.3.8.)으로 제명이 변경되고 다시 도서관 및 독서진흥법(1994.3.24.)으로 변경되었다가 다시 도서관법(2006.10.4.)으로 제명이 변경되고 현재 총 9장 47조항으로 구성된 법률이다.[10] 또한 공연법은 제정이후 현재까지 총 33번의 개정(전부개정 1회 - 1999.2.8., 타법개정 12회, 일부개정 20회)을 거쳐 현재 총 제8장 43조항과 부칙으로 구성된 법률이다.[11]

---

7 금성희 (2000). 앞의 논문, p78.

8 박광무, 『한국문화정책론』, 김영사, 2010, p21.

9 금성희 (2000). 위의 논문, p88~89.

10 본 법의 목적(제1조)은 '국민의 정보 접근권과 알 권리를 보장하는 도서관의 사회적 책임과 그 역할 수행에 필요한 사항을 규정하여, 도서관의 육성과 서비스를 활성화함으로써 사회 전반에 대한 자료의 효율적인 제공과 유통, 정보접근 및 이용의 격차해소, 평생교육의 증진 등 국가 및 사회의 문화발전에 이바지함'이다. 본 법의 성격이 도서관에 관한 기본법임을 명확하게 하기 위해 전부개정(2006.10.4.)에서 독서진흥 관련 조문을 삭제한다.(2018문화예술정책백서, 문화체육관광부)

11 제정당시 목적(제1조)은 '제반 공연에 있어서 예술의 자유를 보장하고 건전한

3. 제5공화국(1980 ~ 1987년)

1980년 대한민국헌법의 전부개정(1980.10.27.)을 통하여 신설한 "국가는 전통문화의 계승 · 발전과 민족문화의 창달에 노력하여야 한다."(제8조)는 조항에서 알 수 있듯이 국가의 민족문화 창달을 법제화하여 문화국가 조항을 처음으로 수용한다.[12]

한편 1981년 〈새 문화정책(1981)〉, 1983년 〈제5차 경제사회발전 5개년 수정계획(1982~1986)〉, 1984년 〈지방문화중흥 5개년 계획〉, 1985년 〈문화발전 장기정책 구상(1986~2000)〉, 1986년 〈제6차 경제사회발전 5개년 계획(1987~1991)〉 등의 계획 수립을 통해 문화정책을 국가사회발전 전략의 하나로 인식하기 시작한다.[13] 이 시기의 특징은 문화정체성의 확립 외에도 문화향수권의 신장과 문화예술 창작의 활성화를 중요한 정책목표로 설정하고, 문화정책의 대상을 예술부문에서 국민 전체로, 중앙문화에서 지역문화로 확대시켰다는 점이다. 또한 문화정책의 내용이 규제와 통제 중심에서 지원과 조장 중심으로 변화하기 시작하면서 국가 차원에서 문화진흥을 의무로 여기게 된 시기이다. 이 시기에 이루어진 일련의 법제 개정에서 볼 수 있듯이 문화예술 지원의 중립성 측면에서는 유신시대의 검열과 통제 일변도의 법제를 다소 개선하려는 경향을 띠고 있다고 볼 수 있다.[14] 하지만 애초에 박정희식 문화통치 전략을 답습하려 한 전두환 정권은 12 · 12 군사 쿠데타와 광주민주화 운동의 물리적 진압 등으로 말미암은 정권의 정통성 부재로 인해 불가피하게 유화적 몸짓을 취한 것으로 이와 같은 문화예술 지원의

국민오악을 육성하기 위하여 공연에 관한 사항을 규정함'이다가 전부개정(1999.2.8.)에서 '예술의 자유를 보장함과 아울러 건전한 공연활동의 진흥을 위하여 공연에 관한 사항을 규정함'으로 개정된다.

12 박광무. 『한국문화정책론』, 김영사, 2010, p40.

13 임학순. 『창의적 문화사회와 문화정책』, 진한도서, 2003, p105.

14 강은경 (2018). 앞의 논문, p189.

양적 확대 경향은 관 주도의 정권 홍보 일변도에서 크게 벗어나지 않았다고 평가되기도 한다.[15]

이 기간 가장 역점을 둔 사업은 문화기반시설의 확충이라 할 수 있는데 국립현대미술관, 예술의 전당, 독립기념관, 국립 국악당 등 대표성을 갖는 문화시설들이 조성된다. 또한 정부는 지방문화의 육성과 진흥을 위하여 각 지역에 종합문예회관과 지역별 문화예술 전문시설을 건립하기 시작하고 지방문화행사에 대한 지원을 이전보다 확대한다.[16]

이 시기 제정된 문화법률은 언론기본법(1980.12.30.), 박물관법(1984.12.31.), 유선방송관리법(1986.12.31.), 방송법(1987.11.8.), 전통건조물보존법(1984.12.31.), 전통사찰보존법(1987.11.28.), 정기간행물의 등록 등에 관한 법률(1987.11.28.)이다.

4. 제6공화국(1988 ~ 1992년)

1989년 12월 문화공보부는 문화부와 공보처로 분리되고 1990년 1월 독립된 문화정책의 정부 주무부처인 문화부가 신설된다. 이 시기의 문화정책은 1990년 〈문화발전 10개년 계획(1990~1999)〉을 수립하면서 '모든 국민에게 문화를'이라는 정책이념을 설정하고 새로운 문화전략으로 문화주의를 표방하면서 관리나 규제보다는 진흥이나 조성에 초점을 둔다.[17] 그리고 이 계획은 〈제7차 경제사회발전 5개년 계획 문화부문 계획(1992~1996)〉과 〈문화창달 5개년 계획(1992~1996)〉으로 일부 연결된다.[18]

---

15 전병태.「예술지원의 원칙과 기준에 관한 연구」. 한국문화관광정책연구원. 2005, p64.

16 임학순. 위의 책, p105.

17 강은경 (2018). 앞의 논문, p190.

18 임학순. 앞의 책, p111.

제5공화국과 제6공화국을 비교해 보면 제5공화국 시기에는 주로 정책이념을 구현하기 위해 문화기반시설을 확충하고 예술의 지역적 확산에 초점을 둔 반면, 제6공화국 시기에는 국민을 예술의 소비자뿐만 아니라 창작자로서 적극적으로 인식하고 문화적 삶을 통한 복지 수준을 증진하는 것을 보다 강조하였다는 점에서 차이가 있다고 할 수 있다.[19] 법제와 관련해서 제6공화국 시기는 제5공화국 시기와 비교하여 크게 변화한 것은 없으나 규제완화 노력이 발견된다.[20] 또한 문화정책에 있어 제5공화국 정부는 대규모 문화시설의 조성과 지방문화의 육성을 통해 문화향수의 중요한 기반을 마련한 기간이라면, 제6공화국 정부는 이러한 기반을 바탕으로 국민생활 속에 문화가 뿌리내릴 수 있도록 문화의 내용에 접근하는 전략적 프로그램을 개발하는데 초점을 두고 있다.[21]

이 시기 제정된 문화법률은 대한민국예술원법(1988.12.31.), 음반 및 비디오물에 관한 법률(1991.3.8.), 박물관 및 미술관 진흥법(1991.11.30.)이다. 이 중 문화예술 영역의 법률은 대한민국예술원법, 박물관 및 미술관 진흥법이다.

대한민국예술원법은 예술창작에 현저한 공적(功績)이 있는 예술가를 우대 · 지원하고 예술창작활동 지원사업을 함으로써 예술 발전에 이바지함을 목적으로 제정되었고 총 17조항과 부칙으로 구성되어 있다. 박물관 및 미술관 진흥법은 박물관과 미술관의 설립과 운영에 필요한 사항을 규정하여 박물관과 미술관을 건전하게 육성함으로써 문화 · 예술 · 학문의 발전과 일반 공중의 문화향유(文化享有) 및 평생교육 증진에 이바지함을 목적으로 제정되었고 총 9장 35조항과 부칙으로 구성되어 있다.

---

19 임학순. 앞의 책, p110~111.

20 강은경 (2018). 위의 논문, p190.

21 오양렬 (1995). 「한국의 문화행정체계 50년: 구조 및 기능의 변천과정과 그 과제. 문화정책논총」, 제7집, p61.

5. 문민정부(1993 ~ 1997년)

1993년 문화부와 체육청소년부를 통합하여 문화체육부를 발족하고 이어 1994년 5월 문화산업국을 신설하고 문화산업기획과, 출판진흥과, 영화진흥과, 영상음반과를 설치한다. 이로써 문화예술과 문화재 중심이었던 정책이 문화산업에 대한 정책 중심으로 재편성하고, 문화예산 중 문화기관 및 문화재 관리에 관한 예산이 줄고 문화산업을 포함한 문화예술 진흥 예산이 증가하게 된다.[22]

〈문화창달 5개년 계획(1993~1997)〉을 수립하여 문화창달을 통해 국민의 삶의 질을 향상시킴으로서 문화복지국가로 진입하는 것을 정책목표로 설정하고 문화를 고부가가치 창출 자원으로 인식하여 문화산업의 개발을 주요 정책목표로 부각시키게 된다.[23]

또한 1996년 '문화복지'를 문화정책의 핵심정책으로 부각시키기 위하여 〈문화복지 중장기 실천계획(1996)〉과 〈삶의 질 세계화를 위한 문화복지 기본구상(1996)〉을 수립한다. 이를 통하여 '생활권 단위의 문화기반시설 확충 및 경영능력 증진', '문화도시 건설 및 지역문화 활성화', '국민들의 평생학습환경 조성사업' 등을 보다 중요하게 다루게 된다.[24] 1996년부터 시작된 생활권 단위의 소규모 복합문화공간인 '문화의 집'이 조성사업도 문화복지 정책의 일환이라 할 수 있다.[25] 이어 〈문화정보화 추진기본계획(1997~2010)〉의 수립은 문화정보화를 중요한 핵심정책의 가치로 부각시키고 〈문화비전 2000(1997)〉 계획은 문화교육을 중요한 정책과제로 제시하고 있고 문화의 민주화를 넘어 문화민주주의 차원의 정책이 필요함을 제시하고 있다.[26]

---

22 이병량 (2004). 「한국문화정책의 변화추이와 내용에 관한 분석: 문화예산을 중심으로. 한국정책과학학보」, 8(3), p105.

23 강은경 (2018). 앞의 논문, p191.

24 강은경 (2018). 위의 논문, p191.

25 임학순. 『창의적 문화사회와 문화정책』, 진한도서, 2003, p112.

이 시기 제정된 문화법률은 지방문화원진흥법(1994.1.7.), 영화진흥법(1995.12.30.), 영상진흥기본법(1995.1.5.), 국제회의산업 육성에 관한 법률(1996.12.30.)이다. 이 중 문화예술 영역의 법률은 지방문화원진흥법으로 지방문화원(地方文化院)의 설립 · 운영 및 지원에 관한 사항을 규정하여 지방문화원을 건전하게 육성 · 발전시킴으로써 지역문화를 균형 있게 진흥시키는 데에 이바지함을 목적으로 제정되었고 총 21조항과 부칙으로 구성되어 있다.

한편 1995년 문화예술진흥법이 전부개정(1995.1.5)을 거치면서 '문화예술'과 '문화산업'에 대한 용어의 정의(제2조)를 법적조항으로 신설하고 각각의 영역을 규정하게 된다.[27]

6. 국민의 정부(1998 ~ 2002년)

1998년 2월 문화체육부를 문화관광부로 개편한다. 문화산업을 21세기 기간산업으로서 정보통신산업과 함께 지식기반경제의 핵심사업으로 적극 육성하기 위한 문화정책을 실현하기 위하여 1998년 〈국민의 정부 새 문화정책〉, 1999년 〈문화산업진흥 5개년 계획(2000~2005)〉, 2001년 〈콘텐츠 코리아 비전: 문화콘텐츠 산업 발전 추진계획〉 등 문화산업 발전을 위한 종합계획을 수립한다.[28]

그리고 문화산업에 치우친 정책에 상대적으로 소외된 예술분야 종사자들을 위하여 2002년 수립한 〈순수예술진흥 종합계획〉은 예술 주체를 창조

---

26 강은경 (2018). 위의 논문, p191~192 .

27 '문화예술'은 문학, 미술(응용미술 포함), 음악, 무용, 연극, 영화, 연예, 국악, 사진, 건축, 어문 및 출판으로, '문화산업'은 문화예술의 창작물 또는 문화예술용품을 산업의 수단에 의하여 제작 · 공연 · 전시 · 판매를 업으로 영위하는 것으로 용어의 정의와 영역을 규정하고 있다.

28 강은경 (2018). 앞의 논문, p193.

자(예술인), 매개자(기반시설), 향유자(국민)로 구분하고 예술지원 정책을 소액 다건 주의에서 선택과 집중 지원방식으로, 전례답습을 폐지하고 평가에 의한 지원방식으로, 문화공간 확충 위주에서 프로그램 위주와 전문문화공간 지원 우대 방식 등으로 기본틀을 제시한다. 그리고 과거 예술단체 등에 대한 직접적인 지원을 제도개선을 통해 간접지원방식으로 변경하게 된다.[29]

한편 정책의 방향이 '통제 · 규제 · 간섭'에서 '자율 · 탈규제 · 탈간섭'으로 전환하면서 이전과는 다른 정책적 차별을 보이는데 기존의 법률 조항이 통제위주에서 지원위주로 한 개정이 주를 이루기 시작한다.[30]

대표적으로 공연법은 전부개정(1999.2.8.)을 통해 공연각본에 대한 사전심의제, 공연자 등록제, 무대공연 사전 신고제, 공연자 및 공연장 경영자 준수사항 제도 등 17건의 규제를 전면 폐지하고 공연장 사후 등록제, 외국인 국내 공연 추천제로 전환한다. 또한 제3조(공연예술진흥기본계획 등)를 국가와 지방자치단체의 책무조항으로 신설하여 공연예술을 국가 차원에서 진흥 · 육성하게 된다. 무대예술전문인 국가 자격제, 공공 공연장 민간위탁 및 지원제, 공연자 및 공연자에 대한 국고보조 및 문예진흥기금 융자제도 도입, 부가가치세 면세, 기부금 세금 감면, 대학로 공연장 임대지원 등 간접지원방식을 대폭 도입한다.[31]

2000년 1월 문화예술단체의 전문성을 인정하여 세제혜택 등 제도적 지원을 위하여 전문예술법인 · 단체 지정 제도를 도입한다. 이를 통하여 국 · 공립 예술단체나 국 · 공립 공연장의 위탁운영법인 및 민간 예술단체를 국가 또는 지방자치단체가 전문예술법인 또는 전문예술단체로 지정하여 집중 육성할 수 있도록 하는 법적근거를 문화예술진흥법 제7조(전문예술법인·단체의 지정·육성)를 통해 마련하게 된다.[32]

---

29 문화관광부. 「2006 문화정책백서」, 2006.

30 박광무. 『한국문화정책론』, 김영사, 2010, p237~240.

31 문화관광부. 「2006 문화정책백서」, 2006.

32 2000년 당시에는 제10조이다.

이 시기 제정된 문화법률은 문화산업진흥기본법(1999.2.8.), 음반 · 비디오물 및 게임물에 관한 법률(1999.2.8.), 출판 및 인쇄 진흥법(2002.8.26.), 온라인디지털콘텐츠산업발전법(2002.1.14.)으로 주로 문화산업을 중심으로 한 법률이다.

7. 참여정부(2003 ~ 2007년)

참여정부에서는 문화 분야의 양적 성장에서 질적 고도화를 위해 각 부문의 법제도 정비, 미래 비전, 중장기 발전전략, 인프라 기반 구축 등 종합적인 지원체계가 마련된다.[33]

문화예술 분야에 있어서는 2004년 21세기 문화비전인 〈창의한국〉과 예술진흥 중장기 계획인 〈새로운 한국의 예술정책〉을 발표한다. 특히 여기에서 시민들의 창의성을 확대하려는 취지에서 문화예술교육의 강화를 강조하고 있는데 2003년 7월 제4차 인적자원개발회의(문화관광부, 교육인적자원부 공동주최)에서 '지역사회문화시설과 학교와의 연계체계 구축을 통한 문화예술활성화 추진계획(안)'은 문화예술교육 활성화 정책을 구현화한 것이다. 문화산업 분야에 있어서는 2003년 〈문화산업 정책비전〉, 2004년 〈창의한국〉, 2005년 〈C-KOREA 문화강국 2010〉, 2006년 〈방통융합시대 콘텐츠산업 비전 2010〉 등을 통하여 문화관광부 주도 아래 산하기관들이 장르별 및 기능별 중장기 발전계획을 수립하는 정책 공조를 통해 문화산업을 집중 · 육성하려는 노력을 한다.[34] [35]

한편 문화 법률과 관련한 특징을 살펴보면, 문화예술 분야 법률은 문화

---

33 강은경 (2018). 앞의 논문, p194.

34 강은경 (2018). 위의 논문, p194.

35 한국문화콘텐츠진흥원, 저작권위원회, 영화진흥위원회, 한국게임산업진흥원, 한국방송영상산업진흥원 등 산하기관들이 중장기 발전계획을 수립 · 발표한다.

부문에서 기본법적 지위를 차지하고 있는 문화예술진흥법을 폐지하면서 대체 법률로 문화전반을 포괄하는 문화기본법, 예술인의 지위와 예술진흥에 관한 예술진흥법, 지역문화의 발전과 진흥에 관한 지역문화진흥법의 제정을 추진하지만 법제화에 성공하지 못한다. 다만 2005년 문화예술교육 지원법과 2006년 문화헌장이 제정된다. 문화산업 분야 법률은 기술 발전과 매체융합에 대비하여 규제를 완화하거나 폐지하고 세부 문화산업 분야에 대한 지원체계를 강화한다.[36]

이 시기 제정된 문화법률은 뉴스통신 진흥에 관한 법률(2003.5.29.), 지역신문발전지원특별법(2004.3.22.), 고도 보존 및 육성에 관한 특별법(2004.3.5.), 동학농민참여자등의 명예회복에 관한 특별법(2004.3.5.), 국어기본법(2005.1.27.), 언론중재 및 피해구제 등에 관한 법률(2005.1.27.), 문화예술교육 지원법(2005.12.29.), 문화유산과 자연환경자산에 관한 국민신탁법(2006.3.24.), 영화 및 비디오물의 진흥에 관한 법률(2006.4.28.), 게임산업진흥에 관한 법률(2006.4.28.), 음악산업진흥에 관한 법률(2006.4.28.), 아시아문화중심도시 조성에 관한 특별법(2006.9.27.), 독서문화진흥법(2006.12.28.)이다. 이 중 문화예술 영역의 법률은 문화예술교육 지원법, 아시아문화중심도시 조성에 관한 특별법, 독서문화진흥법이다.

특히 문화예술교육 지원법(약칭: 문화예술교육법)은 문화예술교육이 전 세계적으로 범국가적인 정책이자 관련 사업과 활동을 통하여 문화예술권 향유의 점진적인 확대가 실현되어 왔다는 정책담론의 수용된 결과물이다.[37] 본 법은 문화예술교육의 지원에 필요한 사항을 정함으로써 문화예술교육을 활성화하고, 나아가 국민의 문화적 삶의 질 향상과 국가의 문화 역량 강화에 이바지함을 목적으로 제정되었고 총 5장 34조항과 부칙으로 구성되어 있다.

---

36 강은경 (2018). 앞의 논문, p195.

37 강은경 (2018). 위의 논문, p195.

8. 이명박 정부(2008 ~ 2012년)

이명박 정부는 '선진화를 통한 세계일류국가'라는 국가 비전을 내세우고 문화정책 전반의 실천이념으로 정부, 지자체, 민간 사이의 실용적 역할 분담, 개인의 자율성과 창의에 기초한 시장중심주의, 선택과 집중 전략 등을 추구한다. 문화 정책의 방향은 정책담론이나 목표를 제시하기보다는 문화예술 현장의 문제를 개선하려는 실용적인 기조를 보인다.[38]

실용과 효율, 공공과 시장의 영역 분리, 공정성 제고 등의 가치를 내세우며 공공성이 강한 부분은 정부가, 민간 경쟁력이 있는 부분은 민간에 이양하는 역할 분담을 고려하고 이전 두 정부의 문화정책들과 연계성을 가지고 지속하되 예술지원 원칙에서 책임성과 효율성을 강조한다.[39]

한편 이전 정부에서 제시한 한국문화예술진흥원의 '현장 문화예술인 중심의 지원기구'로의 전환에 대한 계획과 구상을 바탕으로 문화예술진흥법의 일부개정(2005.1.27.)을 통하여 법률 조항을 정비한 후 2005년 한국문화예술위원회를 출범시킨다. 한국문화예술위원회는 현장 문화예술인들로 구성된 위원들의 합의를 통해 문화예술정책을 견인하고 민간이 공공영역의 의사결정에 참여하고 공공영역이 민간에 참여하는 동시 구조를 가진 자율적 합의체 기구이다.

이 시기 예술 현장의 역량을 높이고 수준 높은 작품이 창작 · 향유되도록 하는데 정책 우선순위를 두는데 가장 중점을 둔 사항은 지원 구조 방식이다.[40] 지원 구조 방식을 사전적 · 예방적 방식으로 정비하고 문화예술지원 기준을 '간접지원', '사후 단계별 지원', '선택과 집중', '생활 속 예술지원' 방식으로 전환한다.[41] 또한 그동안의 예술가(단체)에 대한 창작 활동 프로

---

38 박광무. 『한국문화정책론』, 김영사, 2010, p238~243, 251.

39 강은경 (2018). 앞의 논문, p196.

40 강은경 (2018). 위의 논문, p197.

41 금성희 · 남재걸 (2017). 「우리나라 예술정책의 변화과정에 관한 연구: 역사적

젝트별 보조금 지급 방식 등의 지원제도는 이전 정부의 정책과 큰 변화는 보이지 않고 있으나, 전문예술법인 · 단체 지정 육성 사업(2000년), 공연장 상주예술단체 육성, 아트마켓(2005년 시작), 대표적 예술행사 지원, 예술창작 지원기금 지원(연극, 음악, 전통예술, 무용), 예술 인큐베이팅(뮤지컬, 오페라 등 창작 팩토리 제도), 생활 속 예술 지원, 지역 협력형 사업 확대 등과 같은 예술단체의 자생력 강화 및 예술시장의 전체 규모를 확대하는 방법 등을 추구한다.[42]

이 시기 제정된 문화법률은 잡지 등 정기간행물의 진흥에 관한 법률(2008.6.5.), 문화재기금보호법(2009.6.9.), 매장문화재 보호 및 조사에 관한 법률(2010.2.4.), 문화재수리 등에 관한 법률(2010.2.4.), 한국전통문화대학 설치법(2011.7.14.), 예술인 복지법(2011.11.17.), 작은도서관 진흥법(2012.2.17.), 만화진흥에 관한 법률(2012.2.17.)이다. 이 중 문화예술 영역의 법률은 예술인 복지법과 작은도서관 진흥법이다.

특히 예술인 복지법은 극심한 생활고로 인해 사망한 예술인들의 열악한 삶이 사회적 공론화되면서 이를 계기로 제정된 것이다. 이 법은 예술인의 직업적 지위와 권리를 법으로 보호하고, 예술인 복지 지원을 통하여 예술인들의 창작활동을 증진하고 예술 발전에 이바지하는 것을 목적으로, 이 법에 근거하여 한국예술인복지재단이 설립되어 목적에 따른 사업을 수행하고 있다. 총 6장 18조항과 부칙으로 구성되어 있다.

9. 박근혜 정부(2013 ~ 2016년)

박근혜 정부의 국정기조의 하나인 문화융성을 실현하기 위해 2013년 대통령 직속으로 '문화융성위원회'가 설치된다. 이 정부의 문화법정책[43] 이념

제도주의의 관점에서. 한국거버넌스학회」, 24(1). p260.

42 강은경 (2018). 위의 논문, p197.

은 '문화가 있는 삶', '국민행복', '문화융성'으로 요약할 수 있다. 문화융성 담론은 '문화창조 · 보존', '문화생활', '문화활용'으로 구분되는데[44] 첫째, '문화창조 · 보존'은 전통문화와 문화재의 보존 · 계승, 문화예술의 창작활성화, 창조산업의 발전 등 문화 자체의 융성에 관한 것이다. 둘째, '문화생활'은 국민의 문화생활과 문화적 삶의 질에 초점을 맞춘 것으로 문화권의 확립, 문화다양성과 문화접근성 증진, 문화복지와 문화예술교육 활성화 등의 정책이념으로 구체화된다. 셋째, '문화활용'은 문화예술의 가치를 다양한 사회영역에서 구현함으로써 사회적 문제를 해결하고 새로운 부가가치를 창조하는 것에 중점을 둔 것으로 국가 및 지역브랜드, 국제교류, 공동체 형성, 콘텐츠산업 등과 연관된다.[45]

이 '문화융성'이 제시되면서 문화적 가치에 바탕을 둔 새로운 모델에 대한 필요성이 강조되는데 이는 국민 모두가 문화가 있는 삶을 누리도록 하고, 문화 격차를 해소하며, 문화가 있는 복지, 생활 속의 문화 실현이라는 의지를 지니고 이를 위해 국민의 문화적 권리와 국가 책무의 법제화가 필연적 과제가 된다. 결과적으로 문화기본법을 위시한 지역문화진흥법, 문화다양성의 보호와 증진에 관한 법률, 문화예술후원활성화에 관한 법률 등

---

43 영국의 문화비평가 레이먼드 윌리엄스는 문화를 '정신', '생활양식', '예술활동'의 세 가지 측면으로 설명한다. 이렇게 문화의 개념을 이 세 가지 측면으로 정의하는 방법을 취할 경우 문화 자체가 지닌 복잡성과 다의성에서 비롯된 혼란과 모호함을 어느 정도 극복할 수 있게 되는데 이러한 접근방법을 법정책의 대상으로서의 문화 개념에 적용을 할 수 있을 것이다. 따라서 문화법정책에서 문화의 개념을 첫째, '개인적이고 집단적인 지적 · 정신적 발달과정'을 의미하는 문화는 '문화법정책의 궁극적 결과로서의 문화'를, 둘째, '다양한 범위와 형태에 속한 사람들의 삶의 방식'을 의미하는 문화는 '문화법정책 대상의 원천으로서의 문화'를, 셋째, '예술활동이나 정신적 · 지적 작업을 표현하는 과정 또는 그 결과물을 창출하여 공유하는 것'으로서의 문화는 '문화법정책의 구체적 대상으로서의 문화'를 의미한다고 할 수 있다.(김민주 · 윤성식. 『문화정책과 경영』, 박영사, 2016, p109)

44 김창규 (2014). 「문화법정책의 이론과 실제. 한국법정책학회」, 14(3), p260.

45 강은경 (2018). 앞의 논문, p199.

문화예술 법률이 제정된다. 무엇보다도 국민의 문화적 기본권을 명문화한 문화기본법이 제정됨으로서 문화국가 원리와 문화권의 존중을 구현하는 다양한 문화예술 지원 정책을 구현하는데 필요한 구체적인 입법이 이루어질 수 있도록 한 근간이 마련된다. 하지만 이 시기 두드러진 문화 법률 제정은 이전부터 제기되어 오던 문화법률 체계화에 대한 갈증을 해소해 주지 못하고 문화융성은 도리어 문화예술의 '진흥'은 '통제'가 되고 창작의 자율성을 방해하는 방향으로 운영되면서 문화기본법은 유명무실화되고 문화예술 법률은 그 취지에 부합되지 못하게 된다.[46]

이 시기 제정된 문화법률은 문화기본법(2013.12.30.), 문화예술후원활성화에 관한 법률(2014.1.28.), 지역문화진흥법(2014.1.28), 대중문화예술산업발전법(2014.1.28.), 무형문화재 보전 및 진흥에 관한 법률(2015.3.27.), 문화다양성의 보호와 증진에 관한 법률(2014.5.28.), 국민여가활성화기본법(2015.5.18.), 공예문화산업 진흥법(2015.5.18.), 한국수화언어법(2016.2.3.), 인문학 및 인문정신문화의 진흥에 관한 법률(2016.2.3.), 문학진흥법(2016.2.3.), 공공디자인의 진흥에 관한 법률(2016.2.3.), 점자법(2016.5.29.), 애니메이션산업 진흥에 관한 법률(2016.12.3.)이다.

이 중 문화예술 영역의 법률은 문화기본법, 문화예술후원활성화에 관한 법률, 지역문화진흥법, 문화다양성의 보호와 증진에 관한 법률, 국민여가활성화기본법, 공예문화산업 진흥법, 인문학 및 인문정신문화의 진흥에 관한 법률, 문학진흥법, 공공디자인의 진흥에 관한 법률로 앞서 언급했듯이 다양한 문화예술지원 정책을 구현하는 데 필요한 법률들이다.

---

46 강은경 (2018). 앞의 논문, p200.

10. 문재인 정부(2017년 ~ 현재)

2017년 10월 문화체육관광부는 새문화정책준비단을 발족하고 '사람이 있는 문화'의 기조아래 자율성, 다양성, 창의성을 주요가치 원리로 한 문화정책 계획인 〈문화비전 2030_사람이 있는 문화〉를 발표한다. '개인의 자율성 보장', '공동체의 다양성 실현', '사회의 창의성 확산'이란 3대 방향 설정으로, 첫째, '개인의 자율성 보장'에는 개인의 문화권리 확대, 문화예술인/종사자의 지위와 권리확대, 성평등 문화의 실현 의제를, 둘째, '공동체의 다양성 실현'에는 문화다양성의 보호와 확산, 공정하고 다양한 문화생태계 조성, 지역 문화분권 실현 의제를, '사회의 창의성 확산'에는 문화자원의 융합역량강화, 미래와 평화를 위한 문화협력 확대, 문화를 통한 창의적 사회혁신 의제를 담는다. 이 보고서는 3대 가치, 3대 방향, 9대 의제를 기본골격으로 47개의 대표과제와 186개의 추진과제를 제시하여 2030년까지의 국가 문화비전과 실행조직의 구성과 민간과의 협치 방안, 법 · 제도 개선 및 재원조성의 기본방향을 제시하고 있다.

이 시기 제정된 문화법률은 국제문화교류 진흥법(2017.3.21.), 서예진흥에 관한 법률(2018.12.11.), 신라왕경 핵심유적 복원 · 정비에 관한 특별법(2019.12.10.), 세계유산의 보존 · 관리 및 활용에 관한 특별법(2020.2.4.)이 제정되었다. 이 중 문화예술 영역의 법률은 국제문화교류 진흥법, 서예진흥에 관한 법률이다.

이상 역대 정부별 문화 분야 소관부처의 문화 법률 제 · 개정 및 폐지 현황을 연도별로 정리해 보면 아래 〈표 4〉와 같다.

〈표 4〉 연대별 문화 분야 소관 부처의 문화 법률 제·개정 및 폐지 현황

연대	제정 법률	폐지 및 제명 변경 법률
1950	• 국립극장 설치법(1950.5.8.) • 문화보호법(1952.8.7.) • 저작권법(1957.1.29.)	• 국립극장 설치법(1973.1.15.) • 문화보호법(1988.12.31.)
1960	• 신문 등 및 정당등록에 관한 법률(1960.7.1.) • 신문·통신 등의 등록에 관한 법률(1963.12.12.) • 방송법(1963.12.16.) • 언론윤리위원회법(1964.8.5.) • 외국정기간행물 수입배포에 관한 법률(1961.12.30.) • 출판사 및 인쇄소의 등록에 관한 법률(1961.12.30.) • 영화법(1962.1.20.) • 음반에 관한 법률(1967.3.30.) • 불교재산관리법(1962.5.31.) • 도서관법(1963.10.28.) • 지방문화사업조성법(1965.7.1.) • 공연법(1961.12.30.) • 향교재산법(1962.1.10.) • 문화재보호법(1962.1.10.)	• 신문 등 및 정당등록에 관한 법률(1963.12.12.) • 신문·통신 등의 등록에 관한 법률/방송법/언론윤리위원회법(1980.12.31.) • 외국정기간행물 수입배포에 관한 법률(1961.12.30.) → 외국간행물 수입배포에 관한 법률(1961.12.30.) → 출판 및 인쇄 진흥법(2002.8.26.) • 영화법(1995.12.30.) • 음반에 관한 법률(1999.2.8.) • 불교재산관리법(1987.11.28.) • 도서관법(1963.10.28.) → 도서관진흥법(1991.3.8.) • 지방문화사업조성법(1994.1.7.)
1970	• 문화예술진흥법(1972.8.14.) • 한국방송공사법(1972.12.31)	• 한국방송공사법(2000.1.12.)
1980	• 언론기본법(1980.12.30.) • 박물관법(1984.12.31.) • 유선방송관리법(1986.12.31.) • 방송법(1987.11.8.) • 전통건조물보존법(1984.12.31.) • 전통사찰보존법(1987.11.28.) • 정기간행물의 등록 등에 관한 법률(1987.11.28.) • 대한민국예술원법(1988.12.31.)	• 언론기본법(1987.11.28.) • 전통건조물보존법(1999.1.21.) • 박물관법(1991.11.30.) • 유선방송관리법(2000.1.12.) • 전통사찰보존법(1987.11.28.) → 전통사찰의 보존 및 지원에 관한 법률(2009.3.5.) • 정기간행물의 등록 등에 관한 법률(1987.11.28.) → 신문 등의 자유와 기능 보장에 관한 법률(2005.1.27.) → 신문 등의 진흥에 관한 법률(2009.7.31)

연대	제정 법률	폐지 및 제명 변경 법률
1990	• 음반 및 비디오물에 관한 법률(1991.3.8.) • 영화진흥법(1995.12.30.), • 음반·비디오물 및 게임물에 관한 법률(1999.2.8.) • 도서관진흥법(1991.3.8.) • 도서관 및 독서진흥법(1994.3.24.) • 박물관 및 미술관 진흥법(1991.11.30.) • 지방문화원진흥법(1994.1.7.) • 국제회의산업 육성에 관한 법률(1996.12.30.) • 영상진흥기본법(1995.1.5.) • 문화산업진흥기본법(1999.2.8.)	• 음반 및 비디오물에 관한 법률(1999.2.8.) • 영화진흥법/음반·비디오물 및 게임물에 관한 법률(2006.10.4.) • 도서관진흥법(1991.3.8.) → 도서관 및 독서진흥법(1994.3.24.) → 도서관법(2006.10.4.)
2000	• 출판 및 인쇄 진흥법(2002.8.26.) • 인쇄문화산업진흥법(2007.7.19.) • 출판문화산업진흥법(2007.7.19) • 온라인디지털콘텐츠산업발전법(2002.1.14.) • 콘텐츠산업진흥법(2010.6.10) • 뉴스통신 진흥에 관한 법률(2003.5.29.) • 지역신문발전지원특별법(2004.3.22.) • 고도 보존 및 육성에 관한 특별법(2004.3.5.) • 동학농민참여자등의 명예회복에 관한 특별법(2004.3.5.) • 국어기본법(2005.1.27.) • 언론중재 및 피해구제 등에 관한 법률(2005.1.27.) • 문화예술교육 지원법(2005.12.29.) • 문화유산과 자연환경자산에 관한 국민신탁법(2006.3.24.) • 영화 및 비디오물의 진흥에 관한 법률(2006.4.28.) • 게임산업진흥에 관한 법률(2006.4.28.) • 음악산업진흥에 관한 법률(2006.4.28.) • 아시아문화중심도시 조성에 관한	• 출판 및 인쇄 진흥법(2002.8.26.) → 인쇄문화산업진흥법(2007.7.19.), 출판문화산업진흥법(2007.7.19.) • 온라인디지털콘텐츠산업발전법(2002.1.14.) → 콘텐츠산업진흥법(2010.6. 10.)

연대	제정 법률	폐지 및 제명 변경 법률
	특별법(2006.9.27.) • 독서문화진흥법(2006.12.28.) • 잡지 등 정기간행물의 진흥에 관한 법률(2008.6.5.) • 문화재기금보호법(2009.6.9.)	

연대	제정 법률
2010	• 매장문화재 보호 및 조사에 관한 법률(2010.2.4.) • 문화재수리 등에 관한 법률(2010.2.4.) • 한국전통문화대학 설치법(2011.7.14.) • 예술인 복지법(2011.11.17.) • 작은도서관 진흥법(2012.2.17.) • 만화진흥에 관한 법률(2012.2.17.) • 문화기본법(2013.12.30.) • 문화예술후원활성화에 관한 법률(2014.1.28.) • 지역문화진흥법(2014.1.28) • 대중문화예술산업발전법(2014.1.28.) • 무형문화재 보전 및 진흥에 관한 법률(2015.3.27.) • 문화다양성의 보호와 증진에 관한 법률(2014.5.28.) • 국민여가활성화기본법(2015.5.18.) • 공예문화산업 진흥법(2015.5.18.) • 한국수화언어법(2016.2.3.) • 인문학 및 인문정신문화의 진흥에 관한 법률(2016.2.3.) • 문학진흥법(2016.2.3.) • 공공디자인의 진흥에 관한 법률(2016.2.3.) • 점자법(2016.5.29.) • 국제문화교류 진흥법(2017.3.21.) • 서예진흥에 관한 법률(2018.12.11.) • 애니메이션산업 진흥에 관한 법률(2016.12.3.) • 신라왕경 핵심유적 복원 · 정비에 관한 특별법(2019.12.10)
2020	• 세계유산의 보존 · 관리 및 활용에 관한 특별법(2020.2.4.)

Ⅱ. 문화체육관광부 소관의 문화 법률

1. 문화 법률 체계

앞서 언급했듯이 문화체육관광부의 문화 법률은 문화기본법을 기본법으로 문화예술, 문화산업, 문화유산, 국어 이렇게 4개 영역으로, 각각의 영역은 문화예술진흥법(문화예술), 문화산업진흥기본법(문화산업), 문화재보호법(문화유산), 국어기본법(국어) 이렇게 4개의 하위 기본법으로 구분된다. 그리고 문화예술 영역은 문화예술진흥법을 기본법으로 문화예술의 진흥 14개, 문화복지의 증진 2개, 지역문화의 활성화 3개, 국제문화 교류 · 협력의 활성화 1개로 총 21개와 문화산업 영역 18개, 문화유산 영역 14개, 국어 영역 3개로 총 57개의 문화 분야 법률이 있다.[47]

---

47 2021년 2월을 기준으로 현재까지 제정된 법률수이다.

〈표 5〉 문화체육관광부 문화 법률 체계와 관련 법령[48]

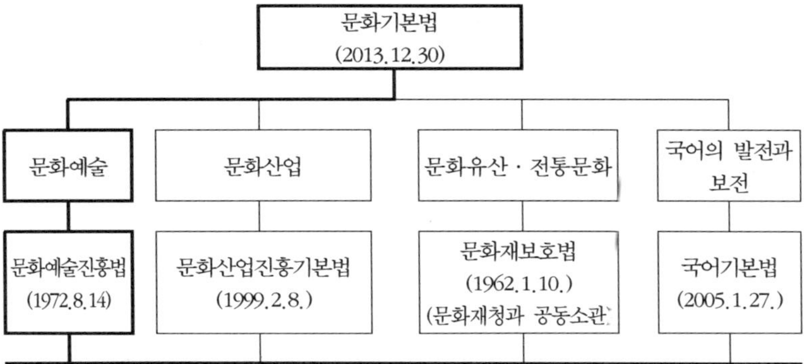

세부영역	법령명	제정일	최근개정일
‘문화예술’의 진흥	저작권법	1957.1.28	2020.2.4
	공연법	1961.12.30	2019.11.26
	박물관 및 미술관 진흥법	1991.11.30	2019.11.26
	도서관법	1963.10.28	2019.12.3
	문화예술교육 지원법	2005.12.29	2019.12.3
	독서문화진흥법	2006.12.28	2016.12.20
	작은도서관진흥법	2012.2.17	2016.2.3
	문화다양성의 보호와 증진에 관한 법률	2014.5.28	-
	문화예술후원 활성화에 관한 법률	2014.1.28	-
	인문학 및 인문정신문화의 진흥에 관한 법률	2016.2.3	2018.12.18
	문학진흥법	2016.2.3	2018.10.16
	서예진흥에 관한 법률	2018.12.11	-
	공공디자인의 진흥에 관한 법률	2016.2.3	2018.12.24
	대한민국예술원법	1988.12.31	2019.11.26
‘문화복지’의 증진	예술인복지법	2011.11.17	2020.2.11
	국민여가활성화기본법	2015.5.18	2016.12.20
‘지역문화’의 활성화	지방문화원진흥법	1994.1.7	2018.10.16
	지역문화진흥법	2014.1.28	-
	아시아문화중심도시 조성에 관한 특별법	2006.9.27	2020.2.11
‘국제문화교류 · 협력’의 활성화	국제문화교류 진흥법	2017.3.21	2018.10.16

48 한국문화관광연구원. 「문화국가를 위한 헌법연구」, 2017, p.124 표 재정리

법령명
영상진흥기본법

법령명
국제회의산업 육성에 관한 법률
콘텐츠산업진흥법
출판문화산업 진흥법
뉴스통신 진흥에 관한 법률
지역신문발전지원특별법
신문 등의 진흥에 관한 법률
언론중재 및 피해구제 등에 관한 법률
영화 및 비디오물의 진흥에 관한 법률
게임산업진흥에 관한 법률
음악산업진흥에 관한 법률
인쇄문화산업진흥법
잡지 등 정기간행물의 진흥에 관한 법률
만화진흥에 관한 법률
대중문화예술산업발전법
공예문화산업 진흥법
애니메이션산업 진흥에 관한 법률

법령명
향교재산법

법령명
전통사찰의 보존 및 지원에 관한 법률
(문화재청 소관 법률)
고도 보존 및 육성에 관한 특별법(공동소관)
세계유산의 보존·관리 및 활용에 관한 특별법
신라왕경 핵심유적 복원·정비에 관한 특별법
매장문화재 보호 및 조사에 관한 법률
문화재수리 등에 관한 법률
한국전통문화대학교 설치법
무형문화재 보전 및 진흥에 관한 법률
문화재보호 기금법
문화유산과 자연환경자산에 관한 국민신탁법
동학농민혁명참여자등의 명예회복에 관한 특별법

법령명
한국수화언어법
점자법

2. 문화예술 주요법률

문화예술 주요법률은 문화예술진흥법, 지역문화진흥법, 문화예술교육지원법, 예술인 복지법이다. 문화예술진흥법과 지역문화진흥법은 상호보완적 관계의 법률이라 할 수 있다. 문화예술진흥법의 지역에 대한 단편적 사항을 보완한 법률이 지역문화진흥법이기도 하지만 문화예술진흥법이 창작자(생산자)에 무게중심을 두고 있다면 지역문화진흥법은 생활문화와 지역문화진흥을 위한 기반 구축을 바탕으로 향유자(소비자)인 지역 주민에게 무게 중심을 두고 있기 때문이다. 한편 예술인 복지법은 예술 창작자(생산자)의 권리와 지위를 보호하는 있고 문화예술교육 지원법은 창작자와 향유자가 만나는 허브의 역할을 하는 법률이다.

가. 문화예술진흥법

문화예술진흥법은 문화예술의 진흥을 위한 사업과 활동을 지원함으로써 전통문화예술을 계승하고 새로운 문화를 창조하여 민족문화 창달에 이바지함을 목적(1조)으로 1972년 8월 14일 제정된 법률로 최근 2020년 12월 22일 개정까지 총 32차례 개정[49]되었고 총칙(제1장), 문화예술 공간의 설치(제2장), 문화예술복지의 증진(제3장), 문화예술기금(제4장), 한국문화예술위원회 등(제5장), 보칙(제6장) 이렇게 총 6장 41조항과 부칙으로 구성되어 있다. 이 법률의 내용 구성은 아래 〈표 6〉과 같다.

〈표 6〉 문화예술진흥법 법률 구성 내용

제1장 총칙	제1조(목적), 제2조(정의), 제3조(시책과 권장), 제4조 삭제, 제4조의2(문화시설에 관한 실태조사 및 통계작성)
제2장 문화예술 공간의 설치	제5조(문화예술 공간의 설치권장), 제6조(전문인력 양성), 제7조(전문예술법인 · 단체의 지정육성), 제8조 삭제, 제9조(건축물에 대한미술작품의 설치 등)
제3장 문화예술복지의 증진	제10조 삭제, 제11조(장려금 지급), 제12조(문화강좌 설치), 제13조(학교 등의 문화예술 진흥), 제14조(문화산업의 육성 · 지원), 제15조(도서 · 문화 전용 상품권 인증제도), 제15조의2(장애인 문화예술 활동의 지원), 제15조의3(문화소외계층의 문화예술복지 증진시책강구), 제15조의4(문화이용권의 지급 및 관리)

49 일부개정 21차례, 타법개정 9차례, 전부개정 2차례.

제4장 문화예술진흥기금	제16조(기금의 설치 등), 제17조(문화예술진흥기금의 조성), 제18조(문화예술진흥기금의 용도), 제19조 삭제
제5장 한국문화예술위원회 등	제20조(한국문화예술위원회), 제21조(설립등기 등), 제22조(정관), 제23조(위원회의 구성), 제24조(위원장 등), 제25조(위원의 임기), 제26조(위원의 대우 및 겸직 금지), 제27조(위원의 결격사유), 제28조(관여금지), 제29조(위원의 직무상 독립 등), 제30조(위원회의 직무), 제31조(위원회의 회의 등), 제32조(소위원회), 제33조(사무처), 제34조(감사), 제35조(성과의 평가), 제36조(협의체의 구성), 제37조(예술의 전당), 제38조(한국문화예술회관연합회)
제6장 보칙	제39조(국고보조 등), 제40조(감독), 제41조(권한의 위임 · 위탁)

2014년에는 지역문화진흥법의 제정으로 문화예술진흥법 내용의 일부인 지역문화예술위원회, 문화지구의 지정 · 관리, 지역문화진흥기금 등 지역문화진흥에 관한 조항이 정비되었다. 2016년에는 문화예술진흥법 제39조를 개정하여 문화예술단체에 대한 운영비 지원의 명시적 근거를 마련했고, 2017년에는 문화예술진흥법 제2조를 개정하여 문화시설의 종류에 예술인이 창작활동을 영위하기 위한 창작공간으로서 다중이용에 제공되는 시설 또는 예술인의 창작물을 공연 · 전시 등을 하기 위해 조성된 시설을 추가하여 문화시설의 범위를 확대함으로써, 예술인에게 안정적인 창작기반을 제공하기 위한 근거를 마련했다. 2018년에는 문화예술진흥법 제2조를 개정해 문화이용권의 정의를 여행 및 체육 활동까지 영위할 수 있는 광의의 문화이용권으로 변경해 문화 · 여행 · 스포츠관람이용권을 일원화한 통합 문화이용권(문화누리카드) 사업의 명확한 법적근거를 마련했다.[50]

제4조의 2(문화시설에 관한 실태조사 및 통계작성 등)와 시행령 제2조의 2(문화시설 실태조사)에 따라 제2조(정의) 제3항에서 정의한 "문화시설"의 설치 · 이용에 필요한 시책을 효율적으로 수립 · 시행하기 위해 문화시설의 운영 현황 등에

50 문화체육관광부. 「2018 문화예술정책 백서」, 2018, p81

관한 실태조사를 3년마다 실시하도록 하고 있고 이를 통해 문화체육관광부에서는 매년 〈전국 문화시설기반 총람〉(문화체육관광부)[51]을 발간하고 있다.

제7조(전문예술법인·단체의 지정육성)[52]과 시행령 제4조(전문예술법인·단체의 지정)를 통해 전문예술법인 또는 전문예술단체를 지원 · 육성하도록 하고 있고 매년 〈전문예술법인 · 단체 백서〉(문화체육관광부, 예술경영지원센터)를 발간하고 있다.

제3조(시책과 권장)을 통해 국가와 지방자치단체는 문화예술 진흥에 관한 시책을 강구하고 국민의 문화예술 활동을 권장 · 보호 · 육성과 이에 필요한 재원을 적극 마련하도록 하고 있는데 이 법률을 근거로 지방자치단체는 문화예술진흥(에 관한) 기본조례를 제정하여 자치단체의 실정에 맞게 문화예술 정책을 운영하고 있다. 또한 정기적인 계획수립은 명시하고 있지 않지만 이 조항을 근거로 〈새예술정책(2018~2022)〉을 수립하였다.

나. 지역문화진흥법

지역문화진흥법은 "문화예술진흥법 등의 법률에 지역문화에 관한 사항이 단편적으로 규정되어 있어 지역문화 진흥 정책을 체계적으로 추진하는 데 어려움이 있는 바, 지역문화 진흥에 관한 종합적 · 기본적 법률을 제정함으로써 지역 간 문화격차를 해소하고, 지역주민의 문화생활 향상을 도모하며, 지역 고유의 문화자원 활용을 통해 지역경쟁력을 제고하고자"[53] 2014년 1월 28일 제정된 법률로 최근 2차례 일부개정(2020.12.8.~2020.12.22.)되었다.[54]

---

51 2003년부터 매년 발간.

52 2000년 문화예술진흥법 개정으로 제10조(전문예술 법인 등의 지정 · 육성)가 제정되면서 시행되었다.

53 지역문화진흥법 제정이유, 국가법령정보센터

54 2차례 일부개정된 법률의 시행일자는 각각 2021년 6월 9일과 2021년 6월 23일이다.

총칙(제1장), 지역의 생활문화진흥(제2장), 지역의 문화진흥기반 구축(제3장), 문화도시 · 문화지구의 지정 및 지원(제4장), 지역문화재단의 설립 등(제5장), 보칙(제6장), 벌칙(제7장) 이렇게 총 7장 24조와 부칙으로 구성되어 있는데 문화예술진흥법 내용의 일부인 지역문화예술위원회, 문화지구의 지정 · 관리, 지역문화진흥기금 등의 조항을 포함하고 있다. 이 법률의 내용 구성은 아래 〈표 7〉과 같다.

〈표 7〉 지역문화진흥법 법률 구성 내용

장	내용
제1장 총칙	제1조(목적), 제2조(정의), 제3조(지역문화진흥의 기본원칙), 제4조(국가 및 지방자치단체의 책무), 제5조(다른 법률과의 관계), 제6조(지역문화진흥기본계획의 수립 등)
제2장 지역의 생활문화진흥	제7조(생활문화 지원), 제8조(생활문화시설의 확충 및 지원), 제9조(문화환경 취약지역 우선 지원 등),
제3장 지역의 문화진흥기반 구축	제10조(지역문화전문인력의 양성), 제11조(지역문화실태조사), 제12조(협력활동 지원), 제13조(지역문화진흥 자문사업단),
제4장 문화도시 · 문화지구의 지정 및 지원	제14조(문화도시심의위원회 설치), 제15조(문화도시의 지정), 제16조(문화도시의 지정 취소), 제17조(문화도시에 대한 지원), 제18조(문화지구의 지정 · 관리)
제5장 지역문화재단의 설립 등	제19조(지역문화재단 및 지역문화예술위원회의 설립 등), 제20조(지역문화재단 및 지역문화예술위원회에 대한 지원), 제21조(지역문화진흥 재정의 확충), 제22조(지역문화진흥기금의 조성)
제6장 보칙	제23조(권한의 위임 및 위탁)
제7장 벌칙	제24조(과태료)

제2조(정의) 제3항 "문화예술"과 제4항 "문화시설"은 각각 문화예술진흥법 제2조 제1항 제1호와 제3호에 따르고 있다. 제6조(지역문화진흥기본계획의 수립 등)

를 통해 5년마다 '지역문화진흥기본계획'을 수립 · 시행 · 평가하도록 하고 제11조(지역문화실태조사)를 5년마다 조사하도록 하여 〈2017년 기준 지역문화실태조사〉(문화체육관광부, 2019.2)를 발간하였다.[55] 또한 제6조 제8항 제4호와 제5호는 지방자치단체가 지역문화진흥을 위한 시행계획을 5년마다 수립 · 시행 · 평가하도록 한 법정조항이다.

한편 제4조(국가 및 지방자치단체의 책무)를 통해 국가와 지방자치단체가 지역문화 진흥을 위한 정책 수립과 그에 따른 지원 및 재원 확보 그리고 조례 제정을 의무화하고 있는데 지역/생활문화진흥(에 관한) 기본 조례가 그것이다.

라. 문화예술교육 지원법

문화예술교육 지원법(약칭: 문화예술교육법)은 문화예술교육의 지원에 필요한 사항을 정함으로써 문화예술교육을 활성화하고, 나아가 국민의 문화적 삶의 질 향상과 국가의 문화 역량 강화에 이바지함을 목적(1조)으로 2005년 12월 29일 제정된 법률로 최근 2020년 12월 8일 개정까지 9차례 개정[56] 되었고 총칙(제1장), 국가 및 지방자치단체의 임무 등(제2장), 학교문화예술교육의 지원(제3장), 사회문화예술교육의 지원(제4장), 문화예술교육사(제5장) 이렇게 총 5장 34조와 부칙으로 구성되어 있다. 이 법률의 내용 구성은 아래 〈표 8〉과 같다.

---

55 「제1차 문화진흥기본계획(2015~2019」을 완료하고 현재 「제2차 문화진흥기본계획(2020~2024)」을 위한 「제2차 지역문화진흥기본계획 수립 및 평가연구」(2019.12)를 마치고 2020년 1월 발표하였다.

56 일부개정 5차례, 타법개정 4차례

〈표 8〉 문화예술교육 지원법 법률 구성 내용

제1장 총칙	제1조(목적), 제2조(정의), 제3조(문화예술교육의 기본원칙), 제4조(보호자의 권리와 책임), 제5조(다른 법률과의 관계), 제5조의2(국가 및 지방자치단체의 책무)
제2장 국가 및 지방자치단체의 임무 등	제6조(문화예술교육 종합계획의 수립 등), 제7조(공공기관에 대한 협조 요청), 제8조(문화예술교육지원위원회의 설치 등), 제9조(지역문화예술교육지원협의회), 제10조(한국문화예술교육진흥원 설립 등), 제10조의2(지역센터의 지정취소), 제11조(경비지원 및 보조), 제12(공공시설의 이용), 제13조(교육시설 등의 평가)
제3장 학교문화예술교육의 지원	제14조(학교의 장의 임무), 제15조(학교문화예술교육의 지원), 제16조(교원의 연수기획 제공 등), 제17조(학교문화예술 활동 및 행사의 지원), 제18조(지역사회와의 지원체제 구축), 제19조(경비의 지원 및 보조)
제4장 사회문화예술교육의 지원	제20조(교육시설 중 경영자의 임무), 제21조(사회문화예술교육의 지원), 제22조(민간 교육시설 등의 지원), 제23조(지역 사회문화예술 활동 및 행사의 지원), 제24조(각종 시설 및 단체에 대한 사회문화예술교육의 지원), 제25조(사회문화예술교육을 위한 학교시설의 이용), 제26조(경비의 지원 및 보조)
제5장 문화예술교육사	제27조(국가 등의 의무), 제27조의2(문화예술교육사), 제27조의3(자격취소)[57], 제28조(문화예술교육사의 교육기관), 제29조(교육기광의 지정취소), 제30조(문화예술교육사의 교육기회제공 등), 제31조(문화예술교육사의 배치), 제32조(문화예술교육사의 학교문화예술교육 지원), 제33조(권한의 위임 · 위탁), 제34조(청문)[58]

제6조(문화예술교육 종합계획의 수립 등)를 통해 5년마다 문화예술교육 지원에 관한 종합계획을 수립하도록 하고 있다. 또한, 제6조 제11항 제4호[59]로 광역

57 제목개정 2019.12.3, 2020.6.4. 시행)

58 전문개정 2019.12.3, 2020.6.4. 시행)

59 특별시장 · 광역시장 · 특별자치시장 · 도지사 · 특별자치도지사(이하 "시 · 도지

시 · 도 자치단체장이 문화예술교육 계획을 수립하도록 의무화하고 있다. 제8조(문화예술교육지원위원회의 설치 등)를 통해 문화예술교육 지원에 관한 주요 정책과 사업조정 그리고 예산의 효율적 운영 등에 관한 심의를 하기 위한 문화체육관광부 소속의 문화예술교육지원위원회의 설치 등의 조항을 명시하고 있다. 제9조(지역문화예술교육지원협의회)를 통해 문화예술교육지원에 관한 지역별 계획의 수립 및 집행에 관한 협의와 시 · 도에 지역문화예술교육지원협의회를 두도록 하고 있다.

이 법에서 사용하고 있는 용어인 "문화예술교육"과 "문화예술교육시설"은 문화예술진흥법에 따른 문화예술, 문화산업, 문화재를 교육내용 및 교육과정에 활용하는 교육과 같은 법에 따른 문화시설로 정의하면서 관계를 맺고 있다.

한편 제5조의 2(국가 및 지방자치단체의 책무)를 통해 국가와 지방자치단체는 문화예술교육의 활성화를 위한 정책 수립과 지원 그리고 교육청과의 협력체계를 구축하도록 하고 있는데 이 법률을 근거로 지방자치단체는 문화예술교육 지원(에 관한) 기본조례를 제정 · 시행하고 있다.

라. 예술인 복지법

예술인 복지법은 "예술인"의 직업적 지위와 권리를 법으로 보호하고 복지 지원을 통해 창작활동을 증진하고 예술 발전에 이바지하는 것을 목적으로 2011년 11월 17일 제정된 법률로 최근 2020년 2월 11일 개정까지 총 6차례 개정[60] 되었고 총칙(제1장), 예술인의 지위와 권리 등(제2장), 사회보장(제3장), 한국예술인복지재단(제4장), 보칙(제5장), 벌칙(제6장) 이렇게 총 6장 18조

사"라 한다)는 종합계획을 반영하여 제9조에 따른 지역문화예술교육지원협의회의 협의를 거쳐 5년마다 지역문화예술교육계획(이하 "지역별 계획"이라 한다)을 수립하여야 한다.(개정 2015.5.18.)

60 일부개정 5차례, 타법개정 1차례(시행일자 2020년 12월 10일)

와 부칙으로 구성되어 있다. 이 법에서 "예술인"은 문화예술진흥법 제2조(정의) 제1항 제1호에서 정의한 "문화예술" 분야에서 창작, 실연, 기술지원 등의 활동을 증명할 수 있는 자로 정의하고 있다. 이 법률의 내용 구성은 아래 〈표 9〉와 같다.

〈표 9〉 예술인 복지법 법률 구성

장	조문
제1장 총칙	제1조(목적), 제2조(정의), 제2조2(다른 법률과의 관계)
제2장 예술인의 지위와 권리 등	제3조(예술인의 지위와 권리) 제4조(국가 및 지방자치단체의 책무), 제4조2(예술인 복지 정책 기본계획)[61], 제4조3(실태조사) 제4조3(문화예술용역 관련 계약), 제4조3(실태조사), 제4조4(문화예술용역 관련 계약) 제5조(표준계약서 보급), 제5조의2(계약서의 보존) 제6조(예술인의 경력 증명 등에 관한 조치 마련), 제6조의2(불공정행위의 금지), 제6조의3(재정지원의 중단 등), 제6조의4(보고 및 검사)
제3장 사회보장	제7조(예술인의 업무상 재해에 대한 보호)
제4장 한국예술인복지재단	제8조(한국예술인복지재단의 설립 등), 제9조(정관), 제10조(재단의 사업), 제10조의2(경비 지원 및 기부금품의 접수), 제10조의3(자료 또는 정보 제공 동의), 제11조(유사명칭의 사용금지), 제12조(임원), 제13조(이사회), 제14조(사업연도 및 사업계획서), 제15조(감독 등), 제15조의2(자료제공의 요청 및 전산망의 이용), 제15조의3(금융정보 등의 제공요청 및 제공), 제15조의4(자료 및 정보의 수집 등)
제5장 보칙	제16조(벌칙적용에서의 공무원 의제) 제16조의2(권한의 위임 · 위탁)
제6장 벌칙	제17조(벌칙), 제18조(과태료)

61 본조신설 2019.12.3., 시행일 2020.6.4

제4조의 3(실태조사)을 통해 예술인의 권익보호와 복지정책의 수립시행에 필요한 기초 자료로 활용하기 위해 예술인 복지 및 창작환경 등에 대한 실태조사를 3년마다 실시하고 결과를 공표하도록 하고 있다.[62 63] 제6조의 2(불공정행위의 금지)와 제18조(과태료)를 두어 불공정 행위 금지와 규정 위반시 과태료를 부과할 수 있도록 규정했고 예술인의 업무상 재해 및 보상 등에 관하여 〈산업재해보상보험법〉에서 정하는 바에 따르도록 함으로써 동 법에 따른 산재보험 혜택을 받을 수 있도록 하였다. 그리고 예술인복지사업의 효율적인 수행을 위해 한국예술인복지재단의 설립 및 예술인의 사회보장 확대 지원 예술인의 직업안정 · 고용창출 및 직업전환 지원 등 재단의 사업 수행에 관한 내용 등을 규정한 제4장 한국예술인복지재단을 명시하였다.[64]

한편 제4조(국가 및 지방자치단체의 책무 등)를 통해 국가와 지방자치단체가 예술인의 지위와 권리를 보호 및 예술인 복지 증진에 관한 시책을 수립 · 시행하도록 명시하고 있는데 이 법률을 근거로 지방자치단체는 예술인 복지증진(에 관한) 기본조례를 제정 · 시행하고 있다.

---

62 예술인 복지법이 제정되기 이전에는 「문화예술인실태조사」란 명칭으로 2009년(2010.1)과 2012년(2013.2)에 발표했다.

63 2015년 8월 「예술인 복지법」에 법적 근거하여 「2015 예술인실태조사」(2016.3)와 「2018 예술인실태조사」(2019.4) 두 차례 발표했다.

64 문화체육관광부, 「2018 문화예술정책 백서」, 2018, p86

제3장

지방자치단체의 문화예술 조례

서론에서 서술했듯이 문화예술 주요법률들은 모두 국가와 지방자치단체의 책무로 이들에게 시책 강구와 정책 수립을 지시하고 있으며 그에 필요한 재원 마련이나 지원을 주문하고 있다. 시책 강구와 정책 수립은 그 결과가 주로 계획이나 그를 위한 실태조사로 나타난다. 그래서 문화예술진흥법과 지역문화진흥법에 근거하여 중앙정부는 5년마다 지역문화진흥기본계획을 수립 · 시행 · 평가하고, 지방자치단체는 5년마다 실정에 맞게 지역문화진흥을 위한 시행계획을 수립 · 시행 · 평가 하도록 하고 있다. 그리고 지역문화진흥법에서는 지역문예진흥기금 설치도 가능하도록 하였고 문화예술진흥법에서는 중앙문예진흥기금이 여기에 출연할 수 있도록 하고 있다.

문화예술교육 지원법도 중앙정부는 5년마다 문화예술교육 지원에 관한 종합계획을 수립하고 지방자치단체는 역시 5년마다 지역문화예술교육계획을 수립하도록 하고 있으며, 예술인 복지법에도 중앙정부 차원에서 5년마다 예술인 복지정책 기본계획을 수립하고 3년마다 실태조사를 하도록 되어 있고, 여러 지방자치단체들도 조례에 같은 내용의 조항을 설치하고 실행하고 있다.

이에 더해 또 한 가지 의무 조항이라고 한다면 그것은 관련 전문가가 포함된 위원회(또는 협의회) 구성일 것이다. 이와 관련하여 문화예술진흥법에 근거한 한국문화예술위원회와 지역문화진흥법에 근거한 지역문화예술위원회, 그리고 문화예술교육 지원법에 근거한 문화예술교육지원위원회와 지역문화예술교육지원협의회가 있으며, 예술인 복지법에서 부과한 책무를 수행하고자 각 지방자치단체들은 조례에 복지증진위원회를 포함시키고 있다.

결국 국가와 지방자치단체의 책무를 요약하자면 계획 수립(경우에 따라 실태조사까지)과 재원 마련, 그리고 위원회(또는 협의회) 구성이라고 할 수 있다. 그러나 법률에서 이렇게 책무를 부여하고 있어도 각 지방자치단체들이 그 실행을 위해 조례를 마련하고 또 확실한 의지를 가지고 실행하지 않는다면 문화의 발전과 예술의 진흥이라는 근본 목적은 달성할 수 없다. 따라서 지방자치단체의 문화예술 관련 기본조례 제정과 책무 이행 실태를 살펴 어떤 문제가 있는지 밝혀볼 필요가 있다.

지방자치단체가 제정하는 기본조례는 통상 제1조(목적)에 근거 법률을 명시하거나 그 법률의 조항을 담고 있다. 즉 문화예술 진흥(에 관한) 조례는 문화예술진흥법을 근거로 하고, 지역문화 진흥(에 관한) 조례 또는 생활문화(예술) 진흥(에 관한) 조례는 지역문화진흥법을 근거로 하며, 문화예술교육 지원(에 관한) 조례와 예술인 복지 증진(에 관한) 조례는 각각 문화예술교육 지원법과 예술인 복지법을 근거로 하는 기본조례라 할 수 있다.[65]

하지만 문화예술 진흥(에 관한) 조례와 지역문화 진흥(에 관한) 조례 또는 생활문화(예술) 진흥(에 관한) 조례의 경우, 각 지방자치단체마다 근거 법률을 활용하는 방식에 있어 차이를 보인다. 각각에 해당하는 문화예술진흥법과 지역문화진흥법을 근거로 두기도 하고 두 법률을 동시에 근거로 두기도 한다. 필요에 따라 세 법률(문화예술진흥법, 지역문화진흥법, 예술인 복지법)을 함께 근거로 두기도 하고, 조례의 구성이 문화예술진흥(에 관한) 조례로 보이는데 지역문화 진흥(에 관한) 조례로 제정한 경우도 있다. 또한 법률의 구성에서도 단순히 경비보조를 위한 법적근거 수준의 조례가 있는가 하면 근거 법률의 구성을 최대한 활용하고 있는 조례도 있다. 이는 광역 시 · 도 지방자치단체보다는 기초 시 지방자치단체가 제정한 기본조례에서 볼 수 있는 현상들이다.

본 장에서는 지방자치단체의 문화예술 기본조례 제정 현황과 책무 이행 실태를 광역시 · 도 지방자치단체와 기초(특별) 시 지방자치단체로 구분해서 살펴볼 것이다. 덧붙여 기초 시 지방자치단체별 '진흥' 법률(문화예술진흥법과

65 물론 어떤 사안에 대한 집중적인 실행을 위하여 별도의 조례를 제정하기도 하는데, 예를 들어 지역문화진흥법의 내용 중 문화재단, 문화도시 · 문화지구와 관련하여 문화(예술/관광)재단 설립 및 운영에 관한 조례는 16개 광역 지방자치단체 모두 제정 · 시행하고 있으며(경남은 경남문화예술진흥원), 문화지구 관리 및 육성에 관한 조례는 서울, 인천, 경기, 제주에서 제정 · 시행하고 있고, 문화도시(조성) 기본 조례는 대구, 인천, 광주, 제주에서 제정 · 시행하고 있다.

지역문화진흥법) 기본조례의 유형을 정리해 볼 것이다.

대상 광역시 · 도는 16개 지방자치단체이고 기초 시는 세종특별자치시를 포함한 76개 지방자치단체로 아래 〈표 10〉과 같다.

〈표 10〉 분석 대상 지방자치단체

구분	지방자치단체
광역 (16개)	서울특별시, 부산광역시, 대구광역시, 인천광역시, 광주광역시, 대전광역시, 울산광역시, 경기도, 강원도, 충청북도, 충청남도, 전라북도, 전라남도, 경상북도, 경상남도, 제주특별자치도
기초 (76개)	수원시, 성남시, 의정부시, 안양시, 부천시, 광명시, 평택시, 동두천시, 안산시, 고양시, 과천시,구리시, 남양주시, 오산시, 시흥시, 군포시, 의왕시, 하남시, 용인시, 파주시, 이천시, 안성시, 김포시, 화성시, 광주시, 양주시, 포천시, 여주시, 원주시, 춘천시, 강릉시, 동해시, 속초시, 삼척시, 태백시, 청주시, 충주시, 제천시, 천안시, 아산시, 서산시, 당진시, 논산시, 공주시, 보령시, 계룡시, 전주시, 군산시, 익산시, 정읍시, 김제시, 남원시, 여수시, 순천시, 목포시, 광양시, 나주시, 포항시, 구미시, 경산시, 경주시, 안동시, 김천시, 영주시, 영천시, 상주시, 문경시, 창원시, 김해시, 양산시, 진주시, 거제시, 통영시, 사천시, 밀양시, 세종특별자치시

한편 책무 이행 실태 분석을 위한 정보는 문화예술 주요법률과 기본조례의 법적 책무조항들을 근거로 16개 광역시 · 도 지방자치단체와 76개 기초(특별) 시 지방자치단체에게 정보공개청구를 해서 받은 답변과 해당 지방자치단체의 홈페이지를 통해 확보한 자료들을 근거로 정리했다.[66]

문화예술과 관련하여 지방자치단체의 책무가 포함된 법률이 공표된 후 조례가 제정되었는지, 또 법률 공포로부터 조례 제정까지 기간은 얼마나 걸렸는지 살피는 것은 비록 단순하지만 각 지방자치단체의 문화예술 발전

66 행정안전부 정보공개청구 사이트. www.open.g23o.kr.
16개 광역시 · 도-정보공개청구일: 2020.3.26. 회신일: 2020.3.30. ~ 4.9.
기초 시-정보공개청구일: 2020.5.23. 회신일: 2020.6.1. ~ 12.

및 진흥에 대한 기본 인식과 실행 의지를 확인할 수 있는 확실한 방법이다.

이에 있어 문화예술진흥법은 1972년 제정되었지만 본격적인 지방자치 제도가 시작된 1995년을 기점으로 전부개정 되었으므로 문화예술 진흥(에 관한) 조례 제정 소요기간의 기준 시점을 1995년 1월 5일로 볼 것이다. 그 외 지역/생활문화 진흥(에 관한) 조례는 지역문화진흥법 제정일인 2014년 1월 28일을, 문화예술교육 지원(에 관한) 조례는 문화예술교육 지원법 제정일인 2005년 12월 29일을, 예술인 복지 증진(에 관한) 조례는 예술인 복지법 제정일인 2011년 11월 17일을 기준 시점으로 할 것이다.[67]

---

67 법률은 제정되고 일정 기간 후 발효되기도 하지만 이미 예정된 사항이므로 일단 제정되면 바로 준비에 들어가야 한다고 판단하여 제정일을 기준 시점으로 하였다.

Ⅰ. 광역 지방자치단체 문화예술 조례 제정 현황과 책무 이행 실태

1. 광역 지방자치단체별 문화예술 주요법률 기본조례 제정 현황

가. 문화예술 진흥(에 관한) 조례

광역 지방자치단체별 문화예술 진흥(에 관한) 조례의 제정 여부와 소요기간은 아래 〈표 11〉과 같다.

〈표 11〉 광역(특별) 시 · 도 지자체별 문화예술 진흥(에 관한) 조례의 제정여부와 소요기간

문화예술진흥법 전부개정일: 1995.1.5.

No	지자체	조례명	제정일[68]	소요기간(개월)[69]
1	부산	부산광역시 문화예술 진흥 조례	1996.6.14	17
2	인천	인천광역시 문화예술진흥 조례	1996.7.22	18
3	대구	대구광역시 문화예술진흥 조례	1996.8.5	19
4	전북	전라북도 문화예술진흥에 관한 조례	1996.9.5	20
5	경기	경기도 문화예술진흥 조례	1996.10.7	21
6	전남	전라남도 문화예술진흥에 관한 조례	1996.12.9	23
7	강원	강원도 문화예술진흥 조례	1997.5.17	28
8	울산	울산광역시 문화예술진흥에 관한 조례	1997.7.15	30
9	대전	대전광역시 문화예술진흥 조례	2001.12.31	83
10	경남	경상남도 문화예술진흥 조례	2002.1.3	84
11	충남	충청남도 문화예술진흥 조례	2002.3.30	86
12	충북	충청북도 문화예술진흥에 관한 조례	2002.10.4	93
13	경북	경상북도 문화예술진흥에 관한 조례[70]	2002.1.10	84
14	광주	광주광역시 문화예술진흥 조례	2004.3.25	110
15	제주	제주특별자치도 문화예술 진흥 조례[71]	2008.1.9	156
16	서울	서울특별시 문화도시 기본 조례[72]	2012.12.31	215

부산, 인천, 대구, 전북, 경기, 전남, 강원, 울산은 2000년도 이전에 제정하였고 나머지 지역은 그 후에 제정하였다. 결국 16개 광역지자체 모두 관련 조례를 제정한 것을 알 수 있는데, 소요기간은 최소 17개월에서 최장 215개월까지로 편차가 무척 크고 평균은 67.5개월이나 되어서 전체적으로 법률이 제정되고 상당히 시간이 지난 후에야 조례를 제정한 것으로 나타난다.

나. 지역/생활문화 진흥(에 관한) 조례

광역 지방자치단체별 지역/생활문화 진흥(에 관한) 조례의 제정 여부와 소요기간은 아래 〈표 12〉와 같다.

---

68 일부개정일 또는 전면개정일에 문화예술진흥법을 근거로 둔 경우 그 시기를 제정일로 본다.

69 한 달을 기준으로 하되 1일에서 31일은 같은 한 달로 계산한다.

70 정확한 제정일을 알 수 없으나 부칙을 통해 가장 오래된 일자로 정했다.

71 2001년 6월 29일 제정되었지만 2008년 1월 19일 이전 조례는 폐지하고 새롭게 조례를 제정하였다. 또한 제정 당시 문화예술진흥법에 근거를 뒀다가 일부개정(2015.5.16.)에서 지역문화진흥법으로 근거를 변경했다.

72 서울은 문화예술 진흥(에 관한) 조례가 아닌 서울특별시 문화도시 기본 조례를 제정 · 시행하고 있는데, 제정일(2006.7.19.)이 아닌 전면개정일(2012.2.31.)에 문화예술진흥법에 근거를 두고 있다. 이처럼 지역문화진흥법에 근거하지 않고 문화예술진흥법을 근거로 제정하였고 문화예술진흥법의 주요조항을 담고 있으므로 문화예술 진흥(에 관한) 조례로 보았다. 내용을 보면 제1장 총칙, 제2장 시민의 문화권 보장, 제3장 문화도시 정책 수립, 제4장 서울특별시 문화시민도시정책 위원회, 제5장 문화영향평가, 제6장 전문예술법인 및 단체의 지정과 육성, 제7장 문화원의 육성, 제9장 문화예술공간 및 문화시설의 설치 · 운영, 제10장 보칙으로 구성되어 있다. 즉 문화예술진흥법뿐만 아니라 문화기본법과 지방문화원법의 주요 내용도 담고 있다.

〈표 12〉 광역(특별) 시 · 도 지자체별 지역/생활문화 진흥(에 관한) 조례의 제정여부와 소요기간

지역문화진흥법 제정일: 2014.1.28.

No	지자체	구분	조례명	제정일	소요기간(개월)
1	대전	생활문화	대전광역시 생활예술진흥 조례	2013.12.31	0
2	경기	생활문화	경기도 생활문화진흥에 관한 조례	2014.4.2	3
3	인천	생활문화	인천광역시 생활문화 진흥 조례	2014.5.26	4
4	경남	지역문화	경상남도 지역문화진흥 조례	2014.10.30	9
5	제주	생활문화	제주특별자치도 생활문화진흥에 관한 조례	2015.10.6	21
6	전북	지역문화	전라북도 지역문화진흥에 관한 조례	2015.10.12	21
7	충남	지역문화	충청남도 지역문화진흥에 관한 조례	2015.10.30	21
8	부산	지역문화	부산광역시 지역문화진흥 조례	2015.11.4	22
9	광주	생활문화	광주광역시 생활문화예술 활성화 지원 조례	2015.12.28	23
10	충북	생활문화	충청북도 생활문화활성화 지원 조례	2016.4.1	27
11	경북	지역문화	경상북도 지역문화진흥에 관한 조례	2016.10.24	33
12	대구	생활문화	대구광역시 생활문화진흥에 관한 조례	2016.10.31	33
13	서울	생활문화	서울특별시 생활문화진흥에 관한 조례	2017.1.5	36
14	강원	지역문화	강원도 지역문화진흥 조례[73]	2017.4.7	39
15	전남	생활문화	전라남도 생활문화진흥에 관한 조례	2020.1.7	72
16	울산		조례 없음		

울산은 지역문화진흥법 관련 기본조례가 없다. 그 외 지자체는 지역문화 진흥 또는 생활문화 진흥에 관한 조례를 제정하였는데, 지역문화 진흥(에 관한) 조례는 경남, 전북, 충남, 부산, 경북, 강원이, 생활문화 진흥(에 관한)

73 제4장 문화지구의 관리 및 육성과 제5장 강원문화재단의 설립 및 운영 조항을 담고 있다.

조례는 지역문화진흥법 제7조(생활문화지원)를 근거로 대전, 경기, 인천, 제주, 광주, 충북, 대구, 서울, 전남이 제정하고 있다.

대전, 경기, 인천, 경남은 지역문화진흥법이 제정된 후 1년 이내에 제정하였고 나머지 지역은 6년이나 걸린 전남 외에는 모두 약 2, 3년 후에 제정하였다. 하나 흥미로운 것은 지역문화진흥법이 제정되기 한 달 전에 조례를 제정한 대전의 경우인데, 이는 지역문화진흥법에 근거했다기보다는 대전광역시 문화예술진흥 조례가 담고 있지 않은 생활예술에 대한 지원을 위해 제정한 것으로 보인다.[74]

다. 문화예술교육 지원(에 관한) 조례

광역 지방자치단체별 문화예술교육 지원(에 관한) 조례의 제정여부와 소요기간은 아래 〈표 13〉과 같다.

〈표 13〉 광역(특별) 시 · 도 지자체별 문화예술교육 지원(에 관한) 조례의 제정여부와 소요기간

문화예술교육 지원법 제정일: 2005.12.29.

No	지자체	조례명	제정일	소요기간 (개월)
1	경기	경기도 문화예술교육 지원 조례	2009.12.31	48
2	제주	제주특별자치도 문화예술교육 지원 조례	2011.6.29.	66
3	충북	충청북도 문화예술교육 지원 조례	2013.5.10	89
4	전남	전라남도 문화예술교육 지원에 관한 조례	2016.7.7	127
5	부산	부산광역시 문화예술교육 지원 조례	2016.8.3	128
6	광주	광주광역시 문화예술교육 지원 조례	2017.11.15	143

74 제1조(목적)가 시민의 자발적인 문화예술 활동 장려와 지원이고 제2조(정의)에서 생활예술의 활동 주체를 전문예술가 또는 아마추어의 구분 없이 시민 누구나로 정의하고 있으며 제4조(사업)와 제5조(보조금지원)에서 생활예술에 해당하는 사업과 그에 대한 보조금 지급을 명시하고 있다.

7	경북	경상북도 문화예술교육 지원 조례	2017.12.28	144
8	강원	강원도 문화예술교육 지원 조례	2018.12.28	156
9	충남	충청남도 문화예술교육 지원 조례	2019.2.20	158
10	전북	전라북도 문화예술교육 지원에 관한 조례	2019.6.7	162
11	경남	경상남도 문화예술교육 지원 조례	2019.8.1	164
12	대구	대구광역시 문화예술교육 지원	2019.8.12	164
13	서울	서울특별시 문화예술교육 지원 조례	2020.5.19	173
14	인천	조례 없음		
15	대전			
16	울산			

인천, 대전, 울산은 문화예술교육 지원법 관련 기본조례가 없다. 더욱이 전체적으로 제정이 늦어서 가장 빠른 경기가 48개월, 즉 4년이나 소요되었으며, 충남, 전북, 경남, 대구는 2019년에, 서울은 2020년 5월에 제정한다.

물론 이미 2005년 시범을 거쳐 2010년이 되면 전국 16개 지역에 광역단위 문화예술교육지원센터가 설치 · 운영되므로 조례 제정과 상관없이 지역 문화예술교육의 실행은 이루어지고 있었다고 보아야 한다. 특히 서울의 경우 중앙정부 사업과 별도로 서울문화재단이 일찍부터 상당히 적극적으로 사업을 펼친 것으로 알려져 있다. 그러나 역시 목적과 책무를 명시한 독립된 조례가 없다는 것은 분명한 위험 요소라 할 것이다.

라. 예술인 복지 증진(에 관한) 조례

광역 지방자치단체별 예술인 복지 증진(에 관한) 조례의 제정여부와 소요기간은 아래 〈표 14〉와 같다.

〈표 14〉 광역(특별) 시 · 도 지자체별 예술인 복지 증진(에 관한) 조례의 제정여부와 소요기간

예술인복지법 제정일: 2011.11.17.

No	지자체	조례명	제정일	소요기간(개월)
1	경북	경상북도 예술인 복지 증진에 관한 조례	2013.5.30	18
2	울산	울산광역시 예술인 복지 증진에 관한 조례	2013.10.2	23
3	부산	부산광역시 예술인 복지 증진에 관한 조례	2013.10.30	23
4	대전	대전광역시 예술인 복지 증진 조례	2013.12.31	25
5	제주	제주특별자치도 문화예술인 복지 증진에 관한 조례	2014.3.18	28
6	인천	인천광역시 예술인 복지 증진에 관한 조례	2016.9.29	58
7	광주	광주광역시 예술인 복지 증진에 관한 조례	2016.11.5	60
8	경기	경기도 예술인 복지 증진에 관한 조례	2016.5.17	66
9	서울	서울특별시 예술인 복지 증진에 관한 조례	2017.9.21	70
10	전남	전라남도 예술인 복지 증진에 관한 조례	2018.2.22	75
11	경남	경상남도 예술인 복지 증진에 관한 조례	2019.1.3	86
12	대구	대구광역시 예술인 복지 증진에 관한 조례	2019.2.28	87
13	전북	전라북도 예술인 복지 증진에 관한 조례	2019.9.30	94
14	강원	강원도 예술인 복지 증진에 관한 조례	2020.5.18	102
15	충북	조례 없음[75]		
16	충남			

충북, 충남은 예술인 복지법 관련 기본조례가 없으며, 경남, 대구, 전북은 2019년에, 강원은 2020년 5월에 제정하였다. 가장 빠른 곳은 경북으로 18개월이며 가장 긴 곳은 강원으로 102개월이어서 전체적으로 상당히 늦고 편차도 크다.

75 충남은 2020년 12월 30일(소요기간 111개월), 충북은 2021년 2월 10일(소요기간 113개월) 제정하여 현재 16개 광역(특별)시 · 도 지자체는 예술인 복지 증진(에 관한) 조례가 모두 제정된 상황이다.

마. 종합

문화예술 주요법률 기본조례를 제정한 지자체와 제정률 그리고 평균소요기간을 보면, 문화예술진흥법 기본조례는 16개 지자체 100% 제정에 67.5개월, 지역문화진흥법 기본조례는 93.8% 제정에 24.3개월, 문화예술교육 지원법 기본조례는 81.3% 제정에 132.5개월, 예술인 복지법 기본조례는 87.5% 제정에 58.2개월이다. 그래서 모두 종합하면 평균 제정률은 90.6%에 평균 소요기간은 70.6개월이 된다. 이것을 정리하면 아래 〈표 15〉와 같다.

〈표 15〉 광역(특별) 시 · 도 지자체 기본조례 제정 총괄 현황

구 분	조례 제정		평균 소요기간(개월)
	지자체수(개)	제정률(%)	
문화예술 진흥(에 관한) 조례	16	100	67.5
지역/생활문화 진흥(에 관한) 조례	15	93.8	24.3
문화예술교육 지원(에 관한) 조례	13	81.3	132.5
예술인 복지 증진(에 관한) 조례	14	87.5	58.2
평 균	14.5	90.6	70.6

물론 기준 시점이 빠를수록 소요기간이 길게 나타나는 것은 당연하다 할 수도 있다. 그러나 가장 최근인 2014년에 제정된 지역문화진흥법 관련 기본조례가 2005년 제정된 문화예술교육 지원법이나 2011년 제정된 예술인 복지법 관련 기본조례보다 제정률이 더 높다는 것은 생각해 볼 여지가 있다. 아마도 지역문화진흥법이 지역 주민의 활동을 광범위하게 포함하고 따라서 곧바로 현실에 영향을 미치기 때문이라 추측해 볼 수 있겠는데, 당장 성과가 드러나기보다는 일종의 기초를 다지는 성격의 문화예술교육이나 예술인복지에 대한 관심이 상대적으로 약하다는 냉정한 현실의 반증이 아닐까 한다.

2. 광역 지방자치단체별 주요 책무 이행 실태

본 장의 서두에서 밝혔듯이 문화예술 주요 법률에서 부과하는 광역 지방자치단체의 책무는 법의 목적에 맞는 계획(경우에 따라 실태조사까지)의 수립 및 실행, 그리고 관련 전문가들이 포함된 위원회(또는 협의회)를 구성하는 것이다. 물론 이를 위한 재원 마련도 책무에 포함되지만, 지역문화진흥법 제22조에서 지역문화예술진흥기금을 설치할 수 있도록 하고 또 문화예술진흥법 제18조(문화예술진흥기금의 용도) 제6항은 중앙문화예술진흥기금의 지역문화예술진흥기금 출연을 포함하고 있음에도 불구하고, 실제 제정된 조례에 기금 설치를 조항으로 명시한 경우는 부산과 경북 두 곳뿐이며, 그마저 실제 설치 여부가 불분명하여[76] 분석의 대상으로 삼기에는 한계가 있다.

따라서 재원 부분을 제외한 두 가지 책무에 대해서만 살펴볼 텐데, 계획(경우에 따라 실태조사까지)에 대해서는 조례에 그런 내용의 조항이 포함되었는지 여부와 실제 계획수립(경우에 따라 실태조사)을 하였는지 여부를 볼 것이며, 위원회(또는 협의회) 구성에 대해서 역시 그런 내용의 조항이 있는지 여부와 실제 구성 여부, 그리고 활동의 내용과 정도를 확인할 것이다.

편의를 위해 책무는 계획수립과 위원회로 구분하고, 근거 법률은 문화예술진흥법과 지역문화진흥법을 묶어 '진흥'으로, 문화예술교육 지원법은 '교육'으로, 예술인 복지법은 '복지'로 줄여 서술하기로 한다.

---

76 대구, 전북, 충남은 조례에 지역문화예술진흥기금 설치 조항이 없음에도 불구하고 문화예술진흥위원회 회의록에는 지역문화예술진흥기금 운용에 대한 내용이 있으며, 부산은 조례에 조항은 있으나 위원회 활동에서는 확인되지 않고, 조항도 있고 위원회 활동 내용에도 있는 곳은 경북뿐이다.

가. 계획수립

(1) 진흥 관련

진흥 관련 기본조례의 계획수립 조항 설치 유무 현황은 아래 〈표 16〉과 같다.

〈표 16〉 진흥 관련 기본조례의 광역(특별) 시 · 도 지자체별 계획수립 조항 설치 유무 현황

2019.12 현재

No	지자체	문화예술진흥법 기본조례			지역문화진흥법 기본조례		
		조항 신설일[77]	조항유무	수립간격	구분	조항유무	수립간격
1	서울	2006.7.19[78]	○[79]	-	생활문화	○	-
2	대구	2019.8.12.	○	5년	생활문화	○	5년
3	인천	2000.5.22.	○	-	생활문화	○	5년
4	광주	2012.7.10.	○	-	생활문화	○	1년
5	경기	2012.3.5.	○	5년	생활문화	○	5년
6	강원	1999.11.8.	○	-	지역문화	○	5년
7	대전	-	×	-	생활문화	○	1년
8	부산	-	×	-	지역문화	○	5년
9	충북	-	×	-	생활문화	○	5년
10	충남	-	×	-	지역문화	○	5년
11	전북	-	×	-	지역문화	○	5년
12	경북	-	×	-	지역문화	○	5년
13	경남	-	×	-	지역문화	○	5년
14	제주	-	×[80]	-	생활문화	○	5년
15	전남	-	×	-	생활문화	×	-
16	울산	-	×	-	조례 없음		

77 계획수립 내용의 조항이 신설된 일자이다.

78 문화예술진흥법을 근거로 시작한 일자는 2012.12.31.이다.

79 제정일(2006.7.19.)부터 전부개정일(2017.9.21.) 전까지 문화도시발전계획이고 전부개정일(2017.9.21.)부터 현재까지는 문화시민도시종합계획이다.

먼저 문화예술진흥법 기본조례에 계획수립 조항이 있는 지자체는 서울, 대구, 인천, 광주, 경기, 강원 이렇게 6개 지역뿐이다. 충북은 제2조(기본원칙), 경남은 제3조(도의 책무)에서 언급하고 있지만 구체적이지 않다. 또한 문화예술진흥법은 제3조(시책과 권장)에서 시책 강구를 권하고 있지만 지역문화진흥법과는 달리 구체적으로 명시하지 않은 탓인지 이처럼 대부분의 지자체들이 관련 조항 설치에 소홀하다.

다음으로 지역문화진흥법 기본조례는 지자체별로 지역문화 진흥 또는 생활문화 진흥과 관련하여 제정하고 있는데 이는 지자체가 문화예술을 바라보고 있는 관점을 반영한 것이라 해석할 수 있다. 광주와 대전은 매년 시행계획을 수립하도록 하고 있는데 다음에 살필 책무이행 실태에서 드러나듯 이것을 긍정적으로 해석할 여지는 별로 없다. 한편 전남은 조례는 제정했지만 계획수립과 관련된 조항은 없다. 그러나 설령 조항 설치를 안 했어도 모든 지방자치단체는 지역문화진흥법 제6조제4항에 따라 5년마다 계획을 수립할 의무를 지닌다. 진흥 관련 기본조례의 계획수립 책무 이행 현황은 아래 〈표 17〉과 같다.

〈표 17〉 진흥 관련 기본조례의 광역(특별) 시 · 도 지자체별 계획수립 책무 이행 현황

제정일 ~ 2019.12

No	지자체	구분	조항 유무	책무 이행 내용	
				계획명	수립일
1	부산	지역문화	○ (5년)	'지역문화진흥 시행계획(2015~2019)'	2015
2	강원	지역문화	○ (5년)	'강원도 지역문화진흥 시행계획(2015~2019)'	2015.12
				'강원도 문화예술진흥중장기종합계획 (2015~2024)'	2014.12
				'강원문화인프라 10개년(2005~2014)'[81]	2004

80 제주는 계획수립이 아닌 문화지표조사를 3년마다 실시하도록 하고 있다.

81 강원도 문화예술진흥중장기종합계획(2015~2024)과 함께 문화예술진흥법 기본

No	지자체	구분	조항 유무	책무 이행 내용	
				계획명	수립일
3	충남	지역문화	○ (5년)	‘충청남도 문화진흥 시행계획(2015~2019)’	2014.11
4	전북	지역문화	○ (5년)	‘전라북도 지역문화진흥 시행계획(2015~2019)’	2015.2
5	경남	지역문화	○ (5년)	‘경상남도 지역문화진흥 시행계획(2015~2019)’	2015.9
6	대구	생활문화	○ (5년)	‘대구광역시 문화진흥 시행계획(2015~2019)’	2015
7	충북	생활문화	○ (5년)	‘충청북도지역문화진흥 시행계획(2015~2019)’	2015
8	제주	생활문화	○ (5년)	‘제주지역문화진흥 시행계획(2015~2019)’	2015.8
9	경기	생활문화	○ (5년)	‘경기도 문화예술진흥 중단기 종합발전계획(2014~2018)’[82]	2014.5
10	서울	생활문화	○	‘2019 서울형 생활문화 기본계획’	2019.3
				‘비전 2030, 문화시민도시 서울’[83]	2016.12
				‘비전 2015, 문화도시 서울’[84]	2006.12
11	인천	생활문화	○ (5년)	‘2019 인천 생활문화진흥 시행계획’	2018
				수립하지 않음[85]	
12	광주	생활문화	○ (1년)	‘2017년 생활문화예술분야 ‘활동단체 및 동아리 지원계획(2017)’	2017
				수립하지 않음[86]	
13	대전	생활문화	○ (1년)	수립하지 않음	
14	경북	지역문화	○ (5년)		
15	전남	생활문화	×		

조례의 계획수립 책무 이행으로 수립한 계획이다.

82 동시에 문화예술진흥법 기본조례의 계획수립 책무 이행으로 수립한 계획이다.

83 동시에 문화예술진흥법 기본조례의 계획수립 책무 이행으로 수립한 계획이다.

우선 문화예술진흥법 기본조례에 계획수립 책무를 명시한 6개 지역 중 서울, 강원, 대구, 경기만이 이행하고 있는데, 이 중 서울, 대구, 경기는 동시에 지역문화진흥법에 의거한 지역문화진흥 시행계획 책무를 함께 이행하고 있다. 그런데 서울은 지역문화진흥법이 제정되기 이전부터 문화예술진흥법 기본조례(서울특별시 문화도시 기본 조례)의 계획수립 책무를 이행하고 있으며, 강원은 2004년부터 현재까지 총 두 차례의 계획을 수립함으로서 책무를 잘 이행하고 있는 편에 속한다.[87] 반면에 대구와 경기는 지역문화진흥법 제정 이후에야 책무를 이행하였다.

다음으로 지역문화진흥법에 의거해 5년 단위의 지역문화진흥 시행계획을 수립한 지자체는 부산, 강원, 충남, 전북, 경남, 대구, 충북, 제주, 경기, 서울 이렇게 10개이며, 인천과 광주는 지역문화진흥 시행계획이 아닌 생활문화 관련 계획만 수립하였다. 게다가 인천은 조례를 제정한 2014년보다 4년 후인 2018년 단 한 차례 수립하였으며, 광주는 아예 계획을 수립하지 않은 대전과 함께 지역문화진흥법에 의거한 계획의 수립간격을 1년으로 명시한 바 있음에도 불구하고 2017년 단 한 차례만 수립하였다.

(2) 교육 관련

교육 관련 기본조례의 계획수립 조항 설치 및 책무 이행 현황은 아래 〈표 18〉과 같다.

---

84 문화예술진흥법 기본조례의 계획수립 책무 이행으로 수립한 계획이다.

85 진흥 관련 기본조례의 계획수립 책무를 이행하지 않았다.

86 진흥 관련 기본조례의 계획수립 책무를 이행하지 않았다.

87 하지만 조례제정일(1999.11.8.)에서 4년이 지난 시점부터 이행하고 있다.

〈표 18〉 교육 관련 기본조례의 광역(특별) 시 · 도 지자체별 계획수립 조항 설치 및 책무 이행 현황

제정일 ~ 2019.12.

<table>
<tr><th rowspan="2">No</th><th rowspan="2">지자체</th><th colspan="2">조항 유무</th><th colspan="3">책무 이행 내용</th></tr>
<tr><th>교육계획(5년)</th><th>시행계획(1년)</th><th>교육계획</th><th>수립일</th><th>시행계획(수립일)</th></tr>
<tr><td>1</td><td>전북</td><td>○</td><td>○</td><td>'전라남도문화예술교육계획(2018~2022)'</td><td>2018.12</td><td>'2020문화예술 교육 시행계획'(2019.11)</td></tr>
<tr><td>2</td><td>광주</td><td>○</td><td>○</td><td>'광주광역시문화예술종합계획(2018~2022)'</td><td>2018.11</td><td rowspan="4">미수립</td></tr>
<tr><td>3</td><td>경기</td><td>○</td><td>○</td><td>'경기문화예술교육계획(2018~2022)'</td><td>2018.12</td></tr>
<tr><td>4</td><td>강원</td><td>○</td><td>○</td><td>'강원도 문화예술교육계획(2018~2022)'</td><td>2018.12</td></tr>
<tr><td>5</td><td>부산</td><td>○</td><td>○</td><td>'부산문화예술교육종합계획(2018~2022)'</td><td>2019.3</td></tr>
<tr><td>6</td><td>경북</td><td>○</td><td>○</td><td>'경상북도문화예술교육계획(2018~2022)'</td><td>2018.12</td><td>미수립</td></tr>
<tr><td>7</td><td>충남</td><td>○</td><td>×</td><td>'충청남도문화예술교육계획(2019~2023)'</td><td>2018.12</td><td rowspan="4">–</td></tr>
<tr><td>8</td><td>경남</td><td>○</td><td>×</td><td>'경상남도문화예술교육계획(2019~2022)'</td><td>2018.12</td></tr>
<tr><td>9</td><td>제주</td><td>×</td><td>×</td><td>'제주문화예술교육계획〉(2018~2022)'</td><td>2017.12</td></tr>
<tr><td>10</td><td>충북</td><td>×</td><td>×</td><td colspan="2">미수립</td></tr>
<tr><td>11</td><td>대구</td><td>○</td><td>○</td><td colspan="3" rowspan="2">미수립</td></tr>
<tr><td>12</td><td>전남</td><td>○</td><td>○</td></tr>
</table>

계획에는 교육계획과 시행계획이 있는데 시행계획 조항은 충남, 경남이 없고 제주와 충북은 두 조항 모두 없다. 또 책무 이행 현황을 보면 문화예술교육 지원법 제6조 제4항(2015.5.18. 개정)에 따라 5년마다 수립해야 하는 교육계획은 9개 지자체가 수립한 데 반해 매년 수립해야 하는 시행계획을

수립한 건 전남뿐이다.

(3) 복지 관련

복지 관련 기본조례의 계획수립에는 계획수립과 실태조사 조항이 있는데 계획수립 조항 설치와 책무 이행 현황은 아래 〈표 19〉와 같다.

〈표 19〉 복지 관련 기본조례의 광역(특별) 시 · 도 지자체별 계획수립 조항 설치 및 책무 이행 현황

제정일 ~ 2019.12.

No	지자체	조항 유무		책무 이행 내용		
		계획수립	실태조사	계획수립	수립일	실태조사
1	서울	○ (5년)	○	'서울예술인플랜(2016 ~ 2020)'	2016.10	서울예술인실태조사 (2015)
2	대전	○ (5년)	○	'지역예술인 복지지원 기본계획(2015~2019)'	2015.9	대전예술인실태조사 (2019)
3	전북	○ (5년)	○	'전라북도 예술인복지증진계획(2017~2021)'	2017.1	실시하지 않음
4	인천	○ (3년)	○	'인천예술인복지플랜(2019~2021)'	2018.10	인천예술인실태조사 (2018)
5	울산	○ (3년)	○	'2018 예술인 복지지원 계획' '2019 예술인 복지지원 계획'	2018 2019	실시하지 않음
6	경기	○ (3년)	○	'2020년도 예술인 권익 보호 및 창작지원 사업 계획'	2019.12	경기예술인실태조사 (2019)
7	대구	○ (3년)	○	'예술인 복지 지원 추진 계획(2020)'	2019.12	대구예술인실태조사 (2019)
8	전남	○ (3년)	○	수립하지 않음		전남예술인실태조사 (2019)
9	경남	○ (3년)	○	수립하지 않음		경남예술인실태조사 (2019)
10	경북	○ (3년)	○	수립하지 않음		

No	지자체	조항 유무		책무 이행 내용		
		계획수립	실태조사	계획수립	수립일	실태조사
11	광주	○ (2년)	○	'광주예술인복지지원 추진계획(2019~2020)'	2019.3	광주예술인실태조사 (2018)
12	제주	○ (2년)	○	'제주특별자치도 문화예술인 복지 증진계획'	2016	창작여건 개선을 위한 문화생태지도 구축 사업보고서 (2015.12)
13	부산	○ (1년)	○	'2016 예술인복지지원 운영센터 운영 계획' '2017 예술인복지지원 운영센터 운영 계획' '2018 예술인복지지원 운영센터 운영 계획' '2019 예술인복지지원 운영센터 운영 계획'	2015.12 2016.12 2017.12 2018.12	예술인실태조사 (2015) · 부산예술인 실태 및 복지만족도 조사(2018)

계획수립 조항을 살펴보면 예술인복지(증진)계획을 서울, 대전, 전북은 5년 단위로, 대구, 인천, 울산, 경기, 전남, 경북, 경남은 3년 단위로, 제주는 2년 단위로, 부산은 1년 단위로 수립하도록 하고 있고, 실태조사는 계획 수립을 위해 실시하도록 하고 있다.

계획수립 책무 이행 현황을 살펴보면, 전남, 경북, 경남은 2019년 현재 계획을 수립하지 않았으나 예술인실태조사를 끝내고 2020년 현재 계획 수립 중이다. 그러나 경북은 조례 제정일(2013.5.30.)을 훨씬 지나 수립하고 있다. 울산은 3년마다 계획을 수립하도록 하고 있는데 2018년과 2019년 각각 계획을 수립하였지만 실태조사가 이루어지지 않은 점을 볼 때 조례에 의한 계획이라기보다 연간사업계획의 성격이 짙어 보인다. 경기는 2020년도 예술인 권익보호 및 창작지원 사업 계획과 2019 경기도 예술인실태조사를 통해 향후 복지증진계획을 수립할 계획이다. 제주도는 계획을 수립했다고는 하나 창작여건 개선을 위한 문화생태지도 구축 사업보고서(2015.12)를 통해 예술인실태조사를 실시한 것으로 보아 그 이후 수립된 계획으로 보인다. 다만 2년 단위로 수립하도록 되어 있어 이 계획이 2019년 12월 현재를 기준으로 한다면 2차례 계획수립을 해야 하지만 실제 상황은 알 수 없다. 부산은 1년 단위로 계획을 수립하도록 하고 있는데 2016년부터 운영하고 있는 예술인복지지원운영센터의 운영계획을 수립하고 있다. 대전은 5년 계획이 끝나는 시점에서 다시 향후 5년 계획 수립을 위한 대전예술인 실태조사(2019)를 마쳤다.

(4) 종합

지자체 문화예술 주요법률 기본조례의 계획수립 조항을 정리해 보면, 우선 진흥은 문화예술진흥법 기본조례의 문화예술진흥계획과 지역문화진흥법 기본조례의 지역문화 진흥을 위한 시행계획 및 생활문화 진흥을 위한 시행계획이다. 다음으로 교육은 문화예술교육 지원법 기본조례의 교육계획과 시행계획, 복지는 예술인 복지법 기본조례의 복지증진계획과 실태조사이다.

이들의 조항 설치율과 책무 이행률은 아래 〈표 20〉과 같다.

〈표 20〉 광역(특별) 시 · 도 지자체 기본조례의 '계획수립' 책무 이행 총괄 현황

<table>
<tr><th colspan="2" rowspan="3">구분</th><th colspan="3">진흥</th><th colspan="2">교육</th><th colspan="2">복지</th><th rowspan="3">평균</th><th rowspan="3">문예진흥
제외
평균</th></tr>
<tr><th rowspan="2">문예
진흥</th><th>지역문화</th><th>생활문화</th><th rowspan="2">교육
계획</th><th rowspan="2">시행
계획</th><th rowspan="2">복지
계획</th><th rowspan="2">실태
조사</th></tr>
<tr><th colspan="2">지역문화진흥</th></tr>
<tr><td rowspan="3">조항</td><td rowspan="2">설치수</td><td rowspan="2">6</td><td>6</td><td>8</td><td rowspan="2">10</td><td rowspan="2">8</td><td rowspan="2">13</td><td rowspan="2">13</td><td rowspan="2">10.7</td><td rowspan="2">11.6</td></tr>
<tr><td colspan="2">14[88]</td></tr>
<tr><td>설치율
(%)</td><td>37.5</td><td colspan="2">87.5</td><td>62.5</td><td>50</td><td>81.3</td><td>81.3</td><td>66.7</td><td>72.5</td></tr>
<tr><td rowspan="3">책무
이행</td><td rowspan="2">이행수</td><td rowspan="2">4</td><td>10</td><td>12</td><td rowspan="2">9</td><td rowspan="2">1</td><td rowspan="2">10</td><td rowspan="2">10</td><td rowspan="2">8.0</td><td rowspan="2">8.7</td></tr>
<tr><td colspan="2">22[89]</td></tr>
<tr><td>이행률
(%)</td><td>25.0</td><td colspan="2">68.8</td><td>56.3</td><td>6.3</td><td>62.5</td><td>62.5</td><td>44.2</td><td>47.6</td></tr>
</table>

그런데 문화예술진흥법을 근거로 하는 지역문화예술진흥계획과 지역문화진흥법을 근거로 하는 지역문화 진흥을 위한 시행계획은 내용상 겹치는 부분이 많다. 또 생활문화 진흥을 위한 시행계획을 지역문화예술진흥계획이나 지역문화 진흥을 위한 계획에 포함시킨 지자체도 더러 있는 것으로 보인다. 따라서 문화예술진흥법을 근거로 한 조항 설치와 책무 이행은 참고로 하기로 하고, 지역문화진흥법을 근거로 한 조항 설치와 책무 이행을 살피되 특별히 생활문화를 명시하지 않았어도 지역문화예술진흥계획이나 지역문화 진흥을 위한 계획이 있을 경우 생활문화 진흥을 위한 계획수립의 책무를 이행한 것으로 간주하였다.

이런 전제로 계획수립의 조항 설치율과 책무 이행률을 각각 살펴보면, 진흥은 지역문화진흥법 기본조례 중 지역문화 조항과 생활문화 조항을 합쳐 설치율은 87.5%(14개 지자체)가 되고 계획수립 책무 이행 실적은 지역과 생활을 합쳐 22개(지역 10, 생활 12)인데 모수를 16의 배수인 32로 하여 계산하면 이행률은 68.8%가 된다. 또 교육은 교육계획 조항 설치율 62.5%(10개 지자체)에 책무 이행률 56.3%(9개 지자체)와 시행계획 조항 설치율 50%(8개 지자체)에 책무 이행률 6.3%(1개 지자체)이며, 복지는 복지계획수립와 실태조사 모두 조항 설치율 81.3%(13개 지자체)에 시행률 62.5%(10개 지자체)로 나타났다.

그래서 이 모두를 종합해 평균을 내면 계획 수립 관련 조항 설치율은 66.7%에 책무 이행률은 44.2%인데, 앞서 설명한 대로 문화예술진흥법에 근거하여 조항을 설치한 경우를 제외하면 조항 설치율 72.5%에 책무 이행률 47.6%가 나온다.

---

88 16개 지자체가 지역문화나 생활문화 중 선택하여 조례의 근거로 삼았으므로 16을 비율 산정의 모수로 하였다.

89 16개 지자체 모두 2가지 계획을 작성하는 것을 기준으로 하여 32를 비율 산정의 모수로 하였다.

나. 위원회

(1) 진흥 관련

문화예술진흥법 및 지역문화진흥법 기본조례의 위원회 조항 설치와 책무 이행 현황은 아래 〈표 21〉과 같다.

〈표 21〉 진흥 관련 기본 조례의 광역(특별) 시 · 도 지자체별 위원회 조항 설치와 책무 이행 현황

제정일 ~ 2019.12.

No	지자체	조항 유무	책무 이행 내용 문화예술위원회 구성	비고
1	서울	○	서울특별시 문화시민도시 정책위원회	문화예술진흥법 기본조례
2	대구	○	대구광역시 문화예술진흥위원회	
3	인천	○	인천광역시 문화예술진흥위원회	
4	대전	○	대전광역시 문화예술진흥위원회	
5	울산	○	울산광역시 문화예술진흥위원회	
6	경기	○	경기도 문화예술진흥위원회	
7	충북	○	충청북도 문화예술위원회	
8	충남	○	충청남도 문화예술진흥위원회	
9	전북	○	전라북도 문화예술진흥위원회	
10	전남	○	전라남도 문화예술진흥위원회	
11	경남	○	경상남도 문화예술협치위원회	
12	제주	○	제주특별자치도 문화예술위원회	
13	부산	○	부산광역시 문화예술위원회	지역문화진흥법 기본조례
14	경북	○	경상북도 문화예술위원회	
15	강원	○	강원도 문화예술위원회	
16	광주	×	×	-

위원회 조항은 지자체별로 문화예술진흥법 기본조례 또는 지역문화진흥법 기본조례에 두고 있는데 광주만 해당 조항이 없다.

한편 위원회 관련 책무 이행은 위원회 구성과 회의 운영으로 구분해서

볼 텐데 우선 위원회 구성은 이름이 조금씩 다르지만 조항을 설치한 지역 모두 이행하고 있다. 조항이 없는 광주는 위원회 구성 역시 하지 않았다.

다음으로 지자체별 문화예술위원회의 회의 운영은 회의 개최 현황과 회의 주요 내용으로 다시 구분해서 볼 것인데 우선 회의 개최 현황은 아래 〈표 22〉와 같다.

〈표 22〉 광역(특별) 시 · 도 지자체별 문화예술(진흥)위원회 회의 개최 현황

No	지자체	기간	연수(년)	횟수(회)	연간 평균 개최횟수(회)
1	서울	2018.4 ~ 2019.12	2	15[90]	7.5
2	제주	2015.6 ~ 2019.12	5	25	5
3	울산	2008 ~ 2019.12	12	26	2.2
4	전북	2009.11 ~ 2019.12	11	24	2.2
5	경남	2009.2 ~ 2019.11	11	22[91]	2
6	부산	2016.4 ~ 2019.4	4	8	2
7	인천	2013.12 ~ 2019.12	7	12	1.7
8	대구	2008.3 ~ 2019.6	12	18	1.5
9	충남	2009.2 ~ 2019.2	11	15	1.4
10	경기	2009.5 ~ 2019.1	11	15	1.4
11	경북	2016.9 ~ 2019.11	4	5	1.3
12	대전	2010.3 ~ 2019.9	10	10	1
13	강원	2017.12 ~ 2019.12	3	3	1
14	충북	2013.12 ~ 2018.12	6	6	1
15	전남	2016.10 ~ 2019.4	4	3	0.8
지자체 전체			113	207	1.8

90 본회의-6회, 실무회의-1회, 기획회의-2회, 분과회의-6회(개인 2회, 협치 1회, 공동체 1회, 지역 1회, 도시 1회)

91 이 중 2019년 한 해에 11회 개최(전체회의-3회, 교육회의-2회, 정책회의-2회, 복지회의-2회, 산업회의-2회)

지자체별 문화예술위원회 회의는 평균적으로 연 1.8회를 개최한 것으로 나타났다. 지자체별로 연간 평균 개최 횟수를 비교해 보면 서울이 7.5회로 가장 많고 전남이 0.8회로 가장 적은 것으로 나타났다. 경남은 경남문화예술협치위원회로 명칭이 바뀐 2019년 한 해에만 11회를 개최하였다. 반면에 전남은 2015년과 2017년 회의를 개최하지 않은 것으로 확인되었다.

한편 지역문화진흥법 기본조례에 생활문화협의회 조항을 별도로 가지고 있는 충남, 대구, 인천, 광주, 전남은 생활문화협의회를 구성하지 않았고 문화예술위원회가 그 역할을 대신하도록 하고 있다.[92]

다음으로 지자체별 문화예술위원회의 회의 내용을 살펴보면 아래 〈표 23〉과 같다.

〈표 23〉 16개 광역(특별) 시 · 도 지자체별 문화예술(진흥)위원회 회의 내용[93]

(기간: 조례 제정일 ~ 2019.12)

No	지자체	회의 주요 내용
1	서울	• 정책위원회 운영방향 • 문화영향평가 검토 및 선정 • 민선 7기 문화정책 과제 • 〈비전 2030 문화도시, 서울〉(문화시민도시추진계획) 과제 • 포럼 운영(주제: 서울의 예술인 정책, 수도권 도시간 문화정책 공유 협력) • 글로벌 음악도시 서울 조성 계획 자문 •서울문화상 후보자 추천 TF구성 • 문화적도시재생 현황과 과제(문화비축기지, 세운지역문화재생)
2	부산	• 전문예술법인 · 단체 지정 심의 • 〈부산문화 2030 비전과 전략 수립〉 용역 보고 • 부산광역시 문화상 심사방법 개선 토의 및 문화상 수상자 심의 • 동아시아 문화도시 부산 개최 및 주요업무계획 보고

92 서울은 문화시민도시정책위원회 분과위원회가 그 역할을 하고 있다.

93 문서가 비전자기록물로 공공기록물 보존 기간(5년)을 경과한 자료는 정보공개 청구 회신에서 누락되어 있다. 하지만 지자체별 위원회가 매년 회의로 다루는 주제는 지자체별로 대동소이해 보인다고 해도 무방할 것이다.

No	지자체	회의 주요 내용
3	인천	• 전문예술법인 · 단체 지정 심의 • 문화예술분야 주요 업무 보고 - 문화예술단체 지원사업 실무위원회 구성 및 지원사업 심의 - 문체부 문화관광축제 추천 - 문화도시종합발전계획 용역 진행사항 보고
4	대구	• 전문예술법인 · 단체 지정 심의 • 문화예술진흥기금 지원계획 토의, 운용 계획(안) 승인/결산 심의 • 문화예술분야 주요 현안 사항 토의 - 문화상, 동아시아문화도시 추진사업 의견수렴 - 근대문화거리 및 동성로 디자인 개선사업 추진 - 대구문화재단 설립, 구) 대구상업학교 본관 건물 활용 - 공연문화도시조성, 칼라풀대구페스티벌 추진, 대구세계육상선수권대회 문화행사
5	대전	• 전문예술법인 · 단체 지정 심의 • 문화예술분야 중점 추진사항 보고 및 심의 - 지역예술인 복지지원 기본계획(안) 심의 등 - 대전문화예술 중장기발전계획 용역 결과 보고 등 - 대전문화예술센터건립계획(안) / 문화격차 해소 및 진흥계획(안) 심의 등
6	경남	• 문화콘텐츠 산업 현황 및 활성화 방안(산업) • 도립 예술단 설립 및 20년 신규사업 제안 • 전문예술법인 · 단체 지정 심의 • 2019 업무계획 보고 • 유아,아동,청소년/청장년층 대상 사업 설명 및 종합토론(교육) • 문화예술분야 사회적경제기업/문화적 도시재생사업 논의(정책) • 경남예술인복지사업/경남예술인 실태조사 의견수렴(복지)
7	제주	• 문화예술분야 주요업무 보고 • 외국인 국내공연 추천, 연소자 유해 공연물 심의 등
8	전북	• 문화예술진흥기금 운용계획 및 결산 보고 심의 • 전문예술법인 · 단체 지정 심의 • 문화관광재단 운영현황 보고
9	경기	• 전문예술법인 · 단체 지정 심의 • 문화예술진흥관련 논의
10	충북	• 전문예술법인 · 단체 지정 심의 • 문화예술진흥에 관한 사항 등
11	충남	• 전문예술법인 · 단체 지정, 문화예술진흥기금 지원계획 심의 등

No	지자체	회의 주요 내용
12	경북	• 경상북도 문화진흥기금 운영(변경) 계획 심의
13	전남	• 전문예술법인 · 단체 지정 심의
14	울산	• 전문예술법인 · 단체 지정 심의
15	강원	• 전문예술법인 · 단체 지정 심의 등

공통적으로 전문예술법인 · 단체 지정 심의를 다루고 있고 서울, 부산, 대구, 인천, 대전, 경남, 제주는 지역의 문화관련 현안을 폭넓게 다루고 있는 반면에 나머지 지역은 주로 단일 사안으로 회의를 개최한 것으로 보인다. 한편 문화예술진흥기금에 관해서는 대구, 전북, 충북, 경북이 다루고 있다.

(2) 교육 관련

문화예술교육 지원법 기본조례의 지원협의회 조항 설치 유무와 책무 이행 현황은 〈표 24〉와 같다.

〈표 24〉 교육 관련 기본조례의 광역(특별) 시 · 도 지자체별 지원협의회 조항 설치와 책무 이행 현황

기간: 조례 제정일 ~ 2019.12

No	지자체	조항 유무	책무 이행 내용
		지원협의회	지원협의회 구성
1	대구	○	대구광역시 문화예술교육지원협의회
2	광주	○	광주광역시 문화예술교육지원협의회
3	경기	○	경기도 문화예술교육지원협의회
4	강원	○	강원도 문화예술교육지원협의회
5	충남	○	충청남도 문화예술교육지원협의회
6	전북	○	전라북도 문화예술교육지원협의회
7	제주	○	제주특별자치도 문화예술교육지원협의회
8	충북	○	미구성
9	전남	○	미구성

No	지자체	조항 유무	책무 이행 내용
		지원협의회	지원협의회 구성
10	부산	×	-
11	경북	×	-
12	경남	×	-

우선 조례를 제정한 12개 지자체 중 부산, 경북, 경남은 지원협의회 관련 조항이 없다. 다음으로 책무 이행은 지원협의회의 구성과 회의 운영으로 구분하여 볼 것인데, 충북과 전남은 지원협의회를 구성하지 않았으므로[94] 나머지 7개 지자체가 구성한 지원협의회의 회의 개최 현황과 회의 주요 내용을 살필 것이다. 그 내용은 〈표 25〉, 〈표 26〉과 같다.

〈표 25〉 광역(특별) 시 · 도 지자체별 지원협의회 회의 개최 현황

No	지자체	기간	연수(년)	횟수(회)	연간 평균 개최횟수(회)
1	대구	2019.12	1	1	1
2	광주	2018.10 ~ 11	1	2	2
3	경기	2018.12	1	1	1
4	강원	2018.12	1	1	1
5	충남	2019.8	1	1	1
6	전북	2019.11	1	1	1
7	제주	2017.12 ~ 2019.3	2	1	0.5
7개 지자체 평균			8	8	1

94 충북은 문화재단 산하 지역문화예술교육지원센터 자문위원회에서 관련 내용을 다루고 연 2회 정도 회의를 개최한다고 하나 지원협의회로 보기는 어렵다.

〈표 26〉 광역(특별) 시 · 도 지자체별 지원협의회 회의 내용

(기간: 조례 제정일 ~ 2019.12)

No	지자체	협의회구성일	회의 주요 내용
1	대구	2018. 12. 28.	• 2019 문화예술교육 주요업무 성과 및 2020년 추진계획 의견 수렴
2	광주	2018. 11. 2.	• 광주문화예술교육종합계획(2019~2022) 용역 보고
3	경기	2018.7	• 경기문화예술교육기본계획(안) 발표 및 의견교환
4	강원	2018. 12. 21.	• 강원도 문화예술교육 5개년 계획(안)에 대한 보고
5	충남	2019. 1.16.	• 충남 문화예술교육 추진방향 및 과제(토의 등)
6	전북	2018. 7.9.	• 문화예술교육 추진경과 보고 및 2020년 시행계획(안) 협의 · 조정
7	제주	2018. 1.9.	• 제주문화예술교육계획(2018~2019) 협의

지원협의회의 연간 평균 개최횟수는 1회이다. 한편 지원협의회의 구성 시기는 거의 비슷한 것을 확인할 수 있다. 지자체 모두 문화예술교육 지원법 기본조례를 제정하고 한참 후에 지원협의회를 구성하고 회의를 열었는데 이는 5년마다 지역문화예술교육계획을 수립해야 하는 책무 이행을 위해 개최된 것으로 보인다.[95]

(3) 복지 관련

예술인 복지와 관련된 사항을 복지증진위원회에서 다루도록 하고 있으나 오직 문화예술위원회가 없는 광주만 조례에 광주광역시 예술인복지증진심의위원회 조항을 설치했고 그나마 실제 구성은 하지 않았다. 광주 외의 지자체는 문화예술위원회(서울은 문화시민도시 정책위원회 분과위원회)에서 대행하도록 하고 있으나 앞서 지자체 문화예술위원회 회의 주요내용에서 살펴보았듯이 대전과 서울을 제외하고 예술인 복지와 관련된 내용은 다루지 않았다.[96]

95 앞의 〈표 19〉에서 계획수립을 이행한 지역과 비교했을 때 부산, 경북, 경남은 지원협의회가 아닌 계획수립을 위해 한시적으로 개최한 기구를 통해 수립했고 대구는 2020년 계획수립을 준비 중이다.

(4) 종합

지자체 문화예술 주요법률 기본조례의 위원회 조항을 정리해 보면, 진흥은 문화예술위원회와 생활문화협의회, 교육은 문화예술교육지원협의회, 복지는 문화예술복지증진위원회이다. 이들의 조항 설치율과 책무 이행률은 아래 〈표 27〉과 같다.

〈표 27〉 광역(특별) 시 · 도 지자체 기본조례의 위원회 책무 이행 총괄 현황

구분		진흥		교육	복지	평균
		문화예술 위원회	생활문화 협의회	문화예술교육 지원협의회	문화예술 복지증진 위원회	
조항	설치수	15	5	9	1	7.5
	설치율(%)	93.8	31.3	56.3	6.3	46.9
책무 이행	이행수	15	0	7	0	5.5
	이행률(%)	93.8	0	43.8	0	34.4
연 평균 회의 횟수		1.8	0	1	0	0.7

위원회 조항에 대한 설치율과 책무 이행률을 살펴보면 진흥은 문화예술위원회 조항 설치율과 이행률이 93.8%(15개 지자체), 지역문화진흥법 기본조례의 생활문화협의회 조항 설치율 31.3%(5개 지자체)에 책무 이행률 0%, 교육은 조항 설치율 56.3%(9개 지자체)에 책무 이행률 43.8%(7개 지자체), 복지는 조항 설치율 6.3%(1개 지자체)에 책무 이행률 0%이다.

위원회 조항은 평균 7.5개의 지자체가 설치하였고 이 조항에 대한 책무 이행을 한 지자체는 5.5개로 설치율과 이행률은 각각 46.9%와 34.4%에 지나지 않는다. 또 연 평균 회의 횟수도 문화예술위원회는 1.8회, 문화예술교

96 서울은 문화시민도시 정책위원회 본회의에서 포럼주제인 예술인 정책과 관련하여 회의와 포럼을 개최하였고 대전은 지역예술인 복지지원 기본계획(2015~2019)을 심의하기 위해 1차례 개최되었을 뿐이다.

육지원협의회는 1회이며 전체 평균은 연 0.7회에 불과하다. 즉 설치율이나 이행률도 낮고 실제 회의 개최의 빈도도 무척 낮은 것을 알 수 있다.

Ⅱ. 기초 지방자치단체 문화예술 조례 제정 현황

기초(특별) 시 지방자치단체의 문화예술 기본조례는 광역시 · 도 지방자치단체와는 다르게 지방자치단체마다 근거 법률을 활용하는 방식에 있어 차이를 보이는데 그 현황은 아래 〈표 28〉와 같다.

〈표 28〉 근거 법률에 따른 기초(특별) 시 지자체별 문화예술 기본조례 현황[97]

구분	근거 법률	지자체명
문화예술 진흥(에 관한) 조례	문화예술진흥법	강릉시, 거제시, 과천시, 광양시, 광주시, 군포시, 나주시, 동두천시, 목포시, 밀양시, **부천시**, 삼척시, 상주시, 서산시, 세종시, **수원시**, 아산시, 안성시, 안양시, 여주시, 영주시, **오산시**, 원주시, 의왕시, **의정부시**, 정읍시, 제천시, 천안시, 청주시, 충주시, 태백시, 통영시, 파주시, 평택시, 포천시, 하남시, **화성시**
	문화예술진흥법 지역문화진흥법	고양시, 공주시, **광명시**, 경주시, 계룡시, 구미시, 김제시, 김천시, 김포시, 김해시, 남양주시, 동해시, 문경시, 보령시, 성남시, 순천시, 시흥시, 안동시, 안산시, 양산시, 양주시, 여수시, 영천시, 용인시, 이천시, 익산시, 진주시, 포항시
	문화예술진흥법 지역문화진흥법 예술인 복지법	경산시, 군산시 전주시, 창원시, 춘천시
지역/생활문화 진흥(에 관한) 조례	지역문화진흥법	**광명시**, 논산시, 당진시, 사천시, **오산시**, **의정부시** (지역문화) **부천시**, **수원시**, **화성시** (생활문화)
	문화예술진흥법 지역문화진흥법	남원시

97 진한색으로 표시된 지역은 문화예술진흥법 기본조례와 지역문화진흥법 기본조례를 모두 제정한 곳이다.

문화예술교육 지원(에 관한) 조례	문화예술교육 지원법	구리시, 성남시, 세종시,
예술인 복지 지원(에 관한) 조례	예술인 복지법	구리시, 안양시, 여주시, 하남시

〈표〉에서 알 수 있듯이 문화예술진흥(에 관한) 조례는 문화예술진흥법 외에도 지역문화진흥법을 함께 근거 법률로 활용하고 있다. 이는 지역문화진흥법 제정이 영향을 미친 것으로 보이나 정작 지역/생활문화 진흥(에 관한) 조례 제정이 활발해 보이지는 않는다. 또한 문화예술교육(에 관한) 조례와 예술인 복지 지원(에 관한) 조례가 별도로 있는 곳도 있고 문화예술진흥(에 관한) 조례와 함께 구성한 지방자치단체도 있다. 즉 기초 단위 지방자치단체들은 저마다의 실정에 맞게 문화예술 법률을 활용하고 있다.

따라서 본 절에서는 앞 절과 같이 문화예술 주요법률 기본조례 제정 현황과 책무 이행 실태를 분석할 것이다. 하지만 광역 지방자치단체와는 달리 기초(특별) 시 지방자치단체 책무 이행에서는 재원 부분(진흥기금)을 포함할 것인데 그 이유는 진흥기금이 진흥 기본 조례의 조항으로 있거나 별도의 조례를 제정한 지자체가 있기 때문이다. 따라서 세 가지 책무에 대해서 살펴볼 텐데, 계획(경우에 따라 실태조사까지)에 대해서는 조례에 그런 내용의 조항이 포함되었는지 여부와 실제 계획수립(경우에 따라 실태조사)을 하였는지 여부를 볼 것이며, 위원회(또는 협의회) 구성에 대해서 역시 그런 내용의 조항이 있는지 여부와 실제 구성 여부, 그리고 활동의 내용과 정도를 확인할 것이다. 그리고 세 번째 책무인 진흥기금은 별도의 조례를 조항으로 취급하여 조항이 있는지 여부와 실제 구성 여부, 그리고 심의 위원회 구성여부와 활동의 내용과 정도를 확인할 것이다.

광역 지방자치단체 때와 마찬가지로 편의를 위해 책무는 계획수립과 위원회 그리고 진흥기금으로 구분하고, 근거 법률은 문화예술진흥법과 지역문화진흥법을 묶어 진흥으로, 문화예술교육 지원법은 교육으로, 예술인 복지법은 복지로 줄여 서술하기로 한다.

한편 진흥에 관한 법률 기본조례의 제정 현황을 살펴보면 지역마다 조례의 내용 구성이 다른 걸 발견하게 된다. 따라서 그 유형을 알아볼 필요가 있다.

그래서 마지막으로 진흥에 관한 법률 기본조례를 유형별로 분류해 볼 것이다. 그리고 기초(특별) 시 지방자치단체마다 문화예술진흥법과 지역문화진흥법을 활용하는 방식을 유형별로 분류한 내용을 이후 구미시 문화예술 진흥 방안 연구에서 다시 한 번 다루도록 하겠다.

1. 기초 지방자치단체별 문화예술 주요법률 기본조례 제정 현황

앞서 설명했듯이 해당 문화예술 기본조례는 제1조(목적)에 근거 법률을 명시하거나 그 법률의 조항을 담고 있는 것으로 본다. 하지만 문화예술 진흥(에 관한) 조례가 지역문화진흥법을 근거로 한다거나 지역/생활문화 진흥(에 관한) 조례가 해당 법률에 근거하나 법률의 구성이 문화예술 진흥(에 관한) 조례의 구성과 같은 경우가 있다. 또한 문화예술진흥법(또는 지역문화진흥법)과 예술인 복지법을 함께 근거로 문화예술 진흥 및 예술인 복지 증진에 관한 조례도 있다. 여기에서는 그 기준을 근거 법률과 조례명을 우선적으로 하여 분류할 것이다. 하지만 조례명이 문화예술진흥이라 하더라도 계획수립이 지역문화진흥계획 또는 생활문화진흥 계획일 경우는 지역/생활문화 진흥(에 관한) 조례로 분류한다. 문화예술 진흥 및 예술인 복지 증진에 관한 조례는 하나의 조례이지만 각각의 조례로도 구별하여 제정 현황을 살펴 볼 것이다.

가. 문화예술 진흥(에 관한) 조례

기초(특별) 시 지방자치단체별 문화예술 진흥(에 관한) 조례의 제정 여부와 소요기간은 아래 〈표 29〉와 같다.

〈표 29〉 기초(특별) 시 지자체별 문화예술 진흥(에 관한) 조례의 제정여부와 소요기간[98]

문화예술진흥법 전부개정일: 1995.1.5.

No	지자체	조례명	제정일	소요기간(개월)
1	여주시	여주시 문화예술 지원 · 육성 조례	2013.9.23*	0
2	세종시	세종특별자치시 문화예술 진흥 조례	2013.4.10*	9
3	창원시	창원시 문화예술진흥 및 예술인 복지증진에 관한 조례	2014.2.7*	43
4	파주시	파주시 문화예술진흥 조례	2000.9.25*	54
5	포천시	포천시 문화예술 지원 및 육성에 관한 조례	2012.6.1*	104
6	제천시	제천시 문화예술진흥 조례	2004.6.18	113
7	동두천시	동두천시 문화예술 지원 · 육성에 관한 조례	2009.10.20	117
8	광주시	광주시 문화예술진흥 조례	2011.12.30*	129
9	화성시	화성시 문화예술진흥 조례	2012.12.31*	141
10	계룡시	계룡시 문화예술 지원 및 육성에 관한 조례	2015.10.12*	145
11	평택시	평택시 문화예술 진흥 조례	2010.11.15	190
12	김포시	김포시 문화예술진흥 조례	2014.4.16*	192
13	양주시	양주시 문화예술진흥 조례	2019.11.25*	193
14	부천시	부천시 문화예술 진흥 조례	2011.4.4	195

98 1995년 1월 5일 이후 시로 승격된 지방자치단체는 해당 지방자치단체의 시승격일을 기준일로 한다. 물론 민선시장 취임과 시의회의 개원 등을 따져야겠으나 여기서는 시승격일로 통일한다. 해당 시는 계룡시(2003.9.19.), 익산시(1995.5.10.), 창원시(2010.7.1. 마산시, 진해시, 창원시 통합), 양산시(1996.3.1.), 용인시(1996.3.1.), 파주시(1996.3.1.), 이천시(1996.3.1.), 안성시(1998.4.1.), 김포시(1998.4.1.), 화성시(2001.3.21.), 광주시(2001.3.21.), 양주시(2003.10.19.), 포천시(2003.10.19.), 여주시(2013.9.23.), 세종특별자치시(2012.7.1.)이다. 해당 표시는 제정일에 별표(*)로 표시하였다.

No	지자체	조례명	제정일	소요기간(개월)
15	나주시	나주시 문화예술진흥에 관한 조례	2011.6.1	197
16	구미시	구미시 문화예술진흥 지원 및 기금 운용 조례	2011.9.21	200
17	광양시	광양시 문화예술 진흥 조례	2012.1.4	204
18	시흥시	시흥시 문화예술 진흥에 관한 조례	2012.7.11	210
19	이천시	이천시 문화예술 육성 및 지원에 관한 조례	2013.10.1*	211
20	아산시	아산시 문화예술 지원 및 육성에 관한 조례	2012.9.17	212
21	안성시	안성시 문화예술 지원·육성에 관한 조례	2015.12.21*	212
22	고양시	고양시 지역문화 및 문화예술 지원·육성에 관한 조례[99]	2013.11.11	226
23	서산시	서산시 문화예술 지원 및 육성에 관한 조례	2014.4.10	231
24	하남시	하남시 문화예술 육성 및 지원에 관한 조례	2014.9.4	236
25	양산시	양산시 문화예술진흥조례	2015.12.31*	237
26	통영시	통영시 문화예술 육성 및 지원에 관한 조례	2014.11.11	238
27	용인시	용인시 문화예술 육성·지원에 관한 조례	2016.1.8*	238
28	오산시	오산시 문화예술 지원 및 육성에 관한 조례	2014.12.11	239
29	전주시	전주시 문화예술진흥 및 예술인 복지증진에 관한 조례	2015.5.11	244
30	의왕시	의왕시 문화예술 육성 및 지원에 관한 조례[100]	2015.5.29	244
31	익산시	익산시 문화예술 진흥에 관한 조례	2015.9.30*	244
32	안양시	안양시 문화예술 지원 및 육성에 관한 조례	2015.6.24	245
33	정읍시	정읍시 문화예술 육성 및 지원에 관한 조례	2015.7.17	246
34	여수시	여수시 문화예술 진흥 조례	2015.8.18	247
35	포항시	포항시 문화예술진흥조례	2015.9.22	248
36	경주시	경주시 문화예술 진흥에 관한 조례	2015.9.24	248
37	영주시	영주시 문화예술진흥 조례	2015.9.24	248
38	광명시	광명시 문화예술진흥 조례	2015.9.30	248
39	원주시	원주시 문화예술 육성 및 지원 조례	2015.10.30	249
40	동해시	동해시 문화예술 진흥 지원에 관한 조례	2015.10.2	249
41	청주시	청주시 문화예술 지원 육성 조례	2015.10.8	249

No	지자체	조례명	제정일	소요기간(개월)
42	충주시	충주시 문화예술 진흥에 관한 조례	2015.10.8	249
43	보령시	보령시 문화예술 진흥 조례	2015.10.30	249
44	군산시	군산시 문화예술진흥 및 예술인 복지증진에 관한 조례	2015.10.8	249
45	김제시	김제시 문화예술 및 지역문화진흥에 관한 조례	2015.10.19	249
46	상주시	상주시 문화예술 진흥에 관한 조례	2015.10.2	249
47	수원시	수원시 문화예술 지원 및 육성에 관한 조례	2015.10.8	249
48	성남시	성남시 문화예술진흥 조례	2015.10.12	249
49	군포시	군포시 문화예술진흥 조례	2015.10.12	249
50	강릉시	강릉시 문화예술진흥 조례	2015.11.11	250
51	안동시	안동시 문화예술 지원 및 육성에 관한 조례	2015.11.20	250
52	김천시	김천시 문화예술 진흥에 관한 조례	2015.11.19	250
53	문경시	문경시 문화예술 진흥에 관한 조례	2015.11.26	250
54	진주시	진주시 문화예술 진흥 조례	2015.11.9	250
55	거제시	거제시 문화예술 진흥 및 지원에 관한 조례	2015.11.24	250
56	과천시	과천시 문화예술 지원 및 육성에 관한 조례[101]	2015.11.13	250
57	태백시	태백시 문화예술진흥 조례	2015.12.31	251
58	공주시	공주시 관광진흥 및 문화예술 등의 지원 조례	2015.12.8	251
59	목포시	목포시 문화예술 지원 및 육성에 관한 조례	2015.12.21	251
60	영천시	영천시 문화예술 진흥 및 지원에 관한 조례	2015.12.1	251
61	김해시	김해시 문화예술 지원 및 육성에 관한 조례	2015.12.31	251
62	밀양시	밀양시 문화예술 육성 및 지원에 관한 조례	2015.12.24	251
63	삼척시	삼척시 문화예술 육성 및 지원에 관한 조례	2016.1.8	252
64	의정부시	의정부시 문화예술 지원 및 육성에 관한 조례	2017.6.5	269
65	경산시	경산시 문화예술 진흥 및 예술인복지 증진에 관한 조례	2017.9.28	272
66	천안시	천안시 문화예술 지원 및 육성 조례	2017.12.29	275
67	남양주시	남양주시 지역예술인 및 문화예술단체 지원 조례	2018.10.18	285
68	춘천시	춘천시 문화예술진흥 및 예술인 복지증진에 관한 조례	2018.11.30	286

이상과 같이 남원시, 논산시, 당진시, 사천시, 순천시, 안산시, 속초시, 구리시를 제외한 68개 지방자치단체가 관련 조례를 제정하고 있다.[102] 모든 기초(특별) 시 지방자치단체들이 2000년도 이후에 제정하였고 2014년 이후에 제정한 지자체는 46곳으로 조례를 제정한 지자체 전체의 67.6%에 해당한다. 소요기간은 평균 217.9개월(약 18년)로 광역시·도의 평균 소요기간 67.5개월보다 상당히 길다. 이로써 기초 지자체는 광역 지자체가 조례를 제정하고 오랜 시간이 지난 후에야 조례를 제정한 것으로 파악되었다.

구미시는 16번째로 소요기간은 200개월이지만 경상북도가 제정(2002.1.10.)한 후 10여년이 지난 후에 제정(2011.9.21.)하였다.[103]

나. 지역/생활문화 진흥(에 관한) 조례

기초(특별) 시 지방자치단체별 지역/생활문화 진흥(에 관한) 조례의 제정 여부와 소요기간은 아래 〈표 30〉과 같다.

---

99 '고양시 문화예술 지원·육성에 관한 조례'로 제정되었다가 일부개정(2016.1.15. 개정)을 거쳐 명칭이 변경되었다.

100 안양시 문화예술위원회 설치 및 운영 조례(2016.1.6.)와 안양시 문화예술진흥기금 설치 및 운용 조례(2005.9.26.)가 별도로 있다.

101 '과천시 문화예술위원회 조례'(2007.6.22. 일부개정, 제정일을 알 수 없음)가 있다.

102 남원시, 논산시, 당진시, 사천시, 순천시, 안산시는 지역문화진흥법 기본조례를, 속초시는 속초시 문화진흥기금 조성 및 운용 조례를, 구리시는 구리시 문화예술진흥기금 설치 및 운용 조례를 제정하고 있다.

103 경상북도의 제정일은 부칙을 통해 가장 오래된 일자(2002.1.10.)로 정한 것으로 실제는 그 이전일 가능성이 높아 10여 년으로 기술했다.

〈표 30〉 기초(특별) 시 지자체별 지역/생활문화 진흥(에 관한) 조례의 제정여부와 소요기간[104]

지역문화진흥법 제정일: 2014.1.28.

No	지자체	구분	조례명	제정일	소요기간 (개월)
1	부천시	생활문화	부천시 생활문화 진흥 조례	2014.10.13	9
2	당진시	-	당진시 문화진흥 조례[105]	2015.4.20	15
3	순천시	지역문화	순천시 문화예술진흥 조례[106]	2015.10.1	21
4	사천시	-	사천시 지역문화 진흥에 관한 조례[107]	2015.10.6	21
5	남원시	지역문화	남원시 지역문화예술진흥 조례	2015.11.11	22
6	안산시	지역문화	안산시 문화예술진흥 조례[108]	2015.11.23	22
7	광명시	지역문화	광명시 지역문화진흥 및 문화도시 조성 조례	2016.1.1	24
8	논산시	-	논산시 문화예술진흥에 관한 조례[109]	2016.10.31	33
9	화성시	생활문화	화성시 생활문화진흥 조례	2019.5.24	64
10	수원시	생활문화	수원시 생활문화 진흥에 관한 조례	2019.7.12	66
11	오산시	지역문화	오산시 지역문화진흥 및 문화도시 조성 조례	2019.7.19	66
12	의정부시	지역문화	의정부시 지역문화진흥 및 문화도시 조성에 관한 조례	2019.12.27	71
13	성남시	생활문화	성남시 문화도시 기본조례[110]	2019.7.15	114

104 평택시는 '평택시 현덕생활문화센터 설치 및 운영 조례'(2018.10.5.제정)가 있다.

105 '당진시 문화예술진흥 조례'(2012.10.15.제정)가 일부개정(2015.4.20.)을 거쳐 지역문화진흥법을 근거로 조례명이 변경되었다.

106 문화예술진흥법을 근거로 제정(1999.1.15.)하였다가 전부개정(2015.10.1.)을 거쳐 지역문화진흥법과 함께 근거하고 있고 5년마다 지역문화진흥시행계획을 수립하도록 하고 있다.

107 지역문화진흥법을 근거로 제정되었다.

108 문화기본법, 문화예술진흥법, 지역문화진흥법을 근거로 제정(2015.11.23.)했고 5년마다 지역문화진흥시행계획을 수립하도록 하고 있다.

109 일부개정(2016.10.31.)을 거치면서 지역문화진흥법을 근거로 하고 있다.

110 지역문화진흥법을 근거로 하고 있고 내용구성이 제1장(총칙), 제2장(문화도시

이상과 같이 지역/생활문화 진흥(에 관한) 조례를 제정한 기초(특별) 시 지방자치단체는 76곳 중 13곳에 지나지 않고 제정하는데 걸린 평균 소요기간은 42.2개월이다. 광역시 · 도의 평균 소요기간 24.3개월보다 17.9개월 뒤에 제정하였다.

당진시, 사천시, 논산시는 지역문화 또는 생활문화를 구분할 수 있는 내용 구성이 없다. 다만 당진시는 지역문화진흥법에서 언급한 지역문화예술위원회와 지역문화진흥기금에 해당하는 조항을 갖추고 있다. 부천시, 화성시, 수원시는 생활문화 진흥(에 관한) 조례이고 순천시, 남원시, 안산시, 광명시, 오산시, 의정부시, 성남시는 지역문화 진흥(에 관한) 조례이다. 한편 성남시는 조례명에서 알 수 있듯이 문화도시 지정 육성에 초점을 맞춘 조례로 보인다.

다. 문화예술교육 지원(에 관한) 조례

기초(특별) 시 지방자치단체별 문화예술교육 지원(에 관한) 조례의 제정 여부와 소요기간은 아래 〈표 31〉과 같다.

정책의 수립), 제3장(성남시 도시정책위원회), 제4장(문화예술축제의 육성), 제5장(생활문화 육성 · 지원), 제6장(문화예술공간 및 문화시설 설치)으로 동 법의 조항을 활용하고 있어 지역/생활문화 진흥(에 관한) 조례로 본다.

〈표 31〉 기초(특별) 시 지자체별 문화예술교육 지원(에 관한) 조례의 제정여부와 소요기간[111]

문화예술교육 지원법 제정일: 2005.12.29.

No	지자체	조례명	제정일	소요기간 (개월)
1	세종시	세종특별자치시 문화예술교육 지원 조례	2019.7.19[112]	79
2	성남시	성남시 문화예술교육 지원 조례	2016.6.20	126
3	구리시	구리시 문화예술교육 지원 조례	2019.7.5	163

문화예술교육 지원(에 관한) 조례는 세종시, 성남시, 구리시 이렇게 3곳밖에 없고 평균 소요기간은 122.7개월이나 된다. 광역시 · 도의 평균 소요기간 129개월과 거의 비슷한 수준이다.

라. 예술인 복지 증진(에 관한) 조례

기초(특별) 시 지방자치단체별 예술인 복지 증진(에 관한) 조례의 제정여부와 소요기간은 아래 〈표 32〉와 같다.

〈표 32〉 기초(특별) 시 지자체별 예술인 복지 증진(에 관한) 조례의 제정여부와 소요기간

예술인복지법 제정일: 2011.11.17.

No	지자체	조례명	제정일	소요기간 (개월)
1	창원시	창원시 문화예술진흥 및 예술인 복지증진에 관한 조례	2014.2.7	27
2	안양시	안양시 예술인 복지증진에 관한 조례	2014.10.21	33
3	여주시	여주시 지역 예술인 복지증진 및 육성 · 지원에 관한 조례	2017.5.18[113]	44

111 광명시는 '광명시 문화예술교육지원센터 지원 및 운영에 관한 조례'(2013.10.8. 제정)가 있다.

112 세종특별자치시 출범일(2012.7.1.)이 기준일이다.

4	구리시	구리시 예술인 복지증진에 관한 조례	2016.10.31	59
5	경산시	경산시 문화예술 진흥 및 예술인복지 증진에 관한 조례	2017.9.28	70
6	하남시	하남시 예술인 복지증진 및 육성·지원에 관한 조례	2019.9.4	94
7	전주시	전주시 문화예술진흥 및 예술인 복지증진에 관한 조례	2015.5.11	42
8	군산시	군산시 문화예술진흥 및 예술인 복지증진에 관한 조례	2015.10.8	47
9	춘천시	춘천시 문화예술진흥 및 예술인 복지증진에 관한 조례	2018.11.30	96

예술인 복지 증진(에 관한) 조례는 9곳이고 평균 56.9개월이 걸렸다. 광역시·도의 평균 소요기간 54.8개월과 거의 비슷한 수준이다. 안양시, 구리시, 하남시는 별도의 조례를 제정하고 있고 나머지는 문화예술 진흥(에 관한) 조례와 함께 활용하고 있다.

마. 종합

76개의 기초(특별) 시 지방자치단체 중 문화예술 주요법률 기본조례를 제정한 지방자치단체와 제정률 그리고 평균소요기간을 보면, 문화예술진흥법 기본조례는 68개 지자체 89.5% 제정에 217.9개월, 지역문화진흥법 기본조례는 17.1% 제정에 42.2개월, 문화예술교육 지원법 기본조례는 3.9% 제정에 122.7개월, 예술인 복지법 기본조례는 11.8% 제정에 56.9개월이다. 그래서 모두 종합하면 평균 제정률은 23.3%에 평균 소요기간은 109.9개월이 된다. 이것을 정리하면 아래 〈표 33〉와 같다.

113 여주시 시승격일(2013.9.23.)이 기준일이다.

〈표 33〉 기초(특별) 시 지자체 기본조례 제정 총괄 현황

구 분	조례 제정		평균 소요기간(개월)
	지자체수(개)	제정률(%)	
문화예술 진흥(에 관한) 조례	68	89.5	217.9
지역/생활문화 진흥(에 관한) 조례	13	17.1	42.2
문화예술교육 지원(에 관한) 조례	3	3.9	122.7
예술인 복지 증진(에 관한) 조례	9	11.8	56.9
평균	23.3	30.7	109.9

문화예술 진흥(에 관한) 조례가 다른 조례들에 비해 제정일이 높다고는 하나 평균 소요기간이 217.9개월로 앞서 분석한 광역시 · 도 지방자치단체의 평균 소요기간인 67.5개월보다 상당히 오래 걸렸다. 또한 나머지 3개의 조례 제정률은 현저히 낮고 전체 평균 제정률이 30.3%에 지나지 않는다. 이는 광역 단위의 문화예술 관련 활동이 기초 단위에 영향을 거의 미치지 못하거나 연관성이 없다는 반증이다.

한편 진흥에 관한 법률 기본조례 제정 시점을 보면 2014년 이후 제정한 곳이 76개 지역 중 54곳으로 전체 71%에 해당한다. 이들 조례의 제정 시기는 문화기본법(2013.12.30.)과 지역문화진흥법(2014.1.28.)의 제정과 맞물리고 있다. 즉 이 법률들의 영향을 받고 있다고 할 수 있다. 그래서 문화예술 진흥(에 관한) 조례가 지역문화진흥법을 닮아 있거나 지역/생활문화 진흥(에 관한) 조례가 문화예술진흥법을 닮아 있는 이유이기도 하다. 또한 예술인 복지법을 혼합한 경우도 이런 현상의 하나로 보인다.

2. 기초 지방자치단체별 주요 책무 이행 실태

광역시 · 도 지방자치단체와는 달리 문화예술진흥기금과 지역문화진흥기금과 관련해서 기본조례에 포함하거나 별도로 조례를 제정한 기초 시

지방자치단체가 있다. 구미시는 기본조례에 포함한 경우인데 어쨌든 광역 단위와는 달리 실태를 파악할 필요가 있어 진흥기금을 책무 이행 실태 분석에 포함할 것이다. 따라서 이행 실태를 분석할 책무는 계획수립과 위원회 그리고 진흥기금이다. 서술 방식은 광역시 · 도 때와 같다.

가. 계획수립

(1) 진흥 관련

진흥 관련 기본조례의 계획수립 조항이 설치된 지자체별 현황은 아래 〈표 34〉와 같다.

〈표 34〉 진흥 관련 기본조례의 계획수립 조항 설치 기초(특별) 시 지자체별 현황

2019.12 현재

NO	지자체	문화예술진흥법 기본조례		지역문화진흥법 기본조례	
		조항 신설일[114]	수립간격	조항 신설일	수립간격
1	광명시	2015.9.30[115]	-	2016.1.1.	5년
2	성남시	2015.10.12	5년	2019.7.15[116]	-
3	나주시	2011.6.1	-	-	-
4	광양시	2012.1.4	-		
5	김포시	2014.4.16	5년	-	-
6	파주시	2015.4.17	-	-	-
7	전주시	2015.5.11	5년		
8	여수시	2015.8.18	5년	-	-
9	군산시	2017. 3.28	5년		
10	경산시	2017.9.28	5년		
11	춘천시	2018.11.30	-		
12	창원시	2019.8.14[117]	-		
13	남원시	-	-	2015.10.1	5년
14	순천시	-	-	2015.10.1	5년
15	안산시	-	-	2015.11.23	5년

NO	지자체	문화예술진흥법 기본조례		지역문화진흥법 기본조례	
		조항 신설일[114]	수립간격	조항 신설일	수립간격
16	오산시	–	–	2019.7.19	5년
17	의정부시	–	–	2019.12.27	5년
18	부천시	–	–	2014.10.13(생활)	–
19	화성시	–	–	2019.5.24(생활)	–
20	수원시	–	–	2019.7.12(생활)	5년

76개 지방자치단체에서 불과 20개 지방자치단체만이 계획수립 조항이 있다.

먼저 문화예술진흥법 기본조례에 계획수립 조항이 있는 지역은 12개 지역이다. 다음으로 지역문화진흥법 기본조례에 계획수립 조항 있는 지방자치단체는 10개 지역으로 그 중 지역문화진흥 시행계획을 수립하여야하는 지역은 7개 지역이고 생활문화진흥 시행계획을 수립하여야하는 지역은 3개 지역이다. 이 중 광명시와 성남시는 문화예술진흥법 기본조례와 지역문화진흥법 기본조례가 있고 모두 계획수립 조항이 있다.

진흥 관련 기본조례의 계획수립 책무 이행 현황은 아래 〈표 35〉와 같다.

〈표 35〉 진흥 관련 기본조례의 기초(특별) 시 지자체별 계획수립 책무 이행 현황

제정일 ~ 2020.4

No	지자체	구분	책무 이행 내용[118]	
			계획명	수립일
1	성남시	문화예술	성남시 문화예술 중장기 종합계획(2016~2020)	2016.1
		지역문화	수립하지 않음	–
2	나주시	문화예술	나주시 문화예술진흥 중단기 종합계획(2017~2021)	2016.1

114 계획수립 내용의 조항이 신설된 일자이다.

115 제3조(시장의 책무)에 명시하고 있다.

116 문화도시종합계획이다.

117 제3조(시장의 책무)에 명시하고 있다.

No	지자체	구분	책무 이행 내용[118]	
			계획명	수립일
3	광양시	문화예술	광양시 문화예술진흥 중·단기 종합계획	2016.1
4	김포시	문화예술	김포시 문화예술진흥 중장기 종합계획 (2016~2020)	2015.12
5	여수시	문화예술	여수시 지역문화진흥 5개년 계획[119]	2016.9
6	창원시	문화예술	창원시 문화예술진흥 5개년 계획(2018~2022)	2017.10
7	남원시	지역문화	남원시 지역문화진흥을 위한 시행계획 (2015~2020)	2015.12
8	군산시	문화예술	수립하지 않음	
9	경산시	문화예술		
10	춘천시[120]	문화예술		
11	파주시	문화예술		
12	전주시	문화예술		
13	광명시	문화예술		
		지역문화		
14	순천시	지역문화		
15	안산시	지역문화	수립하지 않음	
16	부천시	생활문화		
17	오산시	지역문화		
18	의정부시	지역문화		
19	화성시	생활문화		
20	수원시	생활문화		

118 성남시(지역문화), 오산시, 의정부시, 화성시, 수원시의 경우 조례 제정일이 2019년 5월 이후로 이제 막 시행단계이지만 여기서는 '수립하지 않음'으로 하겠다.

119 문화예술진흥이 아닌 지역문화진흥으로 명칭을 사용하고 있다.

120 '춘천시 문화도시 조성 5개년 계획(2021~2025)'을 수립하고 '춘천시 문화도시 조성 1년 계획(2021)'을 수립 중이다. 이는 기본조례에 근거한 것이기보다는 문화도시사업과 연관이 있는 계획이다.

이상과 같이 계획수립 조항이 있는 20개 지역 중 책무를 이행하고 있는 지자체는 불과 7개 지역에 불과하다. 성남시와 광명시는 문화예술진흥계획과 지역문화진흥계획을 모두 수립하여야 하지만 성남시만 수립하고 있는데 이 또한 문화예술진흥계획만을 수립하고 있다.

(2) 교육 관련

교육 관련 기본조례는 세종특별자치시, 성남시, 구리시 3개 지방자치단체가 제정하고 있는데 이 중 계획수립 조항은 세종특별자치시밖에 없다. 계획수립 조항이 있는 지자체의 책무 이행 현황은 아래 〈표 36〉과 같다.

〈표 36〉 교육 관련 기본조례의 계획수립 조항이 있는 기초(특별) 시 지자체의 책무 이행 현황

제정일 ~ 2020.4

No	지자체	수립간격		책무 이행 내용		
		교육계획	시행계획	교육계획	수립일	시행계획(수립일)
1	세종시	5년	1년	세종시 문화예술교육 중장기 발전계획(2014~2017)	2014	○
				세종시 문화예술교육 종합계획(2018~2022)	2018.1	

세종특별자치시는 기본조례(제정일: 2019.7.19.)와 상관없이 문화예술교육 지원법 제6조제4항에 의거하여 문화예술교육 종합계획을 수립하였다. 또한 종합계획을 반영한 시행계획을 매년 수립하여 시행하고 있는 것으로 파악되었다. 2017년부터 세종문화재단(2016년 설립)이 세종문화예술교육지원센터로 지정되어 운영되고 있다.

(3) 복지 관련

복지 관련 기본조례의 계획수립과 실태조사 조항이 있는 지자체의 책무 이행 현황은 아래 〈표 37〉과 같다.

〈표 37〉 복지 관련 기본조례의 계획수립 조항이 있는 기초(특별) 시 지자체의 책무 이행 현황

제정일 ~ 2020.4

No	지자체	조항 유무		책무 이행 내용		
		계획수립	실태조사	계획수립	수립일	실태조사
1	창원시	5년	○	수립하지 않음		2016 창원시 문화향유 실태조사
2	전주시[121]	5년	○	수립하지 않음		2015 전주시 문화예술인 실태조사
3	춘천시[122]	○	○	수립하지 않음		2019 춘천시 예술인 실태조사
4	군산시	5년	○	수립하지 않음		
5	경산시	5년	○			
6	안양시	3년	○			
7	구리시	3년	○			
8	하남시	○	○			
9	여주시	○	×			

이상과 같이 조항이 있는 지자체 모두 계획수립과 실태조사를 이행하고 있지 않았다.

(4) 종합

지자체 문화예술 주요법률 기본조례의 계획수립 조항을 정리해 보면, 우선 진흥은 문화예술진흥법 기본조례의 문화예술진흥계획과 지역문화진흥법 기본조례의 지역문화 진흥을 위한 시행계획 및 생활문화 진흥을 위한 시행계획이다. 다음으로 교육은 문화예술교육 지원법 기본조례의 교육계획과 시행계획, 복지는 예술인 복지법 기본조례의 복지증진계획과 실태조사이다.

이들의 조항 설치율과 책무 이행률은 〈표 38〉과 같다.

---

121 현재(2020년 5월) '전주시 예술인 복지지원 종합대책'을 수립 중이고 , '2020 전주시 문화예술인 실태조사'는 하반기에 실시할 예정이다.

122 춘천문화재단에서 춘천예술인복지센터(2019.3)를 운영하고 있다.

〈표 38〉 기초(특별)시 지자체 기본조례의 '계획수립' 책무 이행 총괄 현황

<table>
<tr><th colspan="2" rowspan="3">구분</th><th colspan="3">진흥</th><th colspan="2">교육</th><th colspan="2">복지</th><th rowspan="3">평균</th><th rowspan="3">문예진흥 제외 평균</th></tr>
<tr><th rowspan="2">문예진흥</th><th>지역문화</th><th>생활문화</th><th rowspan="2">교육계획</th><th rowspan="2">시행계획</th><th rowspan="2">복지계획</th><th rowspan="2">실태조사</th></tr>
<tr><th colspan="2">지역문화진흥</th></tr>
<tr><td rowspan="3">조항</td><td rowspan="2">설치수</td><td rowspan="2">12</td><td>7</td><td>3</td><td rowspan="2">1</td><td rowspan="2">1</td><td rowspan="2">9</td><td rowspan="2">8</td><td rowspan="2">6.8</td><td rowspan="2">5.8</td></tr>
<tr><td colspan="2">10</td></tr>
<tr><td>설치율(%)</td><td>15.8</td><td colspan="2">11.8</td><td>1.3</td><td>1.3</td><td>11.8</td><td>10.5</td><td>8.9</td><td>7.6</td></tr>
<tr><td rowspan="3">책무이행</td><td rowspan="2">이행수</td><td rowspan="2">7</td><td>1</td><td>0</td><td rowspan="2">1</td><td rowspan="2">1</td><td rowspan="2">0</td><td rowspan="2">3</td><td rowspan="2">2.2</td><td rowspan="2">1.2</td></tr>
<tr><td colspan="2">1</td></tr>
<tr><td>이행률(%)</td><td>9.2</td><td colspan="2">1.3</td><td>1.3</td><td>1.3</td><td>0</td><td>3.9</td><td>2.9</td><td>1.6</td></tr>
</table>

이상과 같이 기초 지자체 기본조례의 계획수립에 있어 전체 평균을 보면 조항 설치율은 8.9%이고 책무 이행률은 2.9%에 불과하다. 즉 7개 지역을 제외한 거의 모든 지자체가 조례의 형식만 갖추고 있다고 보아도 무방하다.

이렇게 책무 이행률이 저조한 이유는 주요법률이 책무 이행의 단위를 광역시·도, 특별(자치)시·도로만 명시하고 있기 때문이다. 또한 광역 도의 주요법률 기본조례가 같은 권역의 지자체에 영향을 주지 않는다고 볼 수 있다.

나. 위원회

(1) 진흥 관련

문화예술진흥법 및 지역문화진흥법 기본조례의 위원회 조항이 설치된 지자체의 책무 이행 현황은 〈표 39〉와 같다.

〈표 39〉 진흥 관련 기본 조례의 위원회 조항이 있는 기초(특별)시 지자체의 책무 이행 현황[123]

제정일 ~ 2019.12

No	지자체	책무 이행 내용		구성인원(명)[124]	관련 기본조례
		구성유무	위원회 명		
1	광명시	○	광명시 문화예술진흥위원회	13	문화예술 진흥법 기본 조례
2	군산시	○	군산시 문화예술진흥위원회	12	
3	밀양시	○	밀양시 문화도시 사업 추진위원회	18	
4	부천시	○	부천시 문화예술위원회	21	
5	세종시	○	세종특별자치시 문화예술진흥위원회	15	
6	시흥시	×[125]	시흥시 문화예술진흥위원회	-	
7	여수시	○	여수시 문화예술위원회	20	
8	창원시	○	창원시 문화예술진흥위원회	21	
9	춘천시	○	춘천시 문화예술진흥위원회	21	
10	충주시	○	충주시 문화예술자문위원회 문화예술분과위원회	28	
11	통영시	○	통영시 문화예술진흥위원회	15	
12	파주시	○	파주시 문화예술진흥위원회	15	
13	평택시	○	평택시 문화예술진흥위원회	10	
14	화성시	○	화성시 문화예술정책위원회	10	
15	광양시	×	광양시 문화예술진흥위원회	-	
16	광주시	×	광주시 문화예술진흥위원회	-	
17	김포시	×	김포시 문화예술진흥위원회	-	
18	보령시	×	보령시 문화예술육성위원회	-	
19	익산시	×	익산시 문화예술진흥위원회	-	
20	나주시	×	나주시 문화예술진흥위원회	-[126]	
21	안양시	○	안양시 문화예술위원회	13	별도 조례 제정[127]
22	과천시	○	과천시 문화예술위원회	11	

123 본 논문에서는 생활문화진흥위원회는 생활문화협의회로, 그 외는 문화예술(진흥)위원회로 본다.

No	지자체	책무 이행 내용		구성인원(명)[124]	관련 기본조례
		구성 유무	위원회 명		
23	남원시	○	남원시 문화도시사업추진위원회	11[128]	지역문화 진흥법 기본 조례
24	당진시	○	당진시 문화예술위원회	11	
25	부천시	×	부천시 생활문화협의회	-	
26	화성시	×	화성시 생활문화진흥위원회	-	
27	오산시	×	문화도시추진자문위원회	-	
28	의정부시	×	의정부시 지역문화진흥 및 문화도시추진위원회	-	
29	성남시	×	성남시 문화도시정책위원회	-	
30	수원시	×	수원시 생활문화협의회	-	
31	순천시	×	순천시 문화예술진흥위원회	-	
32	안산시	×	안산시 문화예술진흥위원회	-	

32개 지역이 위원회 구성 조항을 설치하고 있으나 17개 지역만이 위원회를 구성하고 있는 것으로 확인되었다. 그렇다면 이 17개 지역이 위원회에서 다루는 주요 내용이 무엇인지 들여다 볼 필요가 있다. 지자체별 위원회의 회의 운영은 회의 개최 현황과 회의 주요 내용으로 구분해서 볼 것인데 우선 회의 개최 현황은 아래 〈표 40〉과 같다.

124 2019년에 구성된 인원이다.

125 2012.7~2016.6 구성하여 운영하였으나 그 이후는 구성하고 있지 않다.

126 2020년 5월 최초로 구성(15인)한다.

127 안양시는 안양시 문화예술위원회 설치 및 운영 조례(2016.1.6.), 과천시는 과천시 문화예술위원회 조례(2007.6.22.)가 별도로 있다.

128 2018~2019년 구성인원. 2016~2017년-15명

〈표 40〉 기초(특별) 시 지자체별 위원회 회의 개최 현황

제정일 ~ 2019.12

No	지자체	기간	연수(년)	횟수(회)	연간 평균 개최횟수(회)
1	광명시	2015.1 ~ 2019.12	5	10	2
2	군산시	2015.1 ~ 2019.12	5	13	2.6
3	밀양시	2019.1 ~ 12	1	4	4
4	부천시	2011.1 ~ 2019.12	9	22	2.4
5	세종시	2015.1 ~ 2019.12	5	5	1
6	여수시	2019. 1 ~ 12	1	1	1
7	창원시	2017.1 ~ 2019.12	3	5	1.7
8	춘천시	2019. 1 ~ 12	1	4	4
9	충주시	2015.1 ~ 2019.12	5	6	1.2
10	통영시	2017.5 ~ 2019.12	3	1	0.3
11	파주시	2015.1 ~ 2019.12	5	5	1
12	평택시	2015.1 ~ 2019.12	5	4	0.8
13	화성시	2013.1 ~ 2019.12	7	7	1 (서면심의)[129]
14	안양시	2016.1 ~ 2019.12	4	4	1
15	과천시	2016.1 ~ 2019.12	4	4	1
16	남원시	2016.1 ~ 2019.12	4	20	5
17	당진시	2016.1 ~ 2019.12	4	4	1
지자체 전체			71	119	1.8

위원회를 구성한 17개 지역은 연간 평균 1.8회 정도 회의를 개최하고 있는 것으로 확인되었다. 남원시는 4년간 총 20회의 회의를 개최하였는데 이는 연 평균 5회의 회의를 개최한 것이다. 그리고 밀양시는 2019년부터 위원회 활동을 시작했는데 당해 연도만 4회의 회의를 개최하였다. 그 다음으로 군산시와 부천시가 각각 연 평균 2.6회와 2.4회 개최하였다. 화성시는 매년 1회의 정기적인 회의를 개최했는데 모두 서면심의로 대체하였다.

---

129 2013년을 제외하고는 모두 서면심의로 대체하였다.

다음으로 지자체별 위원회의 회의 내용을 살펴보면 아래 〈표 41〉과 같다.

〈표 41〉 기초(특별) 시 지자체별 위원회 회의 내용

제정일 ~ 2019.12

No	지자체	회의 주요 내용
1	광명시	• 문화예술발전기금 지원계획(안) 심의 • 문화예술발전기금 지원 대상자 선정 심의
2	군산시	• 문화예술진흥기금운용계획 심의 및 의결 • 기금 지원사업 심의 및 사업대상자 선정 • 기금 전입금 확보 동의 • 기금 운용계획 • 자부담 비율 결정 • 신인지역예술가 창작지원사업 심의 및 최종선정 • 시민아이디어 창작공연 지원사업 / 시민아이디어 창작공연지원사업 심의 및 선정
3	밀양시	• 문화도시조성계획, 문화특화지역조성사업, 문화적 도시재생사업 추진현황 보고 • 문화도시 조성계획 현장검토 보고 / 문화도시 조성계획 심사 최종 발표자료 보고 • 시민문화페스타 밀양야행 〈날 좀 보소〉 추진사항 보고 • 진장문화예술플랫폼 조성 및 개관식 추진사항 보고
4	부천시	• 부천시 문화예술 주요사업 보고 / 부천시 문화상 선정(안) 보고 • 부천시 문화예술발전기금 운용계획(안) 심의 / 부천시 문화예술발전기금 결산 보고 • 부천시 문화예술발전기금 지원대상자 선정 보고 / 디지털부천문화대전 수정 · 증보사업 및 부천석천농기고두다리 향토문화재 지정 추진사항 보고 • 국내외 자매결연도시와의 문화예술교류 계획(안) / 소위원회 구성 운영(안) 심의 • 문화유산의 체계적인 보존관리 사업, 시청 앞 잔디광장 조형물 철거, 향토유적 지정 심의
5	세종시	• 문화예술 진흥 관련 주요업무계획(안) 보고 • 전문예술법인 단체 지정 심의 / 신청단체 발표
6	여수시	• 문화예술 사업계획 설명 등
7	창원시	• 문화예술진흥 5개년 계획 및 문화예술특별시 2030 비전 수립 의견 청취

No	지자체	회의 주요 내용
		• 문화예술특별시 1주년 기념 주요업무 및 향후추진방향 논의 • 문화예술진흥 5개년 계획 최종보고, 팀별 주요 업무보고 • 대규모 공동주택 활용 대형벽화 조성, 창원문화재단 역할 재정립 등 • 창원문화특화지역조성사업 추진보고, 지하보도 복합문화공간 의견수렴
8	춘천시	• 문화도시정책위원회 위원 위촉에 관한 사항 • 문화도시 조성사업 이해 및 추진 방향의 설명과 공유 • 문화도시 조성계획 보고 및 준비상황 공유문화도시 조성계획 최종 발표자료 보고
9	충주시	• 충주시 지역문화진흥 세부시행계획 수립에 따른 자문 • 문화예술에 대한 발전방안 자문 • 제46회 우륵문화제 발전방향 토의 • 2017 전국체육대회 문화행사 관련 자문 • 조형물 설치 위치 관련 검토 및 자문 • 구 조선식산은행 복원 후 활용방안 • '센트럴 문화도시 충주'사업 추진계획 설명 • 충주중원문화재단 설립 관련 자문
10	통영시	• 통영시 문화예술 육성 및 지원 사업 보고 • 근대건조물 전수조사 및 보전활용 계획 보고
11	파주시	• 파주시 향토문화유산 지정 (재)심의 / 향토문화유산 활용(탁본, 영인, 촬영) 허가 심의
12	평택시	• 시민제안공모사업 / 찾아가는 문화활동 공모사업 심의 • 평택시 예술단 운영 지침 개정관련 자문 / 평택시 문화예술 활성화 방안 논의 건
13	화성시	• 문화예술진흥기금 조성계획(안) 심의 / 문화예술진흥기금 결산
14	안양시	• 시립합창단 정기평정 계획(안) / 시립예술단 공연계획(안) 심의
15	과천시	• 문화예술 주요사업 보고
16	남원시	• 문화도시사업 추진위원회 운영규정(안) / 예산계획(안) 논의 / 사무국 운영조직 변경 보고 • 추진위원회 일정 보고 / 결과보고 / 문화도시 사업 전반 소개 / 남원시민 원탁회의 개최 • 신규사업 토의 / 춘향제 연계행사 계획 보고 / 세부사업별 보고 • 문화포럼 사업계획 승인 / 시민워크숍 사업계획 승인 / 중간지원조직 업무협약 체결 • 문화도시 BI개발 및 홈페이지 구축 보고 / 문화도시 조성계획 연구용역 심의

No	지자체	회의 주요 내용
		• 아트센터 현황보고, 세부사업별 중간 및 운영현황 보고 • 문화버스 결과보고, 도시재생과 업무협약 건 / 라운드 테이블 운영의 건 • 문화도시 지정 관련 진행일정 및 준비상황 보고
17	당진시	• 문화진흥기금 공모사업 심의

이상의 내용을 살펴보면 앞서 연 평균 회의 개최수가 많았던 남원시, 밀양시, 군산시, 부천시는 위원회에서 지역의 문화예술 전반에 걸쳐 다루고 있음을 알 수 있다. 한편 밀양시, 창원시, 춘천시, 충주시, 남원시는 문화체육관광부가 매년 지정하고 있는 문화도시 선정지역으로 이 분야에 대한 회의가 활발히 진행된 것으로 보여진다. 파주시는 지난 5년간 지역 향토 문화유산과 관련된 내용을 주로 다루고 있었다.

위원회 구성률은 낮지만 위원회의 회의 운영은 지역 문화예술 현안과 관련된 사안을 다루고 있고 전반적으로 잘 운영하고 있는 것으로 보인다.

(2) 교육 관련

문화예술교육 지원법 기본조례의 지원협의회 조항은 세종특별자치시만 있고 성남시, 구리시는 문화예술교육지원센터를 설치 · 운영하고 있다. 책무 이행 현황은 아래 〈표 42〉와 같다.

〈표 42〉 교육 관련 기본조례의 지원협의회 조항이 있는 기초(특별) 시 지자체의 책무 이행 현황

제정일 ~ 2020.4

No	지자체	책무 이행 내용	
		구성유무	지원협의회 명
1	세종시	○	문화예술교육지원협의회

지원협의회가 유일하게 있는 세종특별시자치시는 기본조례가 2019년 7월에 제정되었지만 당해연도에 지원협의회를 곧바로 구성하고 회의를 진

행한 것으로 파악되었다. 그 내용은 아래 〈표 43〉과 같다.

〈표 43〉 세종시 문화예술교육지원협의회 회의 개최 현황 및 회의 주요내용

제정일 ~ 2019.12

No	지자체	기간	연수(년)	횟수(회)	연간 평균 개최횟수(회)
1	세종시	2019.12	1	1	1
회의 주요 내용					
• 세종시 문화예술교육 종합계획(2018~2022) 요약 보고 • 2020년 시행과제별 질의 · 답변 등 협의 · 조정					

세종특별자치시는 자체 조례가 제정되기 전부터 문화예술교육 지원법의 책무를 수행한 유일한 지역이다. 특별자치시이기 때문에 법률의 책무를 이행하여야 하는 점이 작용된 것으로 보인다.

(3) 복지 관련

예술인 복지법 기본조례의 위원회 조항이 있는 기초(특별) 시 지자체의 책무 이행 현황은 아래 〈표 44〉와 같다.

〈표 44〉 복지 관련 기본조례의 위원회 조항이 있는 기초(특별) 시 지자체의 책무 이행 현황

제정일 ~ 2019.12

No	지자체	책무 이행 내용	
		구성 유무	위원회 명
1	군산시	×	군산시 문화예술진흥위원회(자문 및 심의)
2	안양시	×	안양시 문화예술위원회 (심의)
3	창원시	×	창원시 문화예술진흥위원회(자문 및 심의)
4	춘천시	×	춘천시 문화예술진흥위원회
5	경산시	×	경산시 예술인복지 증진위원회
6	구리시	×	구리시 예술인 복지 증진위원회
7	전주시	×	전주시 문화예술진흥위원회(자문 및 심의)

구리시와 경산시는 예술인 복지 증진위원회 설치에 관한 조항이 있으나 나머지 지역은 문화예술(진흥)위원회가 자문 및 심의를 하도록 하고 있다.

구리시는 구리시문화예술진흥기금위원회에서 대체한다고 하였으나 예술인 복지와 관련된 회의는 없는 것으로 파악되었다. 창원시도 마찬가지로 없다. 전주시는 전주시 문화예술진흥위원회에서 자문 및 심의를 보도록 하고 있으나 위원회 자체가 구성되어 있지 않다. 군산시는 군산시문화예술진흥위원회에서 자문 및 심의를 하도록 되어 있으나 예술인 복지와 관련된 회의는 없는 것으로 파악되었다. 안양시는 안양시 문화예술위원회에서 심의하도록 하고 있으나 역시 예술인 복지와 관련된 안건은 없는 것으로 파악되었다. 춘천시는 춘천시 문화예술진흥위원회에서 그 역할을 하도록 하고 있으나 예술인 복지와 관련된 안건은 없는 것으로 파악되었다.

(4) 종합

지자체 문화예술 주요법률 기본조례의 위원회 조항을 정리해 보면, 진흥은 문화예술위원회와 생활문화협의회, 교육은 문화예술교육지원협의회, 복지는 문화예술복지증진위원회이다. 이들의 조항 설치율과 책무 이행률은 아래 〈표 45〉와 같다.

〈표 45〉 기초(특별) 시 지자체 기본조례의 '위원회' 책무 이행 총괄 현황

구분		진흥		교육	복지	평균
		문화예술 위원회	생활문화 협의회	문화예술교육 지원협의회	문화예술복지 증진위원회	
조항	설치수	29	3	1	2	8.8
	설치율(%)	38.2	3.9	1.3	2.6	11.6
책무 이행	이행수	17	0	1	0	4.5
	이행률(%)	22.4	0	1.3	0	5.9
연 평균 회의횟수		1.8	0	1	0	0.7

이상과 같이 기초 지자체 기본조례의 위원회에 있어 전체 평균을 보면 조항 설치율은 11.6%이고 책무 이행률은 5.9%에 불과하다. 진흥의 경우 '계획수립'보다는 '위원회' 책무 이행률이 조금 높을 뿐이다. 교육은 세종특별자치시가 유일하며 모든 지자체가 교육과 복지에는 관심과 의지가 없다.

하지만 주목할 점은 문화체육관광부 지정 문화도시 지역인 밀양시, 창원시, 춘천시, 충주시, 남원시는 광역단위보다도 책무 이행에 성실해 보인다. 이것은 문화예술 진흥에 있어서 조례를 중심으로 지역의 민 · 관 구성원의 관심과 의지를 구체적으로 실행하고 있다는 것을 보여주고 있다.

다. 진흥기금

진흥기금은 문화예술 진흥(에 관한) 조례와 지역문화 진흥(에 관한) 조례에 조항으로 설치가 되었거나 별도의 진흥기금 조례를 제정하고 있다. 진흥기금은 우선 조례를 제정한 현황을 살펴본 다음 책무인 심의위원회의 구성과 회의 개최 여부를 확인할 것이다. 조항 설치 및 조례 제정 현황을 파악할 때 구별해서 살펴보고 설치율을 계산할 때에는 별도의 조례도 조항으로 구분하겠다.

(1) 조항 설치 및 제정 현황

우선 문화예술진흥기금 조항 및 조례가 있는 기초(특별) 시 지방자치단체 현황은 아래 〈표 46〉과 같다.

〈표 46〉 기초(특별) 시 지자체별 문화예술진흥기금에 관한 조례 제정 현황

No	지자체	조례명	제정일
1	포항시	포항시 문화예술활동 지원을 위한 기금 설치 조례	1997.12.13
2	천안시	천안시 문화예술진흥기금의 설치 및 운용 조례	1997.12.24
3	안성시	안성시 문화예술발전기금 조성 및 운용조례	1998.4.1.
4	여수시	여수시 문화예술체육진흥기금 관리 조례	1998.4.4.
5	목포시	목포시 문화예술진흥기금 조성·운용 조례	1998.9.29.
6	의정부시	의정부시 문화예술진흥기금 설치 및 운용 조례	1999.2.9.
7	구리시	구리시 문화예술진흥기금 설치 및 운용 조례	2000.12.29
8	포천시	포천시 문화예술발전기금 설치 및 운용 조례	2003.10.19.
9	안양시	안양시 문화예술진흥기금 설치 및 운용 조례	2005.9.26.
10	하남시	하남시 문화예술진흥기금 조성 및 운용 조례	2007.3.21.
11	오산시	오산시 문화예술진흥기금 설치 및 운용 조례	2013.10.18.
12	논산시	논산시 문화예술진흥기금 조성 운용 조례	1996.3.1
13	화성시	화성시 문화예술진흥기금 설치 및 운용 조례	2018.4.2.
14	군산시	군산시 문화예술진흥기금 조성 운용 조례	2005.4.30
15	나주시	나주시 문화예술진흥기금 조성 운용 조례	1998.9.14
16	상주시	상주시 문화예술진흥기금 조성 운영 조례	1998.10.12
17	구미시	구미시 문화예술진흥 지원 및 기금 운용 조례	2011.9.21
18	부천시	부천시 문화예술 진흥 조례[130]	2011.4.4
19	시흥시	시흥시 문화예술 진흥에 관한 조례[131]	2012.7.11
20	익산시	익산시 문화예술 진흥에 관한 조례	2015.9.30
21	남원시	남원시 지역문화예술진흥 조례	2015.11.11

130 '문화예술발전기금(제3장)' 조항이 있고 부천시문화예술위원회에서 다루고 있다.

131 '문화예술발전기금 설치 및 운용(제3장)' 조항이 있고 시흥시문화예술진흥위원회가 있다.

별도의 조례를 제정하고 있는 지역은 16개 지역이고 문화예술 진흥(에 관한) 조례의 조항으로 둔 지역은 5개 지역이다.

다음으로 지역문화진흥기금 조항 및 조례가 있는 기초(특별) 시 지방자치단체 현황은 아래 〈표 47〉과 같다.

〈표 47〉 기초(특별) 시 지자체별 지역문화진흥기금에 관한 조례의 제정 현황

No	지자체	조례명	제정일
1	평택시	평택시 문화진흥기금 설치 및 운용 조례[132]	2014.12.19
2	진주시	진주시 문화진흥기금 조성 및 운용 · 관리조례[133]	2015.12.21
3	속초시	속초시 문화진흥기금 조성 및 운용 조례	2016.7.8
4	동해시	동해시 지역문화진흥기금 조성 및 운용 조례[134]	2016.10.10
5	여주시	여주시 문화진흥기금 설치와 운용 조례[135]	2016.12.20
6	양산시	양산시 지역문화진흥기금 설치 및 운용 조례[136]	2017.7.12
7	오산시	오산시 지역문화진흥기금 설치 및 운용 조례	2019.5.24
8	당진시	당진시 문화진흥 조례[137]	2015.4.20

별도의 조례를 제정하고 있는 지역은 7개 지역이고 지역문화 진흥(에 관한) 조례에 조항이 있는 지역은 1개 지역이다.

---

132 '평택시 문화예술발전기금 설치 및 운용 조례'(2009.7.31.제정)가 일부개정(2014.12.19.)을 거쳐 명칭이 변경되었다.

133 '진주시 문화예술진흥기금 조성 및 운용 · 관리 조례'(1997.1.13.일부개정, 제정일 알 수 없음)가 일부개정(2015.12.21.)을 거쳐 명칭이 변경되었다.

134 '동해시 문화예술진흥기금 조성 및 운용 조례'(2008.9.26.제정)가 일부개정(2016.10.10.)을 거쳐 명칭이 변경되었다.

135 '여주시 문화예술발전기금 설치 및 운용 조례'(2013.9.23.제정)가 일부개정(2016.12.20.)을 거쳐 명칭이 변경되었다.

136 '양산시 문화예술발전기금 설치 및 운용 조례'(2009.1.6.제정)가 일부개정(2017.7.12.)을 거쳐 명칭이 변경되었다.

137 '당진시문화진흥기금(제3장)' 조항이 있고 당진시문화예술위원회에서 다루고 있다.

종합해 보면 진흥기금 조항이 있는 지역은 총 28개 지역이다.[138]

(2) 심의 위원회

심의 위원회의 책무 이행은 위원회의 구성유무와 회의 운영으로 구분하여 살펴볼 것 이다. 우선 기금 심의위원회의 구성유무 및 책무 이행 현황은 아래 〈표 48〉과 같다.

〈표 48〉 기초(특별) 시 지자체별 기금 심의위원회 구성유무 및 책무 이행 현황

제정일 ~ 2019.12

No	지자체	구분	책무 이행 내용		
			구성 유무	위원회 명	구성 인원(명)[139]
1	구리시	문화예술진흥기금	○	구리시 문화예술진흥기금위원회	10
2	군산시	문화예술진흥기금	○	군산시 문화예술진흥위원회	12
3	남원시	문화예술진흥기금	○	남원시 지역문화진흥기금 운용심의위원회	9
4	논산시	문화예술진흥기금	○	논산시 문화예술진흥위원회	10
5	목포시	문화예술진흥기금	○	목포시문화예술진흥기금운용심의위원회	8
6	부천시	문화예술진흥기금	○	부천시 문화예술위원회	21
7	안성시	문화예술진흥기금	○	안성시문화예술발전기금 운용심의위원회	8
8	안양시	문화예술진흥기금	○	안양시 문화예술진흥기금운용심의위원회	15
9	의정부시	문화예술진흥기금	○	의정부시문화예술진흥기금운용심의회	15
10	포천시	문화예술진흥기금	○	포천시 문화예술발전기금 운용심의위원회	14
11	포항시	문화예술진흥기금	○	포항시 문화예술활동지원기금 심의위원회	9

138 오산시는 문화예술진흥기금과 지역문화진흥기금 모두 있다.

12	하남시	문화예술진흥기금	○	하남시 문화예술진흥기금운용심의위원회	8
13	화성시	문화예술진흥기금	○	화성시 문화예술정책위원회	10
14	시흥시	문화예술진흥기금	×[140]	시흥시문화예술진흥위원회	-
15	구미시	문화예술진흥기금	×	구미시문화예술진흥기금 운용심의위원회	-
16	나주시	문화예술진흥기금	×	나주시문화예술진흥위원회[141]	-
17	상주시	문화예술진흥기금	×	상주시문화예술진흥위원회	-
18	여수시	문화예술진흥기금	×	여수시 문화예술체육진흥기금운용심의위원회	-
19	오산시	문화예술진흥기금	×	오산시 문화예술발전기금운용심의위원회	-
20	익산시	문화예술진흥기금	×	익산시문화예술진흥위원회	-
21	천안시	문화예술진흥기금	×	천안시 문화예술선양위원회	-
1	당진시	지역문화진흥기금	○	당진시 문화예술위원회	11
2	양산시	지역문화진흥기금	○	양산시 지역문화진흥기금운용심의회	9
3	여주시	지역문화진흥기금	○	여주시 문화진흥기금 운용심의위원회	8
4	오산시	지역문화진흥기금	○	오산시 지역문화진흥기금 운용심의위원회	11
5	진주시	지역문화진흥기금	○	진주시문화진흥기금운용심의위원회	9
6	평택시	지역문화진흥기금	○	평택시 문화진흥기금운용 심의위원회	7
7	동해시	지역문화진흥기금	×[142]	동해시 지역문화진흥기금 운용심의위원회	-
8	속초시	지역문화진흥기금	×[143]	속초시 문화진흥기금 운용심의위원회	-

139 2019년 구성된 인원이다.

140 2012~2016년 구성하여 운영하였으나 그 이후는 구성하고 있지 않다.

141 2020년 5월 최초로 구성(15인)되었다.

142 2016~2019년 지역문화진흥기금 조성(10억) 관계로 위원회 미구성 상태이다가 2020년 3월 위원회를 구성(7명)하고 회의를 개최하였다.

위원회 조항이 있는 지역은 총 29개 지역이고 위원회를 구성한 지역은 20개 지역이다.

다음으로 지자체별 심의 위원회의 회의 운영은 회의 개최 현황과 회의 주요 내용으로 다시 구분해서 볼 것인데 우선 회의 개최 현황은 아래 〈표 49〉와 같다.

〈표 49〉 기초(특별) 시 지자체별 심의 위원회 회의 개최 현황

제정일 ~ 2019.12

No	지자체	구분	기간	연수(년)	횟수(회)	연간 평균 개최횟수(회)
1	구리시	문화예술진흥기금	2017.1 ~ 2019.12	3	9	3 (서면심의)
2	군산시	문화예술진흥기금	2015.1 ~ 2019.12	5	13	2.6
3	남원시	문화예술진흥기금	2016.1 ~ 2019.12	4	8	2
4	논산시	문화예술진흥기금	2016.1 ~ 2019.12	4	7	1.8 (서면심의)
5	목포시	문화예술진흥기금	2015.1 ~ 2019.12	5	5	1 (서면심의)
6	부천시	문화예술진흥기금	2011.1 ~ 2019.12	9	22	2.4
7	안성시	문화예술진흥기금	2008.1 ~ 2019.12	12	11	0.9
8	안양시	문화예술진흥기금	2015.1 ~ 2019.12	5	5	1
9	의정부시	문화예술진흥기금	2016.1 ~ 2019.12	4	8	2 (서면심의)
10	포천시	문화예술진흥기금	2015.1 ~ 2019.12	5	5	1
11	포항시	문화예술진흥기금	2008.1 ~ 2019.12	12	13	1.1
12	하남시	문화예술진흥기금	2011.1 ~ 2019.12	9	25	2.8 (서면심의)
13	화성시	문화예술진흥기금	2013.1 ~ 2019.12	7	7	1 (서면심의)[144]
14	시흥시	문화예술진흥기금	2012.1 ~ 2019.12	8	8	1
1	당진시	지역문화진흥기금	2016.1 ~ 2019.12	4	4	1
2	양산시	지역문화진흥기금	2017.1 ~ 2019.12	3	3	1
3	여주시	지역문화진흥기금	2017.1 ~ 2019.12	3	3	1 (서면심의)
4	오산시	지역문화진흥기금	2019.1 ~ 12	1	1	1 (서면심의)

143 2016~2018년 구성(9명)되었으나 기금 미조성으로 이후 회의가 개최되지 않다(심의 안건 없음)가 이후 위원회가 구성되지 않았다.

5	진주시	지역문화진흥기금	2016.1 ~ 2019.12	4	4	1
6	평택시	지역문화진흥기금	2015.1 ~ 2019.12	5	12	2.4 (서면심의)
지자체 전체				112	173	1.5

20개 지역의 연 평균 회의 개최횟수는 1.5회이다. 연 평균 회의 개최횟수가 2회 이상인 지역은 구리시 3회, 하남시 2.8회, 군산시 2.6회, 평택시 2.4회, 부천시 2.4회, 의정부시 2회, 남원시 2회 이다. 하지만 이 중에서 군산시, 부천시, 남원시를 제외하고는 서면심의로 대체하고 있다.

다음으로 지자체별 심의 위원회의 회의 내용을 살펴보면 아래 〈표 50〉과 같다.

〈표 50〉 기초(특별) 시 지자체별 심의 위원회 회의 내용

제정일 ~ 2020.4

No	지자체	회의 주요 내용
1	구리시	• 문화예술진흥기금 운용계획/지원사업/성과분석/결산(안) 심의
2	군산시	• 문화예술진흥기금운용계획/지원사업 심의 및 사업대상자 선정
3	남원시	• 지역문화진흥기금 관리 현황/지역문화진흥기금 운용 계획/지원대상사업 선정 심의
4	논산시	• 문화예술진흥기금 운용계획에 관한 사항 심의/지원계획 심의
5	목포시	• 문화예술진흥기금 운용계획(안) 심사 및 의결
6	부천시	• 문화예술발전기금 운용계획(안) 심의/문화예술발전기금 결산보고
7	안성시	• 문화예술발전기금 지원대상 및 지원금 규모 결정/기금 결산보고
8	안양시	• 문화예술진흥기금 운용계획(안) 심사 및 의결
9	의정부시	• 문화예술진흥기금 운용계획/공모사업,/결산내역 심의
10	포천시	• 문화예술발전기금 운용계획/지원 대상자 선정 및 지원금액 심의
11	포항시	• 문화예술활동지원기금 운용계획(안) 및 변경(안) 심사 및 의결
12	하남시	• 문화예술진흥기금 운용계획/지원사업/성과분석/결산(안) 심의

144 2013년을 제외하고는 모두 서면심의로 대체하였다.

13	화성시	• 문화예술진흥기금 조성계획(안)/운용계획(안)/결산 심의
14	시흥시	• 문화예술발전기금 운용계획 심의/지원사업에 대한 기금 지원 가부 및 지원금액 결정
1	당진시	• 문화진흥기금 공모사업 심의
2	양산시	• 지역문화진흥기금 공모사업 선정
3	여주시	• 문화진흥기금 운용계획(안)/운용성과(안)/결산(안) 심의
4	오산시	• 지역문화진흥기금 운용현황/연도별 지역문화진흥기금 조성계획
5	진주시	• 문화진흥기금 사업 보고/문화진흥기금 지원 사업 심의
6	평택시	• 기금 운용 계획 심의/성과분석/문화진흥기금 결산 보고

이상의 내용과 같이 모든 지역이 진흥기금에 관한 사항을 회의 주제로 삼고 있다.

(3) 종합

지자체 진흥기금은 기금 조항 및 조례, 심의위원회로 구분하여 이들의 조항 설치율과 책무 이행률은 살펴보면 아래 〈표 51〉과 같다.

〈표 51〉 기초(특별) 시 지자체별 '진흥기금' 책무 이행 총괄 현황

<table>
<tr><th colspan="2" rowspan="2">구분</th><th colspan="2">진흥기금</th><th rowspan="2">심의 위원회</th><th rowspan="2">평균</th></tr>
<tr><th>문화예술진흥기금</th><th>지역문화진흥기금</th></tr>
<tr><td rowspan="3">조항</td><td rowspan="2">설치수</td><td>21</td><td>8</td><td rowspan="2">29</td><td rowspan="2">29</td></tr>
<tr><td colspan="2">29</td></tr>
<tr><td>설치율(%)</td><td colspan="2">38.2</td><td>38.2</td><td>38.2</td></tr>
<tr><td rowspan="3">책무 이행</td><td rowspan="2">이행수</td><td>13</td><td>6</td><td rowspan="2">19</td><td rowspan="2">19</td></tr>
<tr><td colspan="2">19</td></tr>
<tr><td>이행률(%)</td><td colspan="2">25</td><td>25</td><td>25</td></tr>
<tr><td colspan="2">연 평균 회의횟수</td><td colspan="2">-</td><td>1.5</td><td>1.5</td></tr>
</table>

진흥기금에 대한 평균 책무 이행을 살펴보면 조항 설치율은 38.2%이고 이행률은 25%이다. 광역 단위보다는 진흥기금에 관한 관심도가 있어 보인다.

3. 기초 지방자치단체별 '진흥' 법률 기본조례 유형 분석

앞서 살펴보았듯이 기초 지방자치단체별 '진흥' 관련 기본 조례는 '진흥' 법률(문화예술진흥법과 지역문화진흥법)의 조항을 지역 실정에 따라 구성하여 활용하고 있다. 하나의 법률 또는 두 법률의 조항을 조합하거나 3개의 법률을 조합하여 구성하기도 한다. 여기에서는 '진흥' 관련 법률의 장(조항)을 지역별로 어떻게 구성하고 있는지를 살펴 '진흥' 법률 기본조례의 유형을 구분하여 보겠다. 우선 기초 지자체별로 '진흥' 법률의 장을 기본조례의 조항 내용으로 구성하고 있는지는 아래 〈표 52〉와 같다.

〈표 52〉 기초(특별) 시 지자체별 '진흥' 법률의 장 구성에 따른 기본조례 조항 내용 현황

법률	법률의 장	기본조례 조항 내용
문화예술 진흥법	총칙(제1장)	• 목적 • 정의 • 시(장)의 책무/시책 및 장려 • 지원(범위)대상 사업 / 재정(보조금) 지원 • 기타 - 행사지원/위탁
문화예술 진흥법	총칙(제1장)	- 보조금 신청/보조사업 실적보고/지도(감독) - 평가 보고회 - 생활문화지원 - 다른 조례의 관계 - 관람료(감면) - 중복지원 금지
		• 문화예술진흥계획 수립
	문화예술공간 설치(제2장)	• 문화예술 공간의 설치 • 전문인력 양성 • 전문예술법인 · 단체 지정 및 육성
	문화예술복지 증진(제3장)	• 문화상 •문화강좌 설치 • 문화산업의 육성 • 장애인 문화예술 활동 지원 • 문화소외계층의 문화예술복지 증진 시책 마련

법률	법률의 장	기본조례 조항 내용
지역문화진흥법	총칙(제1장)	• 목적 • 정의 • 시(장)의 책무 • 지역문화진흥 시행계획 수립
	지역의 생활문화진흥 (제2장)	• 생활문화지원 • 생활문화진흥위원회(협의회) 설치 • 생활문화시설의 확충 및 지원 • 문화환경 취약지역 우선 지원
	지역의 문화진흥기반 구축(제3장)	• 지역문화 전문인력 양성기관 지원 • 지역문화진흥자문단 •생활문화센터
	문화도시 · 지구의 지정 및 지원(제4장)	• 문화도시사업추진위원회 • 문화도시센터
	지역문화재단의 설립 등 (제5장)	• 지역문화예술(진흥)위원회 • 지역문화(예술)진흥(발전)기금
예술인 복지법	예술인의 지위와 권리 (제2장)	• 복지증진 계획 • 창작공간 지원 • 금지행위 등 • 실태조사

이상의 내용을 살펴보면 기초 지자체에서는 문화예술 주요법률 문화예술진흥법, 지역문화진흥법, 예술인 복지법 이렇게 3개 법률을 활용하고 있다. 그리고 지자체 기본조례 조항의 내용은 주요법률이 장으로 구성하고 있는 내용을 기본으로 지역실정에 맞게 활용하고 있는데 대부분 주요법률에서 사용하는 내용을 사용하고 있다.

따라서 이상의 내용을 바탕으로 제정한 기본조례의 유형을 구분할 수 있는데 크게 3가지 유형으로 나눌 수 있다. 그 내용은 아래 〈표 53〉과 같다.

〈표 53〉 기초(특별) 시 지자체 '진흥' 법률 기본조례 유형

유형	구성
기본형	문화예술진흥법 총칙(제1장)
기본형 – 확장	기본형 + 문화예술진흥계획
조합형	기본형 + (기본형 – 확장) + 문화예술진흥법 + 지역문화진흥법
지역문화진흥법 기본조례형	지역문화진흥법 기본조례
혼합형	기본형 + (기본형 – 확장) + (문화예술진흥법) + (지역문화흥법) + 예술인 복지법[145]

이상과 같이 주요법률의 장 구성에 따라 지역별로 '진흥' 기본조례 유형은 〈기본형〉, 〈조합형〉, 〈지역문화진흥법 기본조례형〉, 〈혼합형〉으로 구분하여 기본조례를 구분하겠다.

가. 기본형

〈기본형〉은 문화예술진흥법 총칙(제1장)을 활용하고 있는 기본조례이다. 여기에 '문화예술진흥계획 수립' 조항이 포함 될 경우는 〈기본형 – 확장〉이라 하겠다. 이 유형의 기본조례를 제정하고 있는 기초 지방자치단체는 아래 〈표 54〉와 같다.

〈표 54〉 '진흥' 기본조례 〈기본형〉 기초(특별) 시 지자체 현황

유형	지자체 명
기본형	강릉시, 거제시, 경주시, 계룡시, 고양시, 과천시, 군포시, 김천시, 김해시, 남양주시, 논산시, 동두천시, 동해시, 문경시, 목포시, 사천시, 삼척시, 상주시, 서산시, 수원시, 아산시, 안동시, 안성시, 안양시, 양주시, 여주시, 영주시, 영천

145 공주시는 공주시 관광 진흥 및 문화예술 등의 지원 조례로 관광 진흥법과 조합을 하고 있다.

	시, 오산시, 용인시, 원주시, 의왕시, 의정부시, 이천시, 정읍시, 제천시, 진주시, 천안시, 청주시, 태백시, 포천시, 포항시, 하남시 (43개 지역)
기본형 - 확장	성남시 (1개 지역)

이상 44개 기초 지방자치단체는 문화예술진흥법의 제1장(총칙)의 내용으로 구성한 기본조례로 '목적', '정의', '시(장)의 책무', '시책 및 장려', '지원(범위)대상 사업', '재정(보조금) 지원' 등의 조항으로 구성되어 있고 지자체별로 '행사지원 및 위탁', '보조금 신청 및 보조사업 실적보고', '지도(감독)', '평가 보고회', '다른 조례의 관계', '관람료(감면)', '중복지원 금지' 등의 조항을 포함하고 있다. 즉 문화예술과 관련된 사업에 대한 경비지원의 법적 근거만을 명시하고 있을 뿐이다. 시장의 책무 또는 문화예술 진흥에 대한 시책마련 조항이 있지만 선언적 수준에서 그치고 있다.

과천시는 제2조(정의)에서 '문화예술'에 관한 정의가 아닌 '사단법인 한국문화예술단체총연합회 과천지회', '문화예술법인 · 단체', '보조금'을 정의하고 있다. 제3조(법인·단체 구성 요건)에서 단체장은 과천시 거주자, 단체 회원수(20명 이상)와 회원구성 중 과천시 거주자 비율(70%)을 명시하고 있다. 다른 지자체와는 달리 과천시에 거주하는 예술인 또는 단체만을 지원한다는 구체적인 내용을 담고 있다.

안동시와 의정부시는 각각 제6조(관람료)와 제7조(공연장 관람료 감면) 조항을 포함하고 있다.

이 유형은 예술인 또는 예술단체에게 보조사업을 지원하는 근거를 위해 제정한 조례로 보인다.

한편 성남시는 제5조(문화예술진흥 계획 수립)를 설치하고 있어 다른 지자체와 차이를 보이고 있고 이 조항에 대한 책무를 이행하고 있다.

나. 조합형

〈조합형〉은 '진흥' 법률의 내용(장)을 조합하여 활용하고 있는 기본조례이다. 이 유형은 5가지 형태가 있는데 '기본형 + 문화예술진흥법' 형태, '기본형 - 확장 + 문화예술진흥법' 형태, '기본형 + 지역문화진흥법' 형태, '기본형 - 확장 + 지역문화진흥법' 형태, '기본형 + 문화예술진흥법 + 지역문화진흥법' 형태가 그것이다.

첫째, '기본형 + 문화예술진흥법' 형태로 제정한 지자체와 기본조례의 내용은 아래 〈표 55〉와 같다.

〈표 55〉 〈조합형〉 '기본형 + 문화예술진흥법' 형태 기본 조례 기초 시 지자체별 조항구성 현황

지자체 명	조항구성
양산시	〈기본형〉 + 문화예술복지 증진(대한민국명장 예우 및 지원, 양산시 예술인상)

'기본형 + 문화예술진흥법' 형태로 제정하고 있는 지역은 양산시 1곳으로 양산시 문화예술진흥조례가 그것이다.

둘째, '기본형 - 확장 + 문화예술진흥법' 형태로 제정한 지자체와 기본조례의 내용은 아래 〈표 56〉과 같다.

〈표 56〉 〈조합형〉 '기본형-확장 + 문화예술진흥법' 형태 기본 조례 기초 시 지자체별 조항구성 현황

지자체 명	조항구성
김포시, 파주시	〈기본형 - 확장〉 + 문화예술공간 설치(전문예술법인 · 단체 지원 및 육성) + 지역문화재단의 설립(김포시문화예술진흥위원회)

'기본형 - 확장 + 문화예술진흥법' 형태로 제정한 지자체는 김포시와 파주시 2개 지역이다.

이들 지역은 문화예술진흥계획수립과 문화예술위원회 구성에 대한 책무를 이행하여야 하는데 김포시는 이행을 했고 파주시는 그렇지 않았다. 한편 전문예술법인·단체 지원 및 육성 조항이 있다.

셋째, '기본형 + 지역문화진흥법' 형태로 제정한 지자체와 기본조례의 내용은 아래 〈표 57〉과 같다.

〈표 57〉 〈조합형〉 '기본형 + 지역문화진흥법' 형태 기본 조례 기초 시 지자체별 조항구성 현황

지자체 명	조항구성
경주시	〈기본형〉 + 지역의 생활문화진흥(생활문화지원)
구미시	〈기본형〉 + 지역문화재단의 설립(구미시문화예술진흥기금, 구미시문화예술진흥기금운용위원회)
당진시	〈기본형〉 + 지역문화재단의 설립(당진시문화예술위원회, 당진시문화진흥기금)
광명시, 익산시, 충주시, 통영시, 평택시	〈기본형〉 + 지역문화재단의 설립(광명시/익산시/충주시/통영시/평택시 문화예술진흥위원회)
밀양시	〈기본형〉 + 문화도시·지구의 지정 및 지원(밀양시 문화도시사업추진위원회, 문화도시센터)
순천시	〈기본형〉 + 지역문화진흥법 총칙(정의, 지역문화진흥계획 수립) + 지역의 생활문화진흥(생활문화 지원, 생활문화시설 확충 및 지원) + 지역문화재단의 설립(순천시문화예술진흥위원회)
시흥시	〈기본형〉 + 지역문화진흥법 총칙(정의) + 지역문화재단의 설립(시흥시문화예술진흥위원회, 시흥시문화예술발전기금) + 기타(문화예술교육 활성화를 위한 보조금 지원)
안산시	〈기본형〉 + 지역문화진흥법 총칙(정의, 지역문화진흥계획 수립) + 문화예술복지 증진(문화산업의 육성) + 지역의 생활문화진흥(문화환경 취약지역 우선 지원, 생활문화진흥 지원, 시행계획 수립, 생활문화시설의 확충, 우수자 표창)

	+ 지역의 문화진흥기반 구축(지역문화 전문인력 양성기관 지원) + 지역문화재단의 설립(안산시문화예술진흥위원회) + 기타(문화의 날 행사, 문화예술 교류 · 협력)

'기본형 + 지역문화진흥법' 형태로 제정하고 있는 지역은 총 12곳이다.

안산시는 지역 예술인(단체)에 대한 지원에 관한 내용과 지역문화진흥법의 내용을 대부분 활용하고 있다. 거기에 문화기본법이 정한 문화의 날 행사와 문화예술 영역의 법률인 교류 · 협력에 관한 내용 역시 포함하고 있다. 하지만 성남시와는 다르게 책무인 지역문화진흥계획수립과 문화예술진흥위원회 구성을 이행하지 않고 있다.

넷째, '기본형 – 확장 + 지역문화진흥법' 형태로 제정한 지자체와 기본조례의 내용은 아래 〈표 58〉과 같다.

〈표 58〉 〈조합형〉 '기본형-확장 + 지역문화진흥법' 형태 기본 조례 기초 시 지자체별 조항구성 현황

지자체 명	조항구성
나주시, 여수시	〈기본형 – 확장〉 + 지역문화재단의 설립(나주시/여수시 문화예술진흥위원회)
광양시	〈기본형 – 확장〉 + 지역문화재단의 설립(광양시문화예술진흥위원회, 문화예술진흥기금)
화성시	〈기본형 – 확장〉 + 지역문화재단의 설립(화성시 문화예술진흥위원회)

'기본형 – 확장 + 지역문화진흥법' 형태로 제정하고 있는 지역은 총 4곳이다.

계획수립 책무 이행에 있어 나주시, 여수시, 광양시는 이행을 했고 화성시는 그렇지 못했다. 위원회 구성 책무에 있어 나주시, 여주시는 이행을 했고 광양시와 화성시는 그렇지 못했다.

마지막으로 '기본형 + 문화예술진흥법 + 지역문화진흥법' 형태로 제정한

지자체와 기본조례의 내용은 아래 〈표 59〉와 같다.

〈표 59〉 〈조합형〉 '기본형 + 문화예술진흥법 + 지역문화진흥법' 형태 기본 조례 기초(특별) 시 지자체별 조항구성 현황

지자체 명	조항구성
보령시	〈기본형〉(+ 관람료 지원) + 문화예술복지 증진(문화강좌의 설치) + 지역의 생활문화진흥(생활문화시설의 확충 및 지원, 생활문화지원) + 지역문화재단의 설립(보령시 문화예술육성위원회)
부천시	〈기본형〉 + 문화예술복지 증진(부천시 문화상) + 지역문화재단의 설립(문화예술위원회, 문화예술발전기금) + 기타(기초예술진흥, 문화예술의 국내외 교류, 문화예술 축제 육성 및 지원)
김제시	〈기본형〉 + 문화예술공간 설치(문화예술 공간의 설치) + 문화예술복지 증진(장애인 문화예술 활동 지원, 문화소외계층의 문화예술복지 증진 시책 마련) + 지역의 생활문화진흥(생활문화시설의 확충 및 지원, 문화환경 취약지역 우선 지원) + 지역문화재단의 설립(문화예술위원회, 문화예술발전기금)
광주시, 세종시	〈기본형〉 + 문화예술공간 설치(전문예술법인 · 단체 지정 및 육성) + 지역문화재단의 설립(광주시/세종시 문화예술진흥위원회)

'기본형 + 문화예술진흥법 + 지역문화진흥법' 형태로 제정하고 있는 지역은 총 5개 곳이다. 부천시는 부천시 문화상과 문화예술 영역의 법률인 교류 · 협력에 관한 내용 그리고 문화예술 축제 육성 · 지원을 포함하고 있다. 한편 76개 지자체에서는 유일하게 기초예술 진흥 조항을 설치하고 있다.

다. 지역문화진흥법 기본조례형

지역문화진흥법 기본조례형은 말 그대로 지역문화진흥(에 관한) 조례이다. 이 조례를 제정한 지자체와 조례의 조항구성 내용은 아래 〈표 60〉과 같다.

〈표 60〉 지역문화진흥법 기본조례형 기초 시 지자체별 조항구성 현황

지자체 명	조항구성
광명시	지역문화진흥법 총칙 + 지역의 생활문화진흥(생활문화진흥, 생활문화시설의 확충 및 지원, 문화환경 취약지역 우선 지원) + 지역의 문화진흥기반 구축(광명시 지역문화진흥자문단 설치)
남원시	지역문화진흥법 총칙 + 지역의 생활문화진흥(문화환경 취약지역 우선 지원) + 문화도시 · 지구의 지정 및 지원(문화도시사업추진위원회) + 지역문화재단의 설립(남원시 지역문화진흥기금, 남원시기금운용심의위원회)
부천시	지역문화진흥법 총칙(정의, 시장의 책무, 지원대상, 생활문화진흥시행계획) + 지역의 생활문화진흥(지원사업, 우수자 표창, 부천시 생활문화시설) + 지역의 문화진흥기반 구축(부천시생활문화협의회 설치)
수원시	지역문화진흥법 총칙(정의, 생활문화진흥계획수립) + 지역의 생활문화진흥(생활문화시설의 확충 및 지원, 문화환경 취약지역 우선 지원) + 지역의 문화진흥기반 구축(생활문화협의회 설치)
오산시	지역문화진흥법 총칙(+ 기초조사) + 지역의 생활문화진흥(문화환경 취약지역 우선 지원) + 문화도시 · 지구의 지정 및 지원(문화도시추진자문위원회)
의정부시	지역문화진흥법 총칙 + 지역의 생활문화진흥(생활문화지원, 문화환경 취약지역 우선 지원) + 문화도시 · 지구의 지정 및 지원(문화도시 조성계획 수립), + 지역문화재단의 설립(의정부시 지역문화진흥 및 문화도시추진위원회 설치)
화성시	지역문화진흥법 총칙(정의, 시장의 책무, 생활문화진흥시행계획) + 지역의 생활문화진흥(생활문화지원) + 지역의 문화진흥기반 구축(화성시 생활문화진흥위원회, 생활문화센터 설치)

라. 혼합형

〈혼합형〉은 '진흥' 법률과 예술인 복지법의 조항이 혼합된 유형이다. 이 유형으로 제정한 지자체와 기본조례의 내용은 아래 〈표 61〉과 같다.

〈표 61〉 '진흥' 기본조례 〈혼합형〉 기초(특별) 시 지자체별 조항구성 현황

지자체 명	조항구성
전주시, 군산시	〈기본형〉 + 지역문화진흥법 총칙(정의, 시장의 책무, 문화진흥계획 수립) + 문화예술공간 설치(문화예술 공간의 설치, 전문인력 양성) + 문화예술복지 증진(문화강좌 설치, 학교 등 문화예술 진흥, 문화산업의 육성 · 지원, 장애인 문화예술 활동의 지원, 문화소외계층의 문화예술복지 증진 시책 강구)
전주시, 군산시	+ 지역의 생활문화진흥(생활문화지원, 생활문화시설의 확충 및 지원, 문화환경 취약지역 우선 지원) + 지역문화재단의 설립(전주시 문화예술진흥위원회) + 예술인 복지법(예술인의 지위와 권리 - 증진계획수립, 실태조사, 금지행위, 창작공간 지원)
경산시	〈기본형 - 확장〉 + 지역문화재단의 설립(경산시 문화예술진흥위원회) + 예술인 복지법(예술인의 지위와 권리 - 증진계획수립, 실태조사, 예술인의 날, 사업지원, 예술인 복지증진 위원회) + 기타(축제 · 행사 등 활성화, 국내외 교류 · 협력)
창원시	〈기본형 - 확장〉 + 지역문화재단의 설립(창원시 문화예술진흥위원회) + 예술인 복지법(예술인의 지위와 권리 - 증진계획수립, 실태조사, 사업, 자문 · 심의, 재정지원, 창작공간 지원)
춘천시	〈기본형〉 + ㅊ고지역문화재단의 설립(춘천시 문화예술진흥위원회) + 예술인 복지법(복지증진사업, 실태조사, 사업, 재정지원, 창작공간 지원)
공주시	공주시 관광 진흥 및 문화예술 등의 지원 조례[146]

146 제1장 총칙, 제2장 관광객 유치 및 문화예술사업 지원 등, 제3장 축제평가단

〈혼합형〉 중 예술인 복지법과 혼합한 조례를 제정한 지역은 전주시, 군산시, 경산시, 창원시, 춘천시이다. 하지만 이들 모두 복지와 관련된 책무인 계획수립과 위원회 구성은 이행하지 않았다. 한편 공주시는 관광 진흥법과 조항을 한 경우인데 사실 문화예술 진흥보다는 관광진흥에 가까운 조례이다.

운영, 제4장 문화관광해설사 운영, 제5장 관광 진흥 및 문화예술 위탁 운영, 제6장 공주시관광협의회, 제7장 휴양콘도미니엄 등록기준, 제8장 고마열차 운행, 제9장 보칙으로 구성되어 있다.

제4장

지방자치단체의 문화예술 기반요소 실태 분석

본 장에서는 지방자치단체들의 문화예술 실태를 분석한다.

서론에서 소개한 내용을 다시 한 번 서술하면 다음과 같다.

문화예술 실태를 분석하기 위해 문화예술 주요법률이 다루고 있는 법률 핵심 조항을 기반요소로 하여 적용할 것이다. 왜냐하면 주요 법률의 핵심 조항들은 해당 법률의 목적을 이루기 위한 필수 요소이기 때문이다.

이에 따라 문화예술 주요법률이 자신의 목적을 실현하기 위하여 구성한 법 조항 중 핵심조항을 정리해 보면 아래 〈표 62〉와 같다.

〈표 62〉 문화예술 주요법률 핵심조항

법률	핵심조항
문화예술진흥법	문화시설, 전문예술법인·단체, 전문인력 양성
지역문화진흥법	생활문화시설, 지역문화재단, 지역문화예술위원회, 지역문화진흥기금
문화예술교육 지원법	문화예술교육사
예술인 복지법	예술인 경력 실태조사

이상과 같이 주요법률 핵심조항을 문화예술 진흥을 위한 문화예술 기반요소라 하고 이들은 아래 〈표 63〉과 같이 다시 한 번 정리할 수 있다.

〈표 63〉 문화예술 기반요소

항목	요소
문화예산	문화예술 예산, 지역문화진흥기금
기반시설	문화기반시설, 생활문화시설
진흥기관	지역문화재단, 지역문화예술위원회
활동조직	전문예술법인·단체(문화예술분야 사회적 기업)
활동인력	예술인, 문화예술교육사

이상의 분류와 같이 문화예술 기반요소는 “문화예산”, “기반시설”, “진흥기관”, “활동조직”, “활동인력” 이렇게 5개의 항목으로 구분할 수 있을 것이다.

“문화예산”은 문화예술예산과 지역문화진흥기금, “기반시설”은 문화기반시설과 생활문화시설, “진흥기관”은 지역문화재단과 지역문화예술위원회, “활동조직”은 전문예술법인 · 단체, “활동인력”은 예술인과 문화예술교육사, 이렇게 각 항목은 해당 문화예술 기반요소로 구성할 수 있다.

“문화예술” 기반요소인 문화예술예산은 지방자치단체 총예산 대비 문화예술 예산과 인구 1인당 문화예술 예산 현황 그리고 지역문화진흥기금 설치 유무 현황이다. 두 번째 기반시설은 문화예술회관, 공공도서관, 미술관, 박물관, 지방문화원 등의 문화기반시설 현황과 생활문화센터, 평생 학습관, 문화의 집, 작은 도서관, 생활영상시설(지역영상미디어센터, 작은 영화관) 등의 생활문화시설 현황을 알아볼 것이다. 세 번째 진흥기관은 지역문화재단 설립 현황과 지역문화예술위원회 설립 현황을 파악할 것이다. 지역문화진흥기금과 지역문화예술위원회의 경우 앞서 제3장 지방자치단체의 문화예술 조례에서 살펴보았던 책무 이행 중 ‘진흥기금’과 ‘위원회’를 다시 한 번 정리한다. 네 번째는 활동조직으로 전문예술법인 · 단체 현황을 살펴볼 것인데 문화예술분야 사회적 기업 현황과 함께 볼 것이다. 마지막으로 활동인력은 한국예술인 복지재단에 등록된 예술인과 한국문화예술진흥원에 등록된 문화예술교육사 현황이다.

지방자치단체의 문화예술 기반요소를 통한 실태분석은 제3장과 같이 광역 지방자치단체와 기초 지방자치단체를 구분하여 하겠다. 참고로 광역 지방자치단체는 관할 시 · 군 · 구까지 포함한 자료이다.

Ⅰ. 광역 지방자치단체 실태

1. 문화예산

가. 문화예술예산[1]

광역시 · 도 지방자치단체별 문화예술 및 인구 1인당 문화예술 예산액은 아래 〈표 64〉와 같다.

〈표 64〉 광역(특별) 시 · 도 지방자치단체별 문화예술 및 인구 1인당 문화예술 예산액(2019)[2]

No	지자체	인구수 (명)	예산액(천원)				
			지자체 총예산	인구 1인당 문화예술 예산액	문화예술 예산액		No
1	제주	670,989	5,785,854,431	207.871	139,478,987	2.41	6
2	광주	1,456,468	5,788,331,063	111.440	162,308,658	2.80	4
3	충남	2,123,709	6,784,232,000	76.248	161,929,552	2.39	5
4	부산	3,413,841	12,573,008,552	65.087	222,196,237	1.77	2
5	대전	1,474,870	5,006,506,000	62.126	91,628,098	1.83	10
6	울산	1,148,019	3,874,025,869	61.097	70,140,367	1.81	12
7	대구	2,438,031	8,979,900,000	56.890	138,700,054	1.54	7
8	전북	1,818,917	7,009,053,994	54.955	99,958,876	1.43	8
9	전남	1,868,745	8,294,506,987	43.101	80,544,414	0.97	11
10	강원	1,541,502	6,138,003,524	39.816	61,377,132	1.00	14
11	서울	9,729,107	38,749,512,206	32.309	314,335,697	0.81	1
12	인천	2,957,026	11,031,159,766	31.952	94,483,944	0.86	9
13	충북	1,600,007	5,396,165,187	28.182	45,091,899	0.84	16

1 기능별(문화 및 관광) 예산은 문화예술, 관광, 체육, 문화 및 관광 일반으로 나뉜다. 문화예술 예산은 이 기능별 예산 중 문화예술과 관련된 예산이다.

2 예산자료는 각 지방자치단체의 2019년도 세출총괄예산서를 참조하였다.

14	경북	2,665,836	10,162,256,000	21.102	56,255,074	0.55	15
15	경남	3,362,553	9,129,594,899	18.575	62,460,091	0.68	13
16	경기	13,239,666	26,883,534,563	13.861	183,514,177	0.68	3
평균				57.788	124,025,203.562	1.4	

* 소수점 넷째자리 절삭

광역 시·도 지방자치단체의 문화예술 평균예산은 약 1240억 2520만 3562원이다. 문화예술 예산이 제일 많은 지역은 서울특별시, 부산광역시, 경기도 순이고 충청북도가 제일 적다. 그 다음이 경상북도가 제일 적은 562억 5507만 4000원으로 문화예술 평균예산보다 2.2배나 적은 금액이다.

지자체 총예산 대비 문화예술 예산액 평균 비율은 1.4%이고 비율이 2%를 넘는 지역은 제주특별자치도, 광주광역시, 충청남도이다. 1%도 안 되는 지역이 6개 지역으로 문화예술예산액이 제일 많은 서울특별시도 0.81%로 1%를 넘지 않고 있다.

인구 1인당 문화예술 금액은 전체 평균금액이 5만 7788원이고 제주도가 20만 7871원으로 월등히 높은데 두 번째로 높은 금액인 광주광역시의 11만 1440원보다 약 1.8배 높다. 경기도가 1만 3861원으로 가장 적고 그 다음으로 경상남도가 1만 8575원, 세 번째로 경상북도가 2만 1102원 순이다. 경기도, 경상북도, 경상남도, 충청북도가 인구 1인당 문화예술 금액이 3만원을 넘지 못하고 있다.

나. 지역문화진흥기금

지역문화진흥기금이 설치된 광역 시·도 지방자치단체 현황은 아래 〈표 65〉와 같다.

〈표 65〉 광역(특별) 시 · 도 지방자치단체별 지역문화진흥기금 설치 현황[3]

2020년 5월 현재

광역 지역	시 지역	군 지역	구 지역	총(개)
서울특별시	–	–	강서구	1
부산광역시	–	–	부산진구, 수영구	2
대구광역시	–	–	–	0
인천광역시	–	–	중구, 남동구, 서구	3
광주광역시	–	–	–	0
대전광역시	–	–	중구	1
울산광역시	–	–	북구	1
세종특별자치시	–	–	–	0
경기도	여주시, 오산시, 평택시, 구리시, 부천시, 안성시, 안양시, 의정부시, 포천시, 하남시, 화성시.	양평군, 가평군	–	13
강원도	–	양양군	–	1
충청북도	–	괴산군	–	1
충청남도	당진시, 논산시.	–	–	2
전라북도	군산시, 남원시	장수군, 부안군	–	4
전라남도	목포시	강진군, 해남군, 진도군	–	4
경상북도	포항시	고령군	–	2
경상남도	양산시, 진주시	의령군, 함안군, 산청군	–	5
제주특별자치도	–	–	–	0
계	19	13	8	40

3 시 지역은 앞서 파악한 기초 시 지방자치단체의 진흥기금 책무 이행 실태 분석 자료의 내용을 참조했고 군과 구 지역은 「2017년 기준 지역문화실태조사」를 참조하였다. 따라서 군과 구 지역은 2020년 5월 현재 다소 차이가 날 수 있으나 본 연구는 기초 시 지방자치단체에 초점을 맞추고 있기에 동일한 수로 간주해도 무방할 것으로 본다.

이상과 같이 지역문화진흥기금을 설치한 지역은 총 40곳이다. 경기도가 시 지역 11곳과 군 지역 2곳, 총 13곳으로 광역시 · 도에서 제일 많다. 세종특별자치시, 강원도, 충청북도, 제주특별자치도는 없다. 한편 경상북도는 포항시와 고령군 이렇게 2곳이 설치하였다.

2. 기반시설

기반시설은 문화기반시설과 생활문화시설 이렇게 2개의 기반요소를 통해 실태를 파악하겠다. 한편 기반시설은 민간 영역은 제외하고 공공 투자 및 지원에 의해 설립 · 운영되는 시설만 다룬다.

가. 문화기반시설[4]

문화기반시설은 문화예술회관, 공공도서관, 미술관, 박물관, 지방문화원의 시설수와 인구 천 명 당 시설수를 알아보겠다. 2019년 광역시 · 도 지방자치단체별 문화기반시설 현황은 아래 〈표 66〉과 같다.

〈표 66〉 광역(특별) 시 · 도 지방자치단체별 문화기반시설 현황(2019)

No	지자체	인구수(명)	문화기반시설(개)						인구 천 명당 시설수(개)[5]
			문예회관	공공도서관	미술관	박물관	지방문화원	총계	
1	강원	1,541,502	21	56	4	50	18	149	0.0967
2	전남	1,868,745	21	68	8	38	22	157	0.0840
3	제주	670,989	3	22	7	16	2	50	0.0745
4	전북	1,818,917	17	57	7	28	14	123	0.0676

4 「2019 전국문화기반시설 총람」(문화체육관광부)의 자료를 바탕으로 정리하였다.

No	지자체	인구수 (명)	문화기반시설(개)						인구 천 명당 시설수(개)[5]
			문예 회관	공공 도서관	미술관	박물관	지방 문화원	총계	
5	충남	2,123,709	18	62	2	34	16	132	0.0622
6	충북	1,600,007	12	45	5	26	11	99	0.0619
7	경북	2,665,836	27	65	5	39	23	159	0.0596
8	경남	3,362,553	22	70	5	44	20	161	0.0479
9	울산	1,148,019	5	19	0	8	5	37	0.0322
10	광주	1,456,468	7	23	4	5	5	44	0.0302
11	경기	13,239,666	44	260	12	50	31	397	0.0300
12	인천	2,957,026	10	50	2	15	10	87	0.0294
13	대전	1,474,870	4	24	2	4	5	39	0.0264
14	대구	2,438,031	11	34	2	8	8	63	0.0258
15	서울	9,729,107	21	169	5	30	25	250	0.0257
16	부산	3,413,841	11	41	2	13	15	82	0.0240
총			254	1,065	72	408	230	2,029	0.7781
평균			15.9	66.6	4.5	25.5	14.4	126.8	0.0486

광역시 · 도 지방자치단체의 문화기반시설 평균 시설수는 126.8개이고 인구 천 명당 평균 시설수는 0.0486개이다. 강원도가 총 149개 시설에 인구 천 명당 시설수가 0.0967개로 16개 지역 중 인구 천 명당 시설을 가장을 보유하고 있다. 부산광역시는 총 82개 시설에 인구 천 명당 0.024개로 16개 지역 중 제일 적은 시설을 보유하고 있다. 경상북도는 총 159개 시설에 인구 천 명당 시설수는 0.0596개로 평균보다 높고 16개 지역 중 중위권에 속한다.

5 문화기반시설수 $\times \frac{1,000명}{인구수}$

(1) 문화예술회관 공연장 운영 현황

2019년 광역시 · 도 지방자치단체별 문화예술회관 공연장 운영 현황은 아래 〈표 67〉과 같다.

〈표 67〉 광역(특별) 시 · 도 지방자치단체별 문예회관 공연장 운영 현황[6](2019)

No	지자체	회관 수	가동일 수		인적 보유자원		이용자 현황		
			공연 일수	전시 일수	직원수	전문 직원수	총 이용자수	유료 관객수	유료 관객률(%)
			평균	평균	평균	평균	평균	평균	평균
1	서울	21	3,988	3,001	1,012	219	4,054,656	1,134,130	27.97
			189.9	142.9	48.2	10.4	193,078.9	54,006.2	
2	부산	11	1,826	1,455	364	87	1,057,363	195,910	18.53
			166.0	132.3	33.1	7.9	96,123.9	17,810.0	
3	대구	11	1,405	1,703	426	110	591,183	330,427	55.89
			127.7	154.8	38.7	10.0	53,743.9	30,038.8	
4	인천	10	1,308	1,067	445	75	623,784	187,331	30.03
			130.8	106.7	44.5	7.5	62,378.4	18,733.1	
5	광주	7	918	145	142	25	589,536	16,993	2.88
			131.1	20.7	20.3	3.6	84,219.4	2,427.6	
6	대전	4	711	251	155	44	358,150	176,058	49.16
			177.8	62.8	38.8	11.0	89,537.5	44,014.5	
7	울산	5	680	940	83	24	591,620	146,751	24.80
			136.0	188.0	16.6	4.8	118,324.0	29,350.2	
8	경기	44	4,686	2,832	1,619	497	3,645,461	854,777	23.45
			106.5	64.4	36.8	11.3	82,851.4	19,426.8	
9	강원	21	1,741	1,581	232	67	1,040,445	120,342	11.57
			82.9	75.3	11.0	3.2	49,545.0	5,730.6	
10	충북	12	749	51	61	19	799,081	398,086	49.82
			62.4	4.3	5.1	1.6	66,590.1	33,173.8	

6 「2019 전국문화기반시설 총람」(문화체육관광부)의 자료를 바탕으로 정리하였다.

No	지자체	회관수	가동일 수		인적 보유자원		이용자 현황		
			공연 일수	전시 일수	직원수	전문 직원수	총 이용자수	유료 관객수	유료 관객률(%)
			평균	평균	평균	평균	평균	평균	평균
11	충남	18	1,355	1,280	194	74	948,135	251,192	26.49
			75.3	71.1	10.8	4.1	52,674.2	13,955.1	
12	전북	17	1,736	1,594	286	98	1,092,613	179,463	16.43
			102.1	93.8	16.8	5.8	64,271.4	10,556.6	
13	전남	21	1,459	1,542	231	66	1,365,297	277,497	20.33
			69.5	73.4	11.0	3.1	65,014.1	13,214.1	
14	경북	27	1,949	1,862	319	54	1,365,477	217,404	15.92
			72.2	69.0	11.8	2.0	50,573.2	8,052.0	
15	경남	22	1,855	2,123	372	142	1,855,457	546,999	29.48
			84.3	96.5	16.9	6.5	84,339.0	24,863.6	
16	제주	3	632	1,136	75	15	322,472	43,779	13.58
			210.7	378.7	25.0	5.0	107,490.7	14,593.0	
평균		254	26,998	22,563	6,016	1,616	20,300,730	5,077,139	25.01
		15.9	106.3	88.8	23.7	6.4	79,924.1	19,988.7	

광역시 · 도 지방자치단체의 문화예술회관 공연장은 총 254개이고 광역단위 평균 15.9개를 보유하고 있다. 평균 가동일수는 공연은 106.3일을, 전시는 88.8일을 가동했다. 평균 보유자원은 직원 23.7명 중 6.4명의 전문인력을 보유하고 있는 것으로 나타났다. 공연장을 찾은 평균 이용관객은 약 79,924명이고 이 중 유료관객은 약 19,988명으로 25.01%에 해당한다.

각 항목별로 비교해 보면 우선 회관 수 대비 평균 공연일수가 가장 많은 지역은 제주특별자치도로 3개 회관 총 632일로 평균 공연일수가 210일이고, 가장 적은 지역은 충청북도로 12개 회관 749일로 평균 공연일수가 62.4일이다. 경상북도는 27개 회관 1,949일로 평균 공연일수가 72.2일로 전체 평균 공연일수보다 34일이나 적은 일수이다.

다음은 평균 전시일수가 가장 많은 지역 역시 제주특별자치도로 총

1,135일에 평균 전시일수가 378.7일이다. 가장 적은 지역 역시 충청북도로 총 51일에 평균 전시일수가 4.3일에 불과하다. 경상북도는 총 1,862일로 평균 전시일수가 69일로 전체 평균 전시일수보다 19.8일적은 일수이다.

세 번째 인적보유자원으로 서울특별시가 총 1,012명에 평균 직원수 48.2명으로 가장 많이 보유하고 있고 충청북도가 총 61명에 평균 직원수 5.1명으로 가장 적게 보유하고 있다. 하지만 전문 직원수는 경기도가 총 497명에 평균 11.3명으로 16개 지역에서 가장 많이 보유하고 있고 충청북도가 총 19명에 평균 전문 직원수 1.6명으로 가장 적게 보유하고 있다. 경상북도는 총 54명에 평균 전문 직원수 2명으로 전체 평균 직원수 6,4명보다 4.4명이나 적다.

마지막으로 이용자 현황을 보면 서울특별시가 총 4,054,656명에 평균 이용자수 193,078.9명으로 가장 많고 강원도가 총 1,040,445명에 평균 이용자수가 49,545명으로 16개 지역에서 가장 적은 이용자가 공연장을 이용했다. 경상북도는 1,365,477명에 평균 이용자수가 50,573.2명으로 전체 평균 이용자 수보다 2만 9천명 적은 수치이다. 그러나 평균 유료 관객률은 전혀 다른 결과가 나오는데 대구가 55.89%로 16개 중 제일 높고 광주광역시가 2.88%로 가장 적다. 경상북도는 15.92% 하위권에 속한다.

나. 생활문화시설

생활문화시설은 생활문화센터, 평생 학습관, 문화의 집, 작은 도서관, 지역영상미디어 센터, 작은 영화관의 시설수와 인구 만 명당 시설수를 알아보겠다. 2019년 광역시 · 도 지방자치단체별 생활문화시설 수는 아래 〈표 68〉과 같다.

〈표 68〉 광역(특별) 시 · 도 지방자치단체별 생활문화시설 현황(2019)

No	지자체	인구수 (명)	생활문화시설							인구 만 명당 시설 수[7]
			생활문화센터[8]	평생학습관[9]	문화의 집[10]	작은도서관[11]	생활영상시설		총계	
							지역영상미디어센터[12]	작은영화관[13]		
1	전북	1,818,917	13	26	12	129	4	6	190	1.045
2	강원	1,541,502	9	29	6	35	4	10	93	0.603
3	경북	2,665,836	7	36	6	90	1	6	146	0.548
4	제주	670,989	3	8	19	5	1	0	36	0.537
5	광주	1,456,468	5	11	4	55	2	0	77	0.529
6	서울	9,729,107	3	65	5	423	8	0	504	0.518
7	충남	2,123,709	8	28	6	63	3	1	109	0.513
8	전남	1,868,745	10	33	4	41	2	4	94	0.503
9	울산	1,148,019	2	6	4	37	2	0	51	0.444
10	경남	3,362,553	8	29	15	72	5	3	132	0.393
11	대전	1,474,870	3	6	3	43	1	0	56	0.380
12	부산	3,413,841	14	31	0	78	1	0	124	0.363
13	대구	2,438,031	7	15	0	59	3	0	84	0.345
14	충북	1,600,007	3	21	7	13	2	2	48	0.300
15	인천	2,957,026	8	18	1	55	3	1	86	0.291
16	경기	13,239,666	14	71[14]	9	230	8	1	333	0.252
총수		51,509,286	117	433	101	1,428	50	34	2,163	7.564
평균		3,219,330	7.3	27	6.3	89.3	3.1	2.1	135.2	0.420

---

7 생활문화시설 $\times \dfrac{10,000}{\text{인구수}}$

8 「2019 전국문화기반시설 총람」(문화체육관광부)의 자료를 바탕으로 정리하였다.

9 늘배움 국가평생학습포털 홈페이지. www.lifelongedu.go.kr. 2020년 5월 기준이다.

광역시 · 도 지방자치단체의 생활문화시설 평균 시설수는 135.2개이고 인구 만 명당 평균 시설수는 0.42개이다. 전라북도가 총 190개 시설수에 인구 만 명당 시설수는 1.045개로 16개 지역 중 생활문화시설을 가장 많이 보유하고 있다. 경기도는 총 333개 시설수에 인구 만 명당 시설수는 0.252개로 16개 지역 중 제일 적은 시설수를 보유하고 있다. 경상북도는 총 시설수 146개이고 인구 천 명당 시설수는 0.548개로 평균 총 시설수와 인구 천 명당 평균 시설수보다 높고 16개 지역 중 3번째로 많은 시설을 보유하고 있다.

3. 진흥기관

진흥기관은 지역문화재단과 지역문화예술위원회 설치 현황이다.

가. 지역문화재단

우선 광역시 · 도 지방자치단체별 지역문화재단 현황은 아래 〈표 69〉와 같다.

---

10 「2019 전국문화기반시설 총람」(문화체육관광부)의 자료를 바탕으로 정리하였다.

11 「2018 전국 작은도서관 운영실태조사 결과보고서」, 문화체육관광부, 2018년 12월 31일 기준이다.

12 전국미디어센터협의회 홈페이지. www.krmedia.org. 2020년 5월 기준이다.

13 작은 영화관 홈페이지. www.scinema.org. 2020년 5월 기준이다.

14 경기도의 경우 국가 및 지자체와 민간이 운영하는 시설이 각각 44개와 27개이다. 그러나 해당 기초 시 지방자치단체에서 운영하는 시설수를 각각 구분하지 않아 합산해서 넣었다.

〈표 69〉 지방자치단체별 지역문화재단 현황[15]

2021년 2월 현재

광역(특별) 지역	시군구 지역	총(개)
서울특별시 (1)	금정구, 종로구, 중구, 성동구, 성북구, 마포구, 구로구, 영등포구, 강남구, 서초구, 도봉구, 강북구, 은평구, 금천구, 광진구, 동대문구, 동작구, 양천구, 노원구, 관악구, 송파구, 강동구 (22)	23
부산광역시 (1)	금정구 (1), 부산진구 (1)	3
대구광역시 (1)	중구, 동구, 수성구, 달서구, 달성군, 북구 (6)	7
인천광역시 (1)	부평구, 서구, 연수구 (3)	4
광주광역시 (1)	–	1
대전광역시 (1)	–	1
울산광역시 (1)	남구 (1), 울주군 (1)	3
세종특별자치시 (1)	–	1
경기도 (1)	용인시, 부천시, 고양시, 의정부시, 하남시, 화성시, 성남시, 안양시, 안산시, 수원시, 오산시, 군포시, 김포시, 광명시, 여주시, 평택시, 과천시, 광주시, 구리시 (19)	20
강원도 (1)	춘천시, 원주시, 강릉시, 태백시, 속초시 (5) 영월군, 평창군, 정선군, 인제군, 홍천군, 횡성군 (6)	12
충청북도 (1)	청주시, 충주시, 제천시 (3), 영동군 (1)	5
충청남도 (1)	아산시, 천안시, 당진시 (3)	4
전라북도 (1)	전주시, 익산시 (2). 완주군, 고창군 (2)	5
전라남도 (1)	목포시, 순천시 (2). 영암군, 담양군, 강진군 (3)[16]	6
경상북도 (1)	포항시, 경주시, 영주시, 안동시 (4), 청송군, 청도군, 영양군, 군위군, 봉화군, 영덕군, 예천군 (7)	12
경상남도 (1)	창원시, 김해시, 거제시, 밀양시, 사천시, 통영시 (6) 거창군 (1)	8
제주도 (1)	–	1
광역(자치) 도・시 (17)	기초 시 (44), 군(22), 구(33)	116

15 전국지역문화재단협의회. www.ancf.or.kr.

16 무안군이 준비 중에 있다.

2020년 5월 현재 전국의 지역문화재단은 총 108개이다. 광역시 · 도 지방자치단체는 지역별로 지역문화재단을 운영하고 있다. 서울특별시가 23개로 16개 지역 중 가장 많다. 광역 도에서는 경기도가 17개, 강원도가 12개 순으로 많다.

나. 지역문화예술위원회

지역문화예술위원회는 광역시 · 도 지방자치단체별 지역문화진흥법 기본조례 및 지역문화예술위원회 조례에 근거하여 설치한 광역단위 현황으로 아래 〈표 70〉과 같다.

〈표 70〉 광역(특별) 시 · 도 지방자체단체 위원회 현황

제정일 ~ 2019.12

No	지자체	지역문화예술위원회 명
1	서울	서울특별시 문화시민도시 정책위원회
2	대구	대구광역시 문화예술진흥위원회
3	인천	인천광역시 문화예술진흥위원회
4	대전	대전광역시 문화예술진흥위원회
5	울산	울산광역시 문화예술진흥위원회
6	경기	경기도 문화예술진흥위원회
7	충북	충청북도 문화예술위원회
8	충남	충청남도 문화예술진흥위원회
9	전북	전라북도 문화예술진흥위원회
10	전남	전라남도 문화예술진흥위원회
11	경남	경상남도 문화예술협치위원회
12	제주	제주특별자치도 문화예술위원회
13	부산	부산광역시 문화예술위원회
14	경북	경상북도 문화예술위원회
15	강원	강원도 문화예술위원회
16	광주	없음

광주광역시를 제외하고 15개 지역이 위원회를 구성하고 있다.

4. 활동조직

활동조직은 전문예술법인 · 단체와 문화예술분야 사회적 기업 현황으로 광역시 · 도 지방자치단체별 현황은 아래 〈표 71〉과 같다.

〈표 71〉 광역(특별) 시 · 도 지방자치단체별 문화예술법인 · 단체[17] 및 문화예술분야 사회적 기업 현황(2020.5)

(단위: 개)

No	지자체	전문예술법인 · 단체 수[18,19]				문화예술분야 인증 사회적 기업 수[20]
		법인		단체	계	
		재단	사단			
1	서울	27	77[21]	149	253	72
2	부산	4	38	87	129	19
3	대구	7	13	72	92	16
4	인천	3	16	27	46	19
5	광주	3	27	47	77	14
6	대전	2	15[22]	33	50	5
7	울산	1	1[23]	29	31	5
8	경기	22	22[24]	72	116	31
9	강원	31	12	59	102	13
10	충북	1	7	24	32	5
11	충남	5	19	20	44	7
12	전북	4	22	17	43	22

17 공고 및 지정시기

구분	서울	부산	대구	인천	광주	대전	울산	경기	강원	충북	충남	전북	전남	경북	경남	제주
공고	9월	7월	4월	10월	10월	9월	1월	10월	11월	10월	12월	10월	2월	수시	10월	9월
지정	11월	11월	5월	12월	12월	9월	2월	1월	12월	12월	2월	12월	4월	수시	12월	12월

No	지자체	전문예술법인 · 단체 수[18 19]				문화예술분야 인증 사회적 기업 수[20]
		법인		단체	계	
		재단	사단			
13	전남	2	17	39	58	4
14	경북	4	8	13	25	13
15	경남	5	37[25]	120	162	15
16	제주	1	6	11	18	5
계		122	337	819	1,278	265
평균		7.6	21.1	51.2	79.9	16.6

광역시 · 도 지방자치단체별 전문예술법인 · 단체와 문화예술분야 인증 사회적 기업 평균수는 79.9개와 16.6개이다. 서울특별시가 두 법적형태의 조직이 각각 253개와 72개로 16개 지역 중에서 가장 많다.

한편 경상북도를 제외하고 모든 광역시 · 도 지방자치단체는 공고일과 지정일이 지정되어 있지만 경상북도는 수시라는 다소 애매한 지정계획을 가지고 있다. 경상북도가 전문예술법인 · 단체수가 16개 지역 전체 평균수보다 54.9개나 적고 하위권인 것은 이런 소극적 행동의 결과라고 볼 수 있다.

---

18 예술경영지원센터 홈페이지. www.gokams.go.kr. 2020년 5월 기준이다.

19 문화체육관광부 지정 단체는 20개 단체.(재단법인-18개, 사단법인-1개, 사회적 협동조합-1개)

20 한국사회적기업진흥원 홈페이지. www.socialenterprise.or.kr. 2020년 5월 기준이다.

21 사회적 협동조합 1개 단체 포함.

22 사회적 협동조합 1개 단체 포함.

23 사회적 협동조합.

24 사회적 협동조합 1개 단체(소재지: 화성시) 포함.

25 사회적 협동조합 1개 단체(소재지: 하동군) 포함.

5. 활동인력

활동인력은 예술인과 문화예술교육사의 보유현황을 통해 실태를 분석하겠다.

가. 예술인

한국예술인복지재단에 등록된 광역시 · 도 지방자치단체별 분야별 예술인 현황은 아래 〈표 72〉와 같다.

〈표 72〉 광역(특별) 시 · 도 지방자치단체별 분야별 인구 만 명당 등록 예술인 수(2020.5)[26]

(단위: 명)

No	주소지	문학	미술	사진	건축	음악	국악	무용	연극	영화	연예	만화	복수	계	인구 만 명당 수
1	서울	1,860	5,435	438	19	7,014	1,071	1,114	7,465	4,150	2,278	628	2,590	34,062	35.0
2	경기	1,457	3,526	318	2	4,121	832	666	3,000	1,816	1,049	678	1,146	18,611	14.1
3	부산	679	1,105	85	1	887	377	232	457	188	180	81	162	4,434	13.0
4	경남	574	1,326	164	1	697	402	339	244	62	89	44	118	4,060	12.1
5	인천	262	458	42	-	858	111	90	532	340	227	154	235	3,309	11.2
6	대전	180	367	16	-	495	104	75	208	40	70	53	42	1,650	11.2
7	전북	261	601	48	-	334	269	104	164	48	49	29	82	1,989	10.9
8	광주	247	399	44	-	276	152	48	111	89	35	33	55	1,489	10.2
9	울산	169	335	57	3	198	84	91	82	15	73	14	32	1,153	10.0
10	제주	87	198	30	-	116	24	21	53	27	37	18	44	655	9.8
11	강원	216	351	63	1	267	122	52	173	58	63	25	80	1,471	9.5
12	대구	140	492	45	2	714	144	97	273	42	102	46	90	2,187	9.0
13	충북	122	234	22	-	153	86	38	118	35	35	30	40	913	5.7
14	전남	128	307	18	1	128	80	38	77	27	18	20	44	886	4.7

26 2020년 5월 현재 한국예술인복지재단의 예술인 증명을 통해 등록된 예술인 현황이다.

No	주소지	문학	미술	사진	건축	음악	국악	무용	연극	영화	연예	만화	복수	계	인구 만 명당 수
15	충남	117	260	7	-	231	75	27	88	42	49	56	29	981	4.6
16	경북	150	300	20	-	198	121	40	97	19	16	38	42	1,041	3.9
합계		6,649	15,694	1,417	30	16,687	4,054	3,072	13,142	6,998	4,370	1,947	4,831	78,891	174.9
평균		415.6	980.9	88.6	1.9	1,042.9	253.4	192.0	821.4	437.4	273.1	121.7	301.9	4,930.7	15.3

* 소수점 둘째자리 반올림

이상과 같이 2020년 5월 현재 예술인 증명을 통해 한국예술인복지재단에 등록된 우리나라의 예술인은 총 78,891명이다. 분야별로는 음악분야 16,687명, 미술분야 15,694명, 연극분야 13,142명 순이고 건축분야 예술인이 20명으로 가장 적게 등록되어 있다. 16개 광역시 · 도 평균예술인 수는 4,930.7명이고 인구 만 명당 평균 예술인 수는 15.3명이다.

표에서 알 수 있듯이 전체 예술인의 66.8%가 서울 · 경기 지역에서 활동하고 있다. 제주특별자치도가 655명으로 제일 적다. 하지만 인구 만 명당 예술인수는 경상북도가 3.9명으로 광역시 · 도에서 최하위이다.

나. 문화예술교육사

한국문화예술교육진흥원에 등록된 광역시 · 도 지방자치단체별 분야별 문화예술교육사 현황은 아래 〈표 73〉과 같다.

〈표 73〉 광역(특별) 시 · 도 지방자치단체별 인구 만 명당 문화예술교육사 수

(단위: 명)

No	주소지	공예	국악	디자인	만화애니	무용	미술	사진	연극	영화	음악	이수자	계	인구 만 명당 수
1	광주	101	156	111	28	97	314	16	83	21	272	36	1,235	8.5
2	서울	354	697	395	159	577	855	150	1001	202	1250	379	6,019	6.2
3	전북	52	307	79	36	115	144	7	79	17	151	82	1,069	5.9
4	대전	26	146	30	33	65	100	15	42	11	271	29	768	5.2

No	주소지	공예	국악	디자인	만화애니	무용	미술	사진	연극	영화	음악	아수자	계	인구 만 명당 수
5	대구	36	186	43	24	159	242	40	71	7	310	23	1,141	4.7
6	전남	32	172	46	31	52	91	6	36	13	117	57	653	3.5
7	부산	105	186	39	40	148	137	24	105	51	158	124	1,117	3.3
8	인천	40	120	52	22	84	183	17	141	24	187	44	914	3.1
9	경기	238	547	209	102	331	662	116	543	86	920	249	4,003	3.0
10	울산	17	65	15	9	47	49	6	29	7	65	29	338	2.9
11	충남	40	137	26	25	41	65	10	63	10	139	31	587	2.8
12	경남	38	149	28	21	120	133	13	63	17	160	147	889	2.6
13	경북	27	197	19	16	102	92	13	57	9	114	49	695	2.6
14	충북	24	90	14	18	44	42	10	37	11	79	29	398	2.5
15	강원	13	111	13	10	44	34	9	31	4	47	56	372	2.4
16	제주	10	47	11	5	16	20	3	21	6	9	8	156	2.3
합계		1,153	3,313	1,130	579	2,042	3,163	455	2,402	496	4,249	1,372	20,354	61.5
평균		72.1	207.1	70.6	36.2	127.6	197.7	28.4	150.1	31.0	265.6	85.8	1,272.1	4.0

* 소수점 둘째자리 반올림

이상과 같이 2020년 5월 현재 우리나라 문화예술교육사는 20,354명이다. 분야별로 음악 4,249명, 국악 3,313명, 미술 3,163명, 연극 2,402명 순으로 등록되어 있다. 16개 광역시 · 도 평균 문화예술교육사 수는 1,272.1명이고 인구 만 명당 평균 문화예술교육사 수는 4명이다.

표에서 알 수 있듯이 전체 예술인의 49.2%가 서울 · 경기 지역에서 활동하고 있다. 제주특별자치도가 총 156명에 인구 만 명당 2.3명으로 최하위이다.

경상북도는 695명에 인구 만 명당 문화예술교육사 수가 2.6명으로 광역시 · 도에서 13번째이다.

Ⅱ. 기초 지방자치단체 실태

1. 문화예산

가. 문화예술예산

기초(특별) 시 지방자치단체별 문화예술 및 인구 1인당 문화예술 예산액은 아래 〈표 74〉와 같다.

〈표 74〉 기초(특별)시별 문화예술 및 인구 1인당 문화예술 예산액(원)(2019)[27]

No	지자체	인구수 (명)	예산액(천원)				
			지자체 총예산	인구 1인당 문화예술 예산액	문화예술 예산액		No
1	안동시	160,052	1,390,700,000	238.461	38,166,117	2.74	12
2	영주시	105,067	870,000,000	228.154	23,971,456	2.76	30
3	제천시	134,617	928,228,478	181.089	24,377,608	2.63	28
4	과천시	58,289	340,520,013	170.719	9,951,016	2.92	56
5	통영시	131,404	741,799,270	163.929	21,540,871	2.90	33
6	밀양시	105,552	909,776,713	159.932	16,881,184	1.86	41
7	남원시	81,441	874,547,797	154.813	12,608,120	1.44	49
8	정읍시	110,541	1,021,005,473	137.046	15,149,158	1.48	45
9	춘천시	281,291	1,522,778,845	135.040	37,985,530	2.49	13
10	삼척시	67,228	815,853,414	132.253	8,391,112	1.09	58

27 2020년 12월 기준, 구미시 인구는 416,328명이다. 총예산액은 1,415,000,000천 원으로 2019년 대비 101,000,000천 원 증가했다. 반면에 문화예술 예산액은 20,731,763천 원(1.47%)으로 2019년 대비 3,004,219천 원 감소했고(총예산 대비 문화예술 비율은 0.34% 감소) 1인당 문화예술예산액은 49,797원으로 2019년 대비 6,752원 감소했다. 76개 기초(특별)시 중 문화예술 예산액은 36번째로 5계단 아래로, 1인당 문화예술예산액은 60번째로 8계단 아래로 떨어졌다.

No	지자체	인구수 (명)	예산액(천원)				
			지자체 총예산	인구 1인당 문화예술 예산액	문화예술 예산액		No
11	계룡시	42,971	290,667,114	131.878	5,666,913	1.95	72
12	동두천시	94,768	562,348,578	131.548	12,466,500	2.22	50
13	김천시	141,229	1,067,200,000	128.406	18,134,678	1.70	37
14	공주시	106,474	1,096,500,000	126.181	13,434,976	1.23	47
15	성남시	942,724	3,306,354,020	124.235	117,119,427	3.54	1
16	여주시	111,083	920,590,382	120.133	13,344,766	1.45	48
17	부천시	829,996	2,165,738,615	118.290	98,180,386	4.53	2
18	태백시	43,866	443,589,782	117.828	5,168,635	1.17	76
19	익산시	287,771	1,440,109,837	115.958	33,369,401	2.32	15
20	전주시	654,394	1,929,305,228	115.914	75,853,203	3.93	3
21	강릉시	213,442	1,353,165,022	115.236	24,596,149	1.82	27
22	하남시	272,455	680,213,723	108.012	29,428,534	4.33	20
23	보령시	101,114	901,055,239	106.497	10,768,326	1.20	52
24	군산시	270,131	1,428,486,901	106.319	28,720,156	2.01	22
25	여수시	282,786	1,762,495,600	104.684	29,603,213	1.68	18
26	문경시	72,242	810,400,000	103.536	7,479,634	0.92	64
27	경주시	255,402	1,600,000,000	99.532	25,420,731	1.59	25
28	군포시	275,852	727,177,705	97.398	26,867,548	3.69	23
29	안성시	183,405	1,057,221,157	96.564	17,710,325	1.68	39
30	광양시	156,750	1,081,501,970	96.280	15,091,930	1.40	46
31	속초시	81,786	514,374,223	90.548	7,405,539	1.44	66
32	순천시	279,598	1,374,916,639	88.184	24,656,046	1.79	26
33	원주시	349,215	1,509,677,963	84.295	29,437,104	1.95	19
34	화성시	815,396	2,939,543,852	82.401	67,189,524	2.29	4
35	김제시	83,895	981,012,194	82.278	6,902,730	0.70	69
36	포항시	507,025	2,238,200,000	74.064	37,552,351	1.68	14
37	아산시	314,395	1,457,300,000	74.052	23,281,561	1.60	32
38	충주시	210,737	1,281,535,740	73.680	15,527,165	1.21	44
39	천안시	652,258	2,276,730,000	71.906	46,901,528	2.06	9

No	지자체	인구수 (명)	예산액(천원)				
			지자체 총예산	인구 1인당 문화예술 예산액	문화예술 예산액		No
40	당진시	167,042	1,044,669,964	71.610	11,961,954	1.15	51
41	오산시	226,379	697,014,689	71.425	16,169,146	2.32	42
42	목포시	229,861	1,003,058,055	68.867	15,829,863	1.58	43
43	청주시	839,566	2,905,049,929	66.980	56,233,929	1.94	6
44	김포시	437,221	1,537,511,959	66.731	29,176,021	1.90	21
45	논산시	118,842	946,205,467	63.402	7,534,782	0.80	63
46	영천시	102,470	1,077,482,859	63.275	6,483,770	0.60	70
47	안산시	650,918	2,206,595,174	61.399	39,965,488	1.81	11
48	서산시	174,690	1,145,641,464	57.992	10,130,602	0.88	54
49	평택시	513,027	2,249,717,630	57.829	29,668,048	1.32	17
50	세종시	340,575	1,691,197,093	57.773	19,675,917	1.16	36
51	동해시	90,522	536,336,075	57.683	5,221,576	0.97	75
52	구미시	419,742	1,314,000,000	56.549	23,735,982	1.81	31
53	광명시	316,552	895,013,259	55.378	17,530,118	1.96	40
54	나주시	114,664	929,893,512	54.200	6,214,786	0.67	71
55	수원시	1,194,465	3,143,830,619	54.141	64,669,781	2.06	5
56	상주시	100,688	1,163,400,000	53.602	5,397,109	0.46	74
57	의정부시	451,868	1,478,056,017	53.435	24,145,755	1.63	29
58	의왕시	161,153	513,174,249	53.190	8,571,756	1.67	59
59	포천시	148,379	1,130,309,511	50.008	7,420,133	0.66	65
60	창원시	1,044,740	3,734,149,763	49.091	51,286,857	1.37	8
61	고양시	1,066,351	2,935,226,443	49.045	52,299,581	1.78	7
62	사천시	111,925	782,237,860	48.621	5,441,862	0.70	73
63	이천시	215,834	1,392,705,486	46.279	9,988,685	0.72	55
64	안양시	567,044	1,672,679,336	45.768	25,952,502	1.55	24
65	남양주시	701,830	2,001,514,652	44.535	31,256,297	1.56	16
66	시흥시	473,682	1,868,677,831	44.319	20,993,017	1.12	34
67	구리시	199,265	742,355,019	41.886	8,346,369	1.12	61
68	용인시	1,059,609	2,739,302,457	39.633	41,995,628	1.53	10

No	지자체	인구수 (명)	예산액(천원)				
			지자체 총예산	인구 1인당 문화예술 예산액	문화예술 예산액		No
69	파주시	454,040	1,681,128,808	39.421	17,898,643	1.06	38
70	양주시	222,314	935,892,394	37.780	8,399,010	0.90	60
71	김해시	542,455	1,849,458,064	37.410	20,293,351	1.10	35
72	양산시	350,759	1,249,948,776	29.726	10,426,612	0.83	53
73	거제시	248,276	824,453,875	29.581	7,344,227	0.89	67
74	경산시	263,185	1,101,600,000	27.503	7,238,494	0.66	68
75	광주시	372,654	1,428,095,402	26.541	9,890,709	0.69	57
76	진주시	347,334	1,778,404,851	23.733	8,243,242	0.46	62
평균 금액				86.100	23,945,167.802	1.67	

* 소수점 넷째자리 절삭

기초(특별) 시 지방자치단체는 76개 단체로 이들의 문화예술 평균 예산은 약 239억 4516만 7802원이다. 문화예술 예산이 제일 많은 지역은 성남시, 부천시, 전주시 순이고 가장 적은 지역은 강원도 태백시이다.

경상북도 기초 시 지방자치단체들 중 상위권에 해당하는 지역은 안동시와 포항시로 각각 12번째와 14번째 높은 금액이다. 경주시가 평균보다 약간 높은 금액이고 영주시, 김천시, 구미시는 전체 평균 예산보다 낮은 금액이고 상주시는 539만 7109원으로 74번째로 최하위권에 속한다. 구미시는 237억 3598만 2000원으로 31번째로 중위권에 속하고 전체 평균 예산보다 2억 가량 적은 금액이다.

인구 1인당 문화예술 금액으로 환산하면 사정이 달라진다. 인구 1인당 문화예술 전체 평균 예산은 약 8만 6100원으로 문화예술 예산이 12번째였던 안동시가 23만 8461원으로 인구 1인당 문화예술 금액이 가장 높고 영주시가 22만 8154원으로 그 다음 순위이다. 문화예술 예산이 제일 많은 성남시는 13번째로 떨어진다. 진주시가 2만 3733원으로 가장 적은 금액인데 전체 평균예산보다 약 3.6배 적다. 구미시는 5만 6549원으로 52번째로 중

하위권으로 떨어지고 전체 평균 예산보다 약 1.5배 적다.

한편 지자체 총예산 대비 문화예술 예산액 비율이 4%가 넘는 지역은 부천시(4.53%), 하남시(4.33%)이고 3%이상 4% 미만인 지역은 전주시(3.93%), 군포시(3.69%), 성남시(3.54%)이며 2%이상 3% 미만인 지역은 과천시(2.92%), 통영시(2.90%), 영주시(2.76%), 안동시(2.74%), 제천시(2.63%), 춘천시(2.49%), 오산시(2.32%), 익산시(2.32%), 화성시(2.29%), 동두천시(2.22%), 수원시(2.06%), 천안시(2.06%), 군산시(2.01%)이다. 구미시는 1.81%이다.

나. 지역문화진흥기금

앞서 살펴봤던 지역문화진흥기금이 설치된 지방자치단체 현황에서 기초(특별) 시 지방자치단체 현황을 다시 정리해 보면 아래 〈표 75〉와 같다.

〈표 75〉 기초(특별) 시 지방자치단체별 지역문화진흥기금 설치 현황

2020년 5월 현재

광역 단위	기초(특별) 시 지자체	총(개)
경기도	여주시, 오산시, 평택시 (지역문화진흥기금) 구리시, 부천시, 안성시, 안양시, 의정부시, 포천시, 하남시, 화성시. (문화예술진흥기금)	11
강원도	-	0
충청북도	-	0
충청남도	당진시.(지역문화진흥기금), 논산시.(문화예술진흥기금)	2
전라북도	군산시, 남원시.(문화예술진흥기금)	2
전라남도	목포시.(문화예술진흥기금)	1
경상북도	포항시.(문화예술진흥기금)	1
경상남도	양산시, 진주시.(지역문화진흥기금)	2
세종시	-	0
계		19

이상의 내용과 같이 76개 지역 중 지역문화진흥기금을 설치한 지자체는 19곳에 불과하다.

2. 기반시설

가. 문화기반시설

2019년 기초(특별) 시 별 문화기반 시설 수는 아래 〈표 76〉과 같다.

〈표 76〉 기초(특별) 시 지방자치단체별 문화기반시설 현황(2019)[28]

No	지자체	인구수 (명)	문화기반시설(개)						인구 천 명당 시설수(개)
			문예 회관	공공 도서관	미술관	박물관	지방 문화원	총계	
1	문경시	72,242	1	5	0	5	1	12	0.166
2	태백시	43,866	1	3	0	2	1	7	0.160
3	과천시	58,289	1	3	1	1	1	7	0.120
4	삼척시	67,228	1	3	0	3	1	8	0.119
5	정읍시	110,541	2	4	1	4	1	12	0.109
6	김제시	83,895	1	5	1	1	1	9	0.107
7	상주시	100,688	1	2	0	6	1	10	0.099
8	여주시	111,083	1	4	1	4	1	11	0.099
9	공주시	106,474	1	4	0	4	1	10	0.094
10	보령시	101,114	1	5	0	2	1	9	0.089
11	나주시	114,664	1	4	0	4	1	10	0.087
12	남원시	81,441	1	3	1	1	1	7	0.086
13	속초시	81,786	1	3	0	2	1	7	0.086
14	제천시	134,617	1	6	0	3	1	11	0.082
15	영주시	105,067	2	3	0	2	1	8	0.076
16	포천시	148,379	1	7	0	2	1	11	0.074
17	계룡시	42,971	1	2	0	0	0	3	0.070
18	안동시	160,052	1	5	0	4	1	11	0.069
19	통영시	131,404	2	5	0	1	1	9	0.068

28 시흥시와 의왕시는 문화예술회관이 없다.

No	지자체	인구수 (명)	문화기반시설(개)						인구 천 명당 시설수(개)
			문예 회관	공공 도서관	미술관	박물관	지방 문화원	총계	
20	밀양시	105,552	1	4	0	1	1	7	0.066
21	춘천시	281,291	1	9	0	7	1	18	0.064
22	동두천시	94,768	1	2	0	2	1	6	0.063
23	강릉시	213,442	2	4	1	5	1	13	0.061
24	목포시	229,861	2	4	1	6	1	14	0.061
25	익산시	287,771	2	7	1	6	1	17	0.059
26	광양시	156,750	1	6	0	1	1	9	0.057
27	충주시	210,737	1	5	1	4	1	12	0.057
28	동해시	90,522	1	3	0	0	1	5	0.055
29	당진시	167,042	1	4	0	3	1	9	0.054
30	경주시	255,402	2	7	2	1	1	13	0.051
31	논산시	118,842	1	3	0	1	1	6	0.050
32	양주시	222,314	1	7	1	1	1	11	0.049
33	안성시	183,405	1	5	0	2	1	9	0.049
34	파주시	454,040	4	16	0	1	1	22	0.048
35	순천시	279,598	1	7	0	4	1	13	0.046
36	이천시	215,834	1	5	1	2	1	10	0.046
37	사천시	111,925	1	3	0	0	1	5	0.045
38	오산시	226,379	1	6	1	1	1	10	0.044
39	세종시	340,575	1	10	0	3	1	15	0.044
40	김천시	141,229	2	1	1	1	1	6	0.042
41	김해시	542,455	2	8	2	9	1	22	0.041
42	서산시	174,690	1	5	0	0	1	7	0.040
43	영천시	102,470	1	2	0	0	1	4	0.039
44	여수시	282,786	2	7	0	1	1	11	0.039
45	아산시	314,395	1	7	0	3	1	12	0.038
46	천안시	652,258	3	12	1	5	3	24	0.037
47	거제시	248,276	1	6	0	1	1	9	0.036
48	안산시	650,918	1	15	2	4	1	23	0.035
49	진주시	347,334	1	6	1	3	1	12	0.035

No	지자체	인구수(명)	문화기반시설(개)						인구 천 명당 시설수(개)
			문예회관	공공도서관	미술관	박물관	지방문화원	총계	
50	전주시	654,394	4	13	0	4	1	22	0.034
51	군산시	270,131	1	6	0	1	1	9	0.033
52	청주시	839,566	2	15	3	6	1	27	0.032
53	의왕시	161,153	0	3	0	1	1	5	0.031
54	창원시	1,044,740	3	17	2	7	3	32	0.031
55	구리시	199,265	1	3	0	1	1	6	0.030
56	포항시	507,025	3	8	1	2	1	15	0.030
57	평택시	513,027	3	11	0	0	1	15	0.029
58	군포시	275,852	1	6	0	0	1	8	0.029
59	부천시	829,996	2	13	0	8	1	24	0.029
60	수원시	1,194,465	3	25	1	4	1	34	0.028
61	경산시	263,185	1	3	0	2	1	7	0.027
62	안양시	567,044	2	10	0	2	1	15	0.026
63	하남시	272,455	1	4	0	1	1	7	0.026
64	남양주시	701,830	1	12	0	3	1	17	0.024
65	광주시	372,654	1	6	0	1	1	9	0.024
66	구미시	419,742	2	6	0	1	1	10	0.024
67	용인시	1,059,609	3	17	1	3	1	25	0.024
68	화성시	815,396	3	13	0	2	1	19	0.023
69	시흥시	473,682	0	10	0	0	1	11	0.023
70	원주시	349,215	2	4	0	1	1	8	0.023
71	양산시	350,759	1	5	0	1	1	8	0.023
72	고양시	1,066,351	3	17	1	2	1	24	0.023
73	광명시	316,552	1	5	0	0	1	7	0.022
74	성남시	942,724	1	13	1	1	1	17	0.018
75	김포시	437,221	1	5	0	0	1	7	0.016
76	의정부시	451,868	1	5	0	0	1	7	0.015
총			111	517	31	183	79	921	4.008
평균			1.5	6.8	0.4	2.4	1	12.1	0.053

* 소수점 둘째자리 반올림

이상과 같이 기초(특별) 시 지방자치단체 문화기반시설 평균 시설수는 12.1개이고 인구 천 명당 평균 시설수는 0.053개이다.

인구 천 명당 시설수는 문경시가 0.166개로 76개 지역 중 제일 많고 의정부시가 0.015개로 제일 적은 지역으로 파악되었다.

구미시의 문화기반시설 수는 10개이고 인구 천 명당 평균 시설수는 0.024개로 76개 지역 중 66번째로 하위권이다. 또한 경상북도에서도 최하위이다.

(1) 문화예술회관 공연장 운영 현황

2019년 기초(특별) 시 지방자치단체별 문화예술회관 공연장 운영 현황은 아래 〈표 77〉과 같다.

〈표 77〉 기초(특별) 시 지방자치단체별 문예회관 공연장 운영 현황(2019)

No	지자체	회관 수	가동일 수		보유자원		이용현황		
			공연일수	전시일수	직원수	전문 직원수	총 이용자수	유료 관객수	유료 관객률(%)
			평균	평균	평균	평균	평균	평균	평균
1	수원시	3	444	0	438	71	210,622	80,822	38.37
			148.0	0.0	146.0	23.7	70,207.3	26,940.7	
2	성남시	1	242	287	196	79	197,754	80,856	40.89
			242.0	287.0	196.0	79.0	197,754.0	80,856.0	
3	의정부시	1	130	247	57	12	210,910	38,211	18.12
			130.0	247.0	57.0	12.0	210,910.0	38,211.0	
4	안양시	2	281	331	60	16	107,661	20,913	19.42
			140.5	165.5	30.0	8.0	53,830.5	10,456.5	
5	부천시	2	161	0	64	29	145,860	23,936	16.41
			80.5	0.0	32.0	14.5	72,930.0	11,968.0	
6	광명시	1	107	129	42	10	73,604	12,411	16.86
			107.0	129.0	42.0	10.0	73,604.0	12,411.0	
7	평택시	3	327	229	17	12	234,822	137,182	58.42
			109.0	76.3	5.7	4.0	78,274.0	45,727.3	
8	동두천시	1	43	21	8	0	19,070	0	0.00
			43.0	21.0	8.0	0.0	19,070.0	0.0	
9	안산시	1	281	314	99	24	262,512	24,579	9.36
			281.0	314.0	99.0	24.0	262,512.0	24,579.0	

No	지자체	회관수	가동일 수		보유자원		이용현황		
			공연일수	전시일수	직원수	전문 직원수	총 이용자수	유료 관객수	유료 관객률(%)
			평균	평균	평균	평균	평균	평균	평균
10	고양시	3	441	180	167	32	327,175	116,998	35.76
			147.0	60.0	55.7	10.7	109,058.3	38,999.3	
11	과천시	1	82	0	23	10	385,940	7,733	2.00
			82.0	0.0	23.0	10.0	385,940.0	7,733.0	
12	구리시	1	278	364	27	13	105,358	19,699	18.70
			278.0	364.0	27.0	13.0	105,358.0	19,699.0	
13	남양주시	1	98	0	8	5	35,298	13,515	38.29
			98.0	0.0	8.0	5.0	35,298.0	13,515.0	
14	오산시	1	173	0	14	5	15,980	10,317	64.56
			173.0	0.0	14.0	5.0	15,980.0	10,317.0	
15	시흥시	0	0	0	0	0	0	0	0.00
			0.0	0.0	0.0	0.0	0.0	0.0	
16	군포시	1	111	114	42	12	235,826	29,568	12.54
			111.0	114.0	42.0	12.0	235,826.0	29,568.0	
17	의왕시	0	0	0	0	0	0	0	0.00
			0.0	0.0	0.0	0.0	0.0	0.0	
18	하남시	1	47	80	54	19	34,458	15,367	44.60
			47.0	80.0	54.0	19.0	34,458.0	15,367.0	
19	용인시	3	181	137	93	50	131,163	58,582	44.66
			60.3	45.7	31.0	16.7	43,721.0	19,527.3	
20	파주시	4	206	0	39	7	225,554	30,952	13.72
			51.5	0.0	9.8	1.8	56,388.5	7,738.0	
21	이천시	1	67	130	21	15	80,067	17,258	21.55
			67.0	130.0	21.0	15.0	80,067.0	17,258.0	
22	안성시	1	165	128	17	11	67,280	17,920	26.63
			165.0	128.0	17.0	11.0	67,280.0	17,920.0	
23	김포시	1	271	0	27	7	66,715	5,868	8.80
			271.0	0.0	27.0	7.0	66,715.0	5,868.0	
24	화성시	3	71	0	26	26	26,936	20,605	76.50
			23.7	0.0	8.7	8.7	8,978.7	6,868.3	
25	광주시	1	182	100	14	13	125,008	30,986	24.79
			182.0	100.0	14.0	13.0	125,008.0	30,986.0	
26	양주시	1	87	0	8	3	117,473	7,601	6.47
			87.0	0.0	8.0	3.0	117,473.0	7,601.0	
27	포천시	1	31	0	13	5	14,020	8,062	57.50
			31.0	0.0	13.0	5.0	14,020.0	8,062.0	

No	지자체	회관수	가동일 수		보유자원		이용현황		
			공연일수	전시일수	직원수	전문 직원수	총 이용자수	유료 관객수	유료 관객률(%)
			평균	평균	평균	평균	평균	평균	평균
28	여주시	1	101	0	24	2	34,503	2,716	7.87
			101.0	0.0	24.0	2.0	34,503.0	2,716.0	
29	원주시	2	234	274	34	6	116,888	331	0.28
			117.0	137.0	17.0	3.0	58,444.0	165.5	
30	춘천시	1	97	187	39	8	92,125	20,300	22.04
			97.0	187.0	39.0	8.0	92,125.0	20,300.0	
31	강릉시	2	479	558	22	14	207,444	35,000	16.87
			239.5	279.0	11.0	7.0	103,722.0	17,500.0	
32	동해시	1	58	122	8	3	54,093	2,624	4.85
			58.0	122.0	8.0	3.0	54,093.0	2,624.0	
33	속초시	1	23	17	6	4	112,481	0	0.00
			23.0	17.0	6.0	4.0	112,481.0	0.0	
34	삼척시	1	79	117	9	4	53,981	51,941	96.22
			79.0	117.0	9.0	4.0	53,981.0	51,941.0	
35	태백시	1	12	0	11	5	15,833	4,058	25.63
			12.0	0.0	11.0	5.0	15,833.0	4,058.0	
36	청주시	2	442	0	33	6	471,100	340,300	72.24
			221.0	0.0	16.5	3.0	235,550.0	170,150.0	
37	충주시	1	69	50	5	5	89,850	35,900	39.96
			69.0	50.0	5.0	5.0	89,850.0	35,900.0	
38	제천시	1	58	0	5	3	25,134	5,137	20.44
			58.0	0.0	5.0	3.0	25,134.0	5,137.0	
39	천안시	3	235	438	26	22	212,859	95,168	44.71
			78.3	146.0	8.7	7.3	70,953.0	31,722.7	
40	아산시	1	68	97	26	2	67,580	11,500	17.02
			68.0	97.0	26.0	2.0	67,580.0	11,500.0	
41	서산시	1	52	63	11	4	82,000	30,000	36.59
			52.0	63.0	11.0	4.0	82,000.0	30,000.0	
42	당진시	1	228	249	35	11	97,340	39,905	41.00
			228.0	249.0	35.0	11.0	97,340.0	39,905.0	
43	논산시	1	144	66	5	3	53,785	3,247	6.04
			144.0	66.0	5.0	3.0	53,785.0	3,247.0	
44	공주시	1	62	0	6	4	36,518	25,482	69.78
			62.0	0.0	6.0	4.0	36,518.0	25,482.0	
45	보령시	1	53	27	9	2	64,066	9,732	15.19
			53.0	27.0	9.0	2.0	64,066.0	9,732.0	

No	지자체	회관수	가동일 수		보유자원		이용현황		
			공연일수	전시일수	직원수	전문 직원수	총 이용자수	유료 관객수	유료 관객률(%)
			평균	평균	평균	평균	평균	평균	평균
46	계룡시	1	0	0	13	5	7,640	4,221	55.25
			0.0	0.0	13.0	5.0	7,640.0	4,221.0	
47	전주시	4	708	754	151	52	398,587	105,539	26.48
			177.0	188.5	37.8	13.0	99,646.8	26,384.8	
48	군산시	1	189	281	30	10	148,066	35,643	24.07
			189.0	281.0	30.0	10.0	148,066.0	35,643.0	
49	익산시	2	333	275	28	13	162,698	11,542	7.09
			166.5	137.5	14.0	6.5	81,349.0	5,771.0	
50	정읍시	2	204	37	12	6	71,534	9,547	13.35
			102.0	18.5	6.0	3.0	35,767.0	4,773.5	
51	김제시	1	33	10	8	3	43,590	5,845	13.41
			33.0	10.0	8.0	3.0	43,590.0	5,845.0	
52	남원시	1	142	80	5	1	69,724		0.00
			142.0	80.0	5.0	1.0	69,724.0	0.0	
53	여수시	2	178	371	40	11	116,533	46,664	40.04
			89.0	185.5	20.0	5.5	58,266.5	23,332.0	
54	순천시	1	75	275	13	2	39,266	30,476	77.61
			75.0	275.0	13.0	2.0	39,266.0	30,476.0	
55	목포시	2	319	365	30	5	330,948	90,715	27.41
			159.5	182.5	15.0	2.5	165,474.0	45,357.5	
56	광양시	1	71	92	6	1	74,271	6,795	9.15
			71.0	92.0	6.0	1.0	74,271.0	6,795.0	
57	나주시	1	48	8	7	5	50,859	19,747	38.83
			48.0	8.0	7.0	5.0	50,859.0	19,747.0	
58	포항시	3	505	480	33	9	278,320	8,744	3.14
			168.3	160.0	11.0	3.0	92,773.3	2,914.7	
59	구미시	2	222	103	42	7	124,740	43,830	35.14
			111.0	51.5	21.0	3.5	62,370.0	21,915.0	
60	경산시	1	17	50	10	4	72,014	9,953	13.82
			17.0	50.0	10.0	4.0	72,014.0	9,953.0	
61	경주시	2	114	365	25	9	274,814	36,096	13.13
			57.0	182.5	12.5	4.5	137,407.0	18,048.0	
62	안동시	1	151	298	12	5	69,896	31,519	45.09
			151.0	298.0	12.0	5.0	69,896.0	31,519.0	
63	김천시	2	116	173	17	3	80,216	12,875	16.05
			58.0	86.5	8.5	1.5	40,108.0	6,437.5	

No	지자체	회관수	가동일 수		보유자원		이용현황		
			공연일수	전시일수	직원수	전문 직원수	총 이용자수	유료 관객수	유료 관객률(%)
			평균	평균	평균	평균	평균	평균	평균
64	영주시	2	85	131	12	0	66,159	1,825	2.76
			42.5	65.5	6.0	0.0	33,079.5	912.5	
65	영천시	1	45	24	17	2	54,575	14,978	27.44
			45.0	24.0	17.0	2.0	54,575.0	14,978.0	
66	상주시	1	267	119	6	1	88,569	16,355	18.47
			267.0	119.0	6.0	1.0	88,569.0	16,355.0	
67	문경시	1	28	15	19	3	14,300	10,166	71.09
			28.0	15.0	19.0	3.0	14,300.0	10,166.0	
68	창원시	3	554	697	81	37	651,929	167,110	25.63
			184.7	232.3	27.0	12.3	217,309.7	55,703.3	
69	김해시	2	254	459	105	40	224,721	72,162	32.11
			127.0	229.5	52.5	20.0	112,360.5	36,081.0	
70	양산시	1	32		11	3	173,533	18,781	10.82
			32.0	0.0	11.0	3.0	173,533.0	18,781.0	
71	진주시	1	91	106	29	13	98,383	35,731	36.32
			91.0	106.0	29.0	13.0	98,383.0	35,731.0	
72	거제시	1	177	77	28	10	92,126	19,253	20.90
			177.0	77.0	28.0	10.0	92,126.0	19,253.0	
73	통영시	2	195	157	32	18	118,918	92,276	77.60
			97.5	78.5	16.0	9.0	59,459.0	46,138.0	
74	사천시	1	128	61	8	3	50,307	11,769	23.39
			128.0	61.0	8.0	3.0	50,307.0	11,769.0	
75	밀양시	1	67	181	20	9	53,821	11,379	21.14
			67.0	181.0	20.0	9.0	53,821.0	11,379.0	
76	세종시	1	73	55	8	3	64,292	23,388	36.38
			73.0	55.0	8.0	3.0	64,292.0	23,388.0	
평균		111	12,422	11,155	2,746	887	9,509,995	2,548,206	26.80
		1.5	112	100.5	24.7	8	85,675.6	22,956.8	

이상과 같이 76개 기초(특별) 시 지방자치단체의 문화예술회관 공연장은 총 111개이고 지자체별로 평균 1.5개의 공연장을 보유하고 있다. 평균 가동일수는 공연은 112일을, 전시는 100.5일을 가동했다. 평균 보유자원은 직원 24.7명 중 8명의 전문 인력을 보유하고 있는 것으로 나타났다. 공연장

을 찾은 평균 이용관객은 약 85,675명이고 이 중 평균 유료관객은 약 22,956명으로 26.8%에 해당한다.

각 항목별로 비교해 보면 우선 회관 수 대비 평균 공연일수가 가장 많은 지역은 안산시로 1개 회관 평균 공연일수가 281일이고, 가장 적은 지역은 속초시로 1개 회관 평균 공연일수가 23일이다. 구미시는 2개 회관 평균 공연일수 111일로 전체 평균 공연일수 112일보다 1일이 적다.

다음은 평균 전시일수가 가장 많은 지역은 구리시로 1개 회관에 평균 전시일수가 364일이다. 가장 적은 지역은 나주시로 1개 회관에 평균 전시일수가 8일에 불과하다.[29] 구미시는 평균 전시일수 51.5일로 전체 평균 100.5일보다 약 2배가량 적다.

세 번째 인적보유자원으로 성남시가 1개 회관에 평균 직원수 196명 중 전문 직원수 79명으로 전문 인력을 가장 많이 보유하고 있고 동두천시와 영주시는 각각 8명과 6명 중 전문인력은 한 명도 없는 것으로 파악되었다. 구미시는 2개 회관 총 42명의 직원 중에 7명의 전문인력을 보유하고 있는데 1개 회관당 평균 3.5명이 근무하고 있는 셈이다. 전체 평균 전문인력 8명에 절반에 해당된다.

마지막으로 이용자 현황을 보면 과천시가 1개 회관에 평균 이용자수 385,940명으로 가장 많고 계룡시가 1개 회관에 평균 이용자수가 7,640명으로 16개 지역에서 가장 적은 이용자가 공연장을 이용했다. 그러나 평균 유료 관객률은 전혀 다른 결과가 나오는데 태백시가 96.22%로 16개 중 제일 높고 동두천시, 속초시, 남원시는 유료관객이 한 명도 없는 것으로 파악되었다. 구미시는 평균 이용관객은 약 62,370명이고 이 중 유료관객은 약 21,915명으로 35.14%에 해당하는데 전체 평균보다 높은 것으로 확인되었다.

29 수원시, 파주시, 김포시, 화성시, 양주시, 포천시, 여주시, 태백시, 청주시, 제천시, 공주시, 계룡시, 양산시는 2019년 집계에서 누락되었다.

나. 생활문화시설

2019년 기초(특별) 시 별 생활문화시설 수는 아래 〈표 78〉과 같다.

〈표 78〉 기초(특별) 시 지방자치단체별 생활문화시설 현황(2019)

No	지자체	인구수 (명)	생활문화시설							인구 만명당 시설 수
			생활문화센터	평생학습관	문화의 집	작은 도서관	생활영상시설		총계	
							지역영상미디어센터	작은 영화관		
1	남원시	81,441	0	3	0	12	0	0	15	1.842
2	김제시	83,895	1	3	0	8	0	0	12	1.430
3	공주시	106,474	0	2	1	7	0	0	10	0.939
4	포항시	507,025	1	2	2	41	0	0	46	0.907
5	보령시	101,114	1	3	1	4	0	0	9	0.890
6	목포시	229,861	0	1	0	18	1	0	20	0.870
7	김천시	141,229	0	1	1	10	0	0	12	0.850
8	동두천시	94,768	1	2	0	5	0	0	8	0.844
9	당진시	167,042	1	2	1	10	0	0	14	0.838
10	강릉시	213,442	1	3	2	9	1	0	16	0.750
11	상주시	100,688	1	2	0	3	0	1	7	0.695
12	익산시	287,771	0	2	0	17	1	0	20	0.695
13	포천시	148,379	0	3	0	6	0	1	10	0.674
14	영주시	105,067	0	3	1	3	0	0	7	0.666
15	동해시	90,522	1	2	0	3	0	0	6	0.663
16	전주시	654,394	5	3	5	28	2	0	43	0.657
17	군산시	270,131	0	3	0	14	0	0	17	0.629
18	속초시	81,786	0	3	0	2	0	0	5	0.611
19	삼척시	67,228	0	2	0	1	0	1	4	0.595
20	영천시	102,470	1	1	1	3	0	0	6	0.586
21	밀양시	105,552	3	2	0	1	0	0	6	0.568
22	이천시	215,834	0	2	0	10	0	0	12	0.556
23	통영시	131,404	0	2	2	3	0	0	7	0.533

No	지자체	인구수 (명)	생활문화시설							인구 만 명당 시설 수
			생활 문화 센터	평생 학습관	문화 의 집	작은 도서관	생활영상시설		총계	
							지역영상 미디어센터	작은 영화관		
24	창원시	1,044,740	1	3	3	46	1	0	54	0.517
25	과천시	58,289	0	2	0	1	0	0	3	0.515
26	광양시	156,750	1	2	0	5	0	0	8	0.510
27	구리시	199,265	0	5	0	5	0	0	10	0.502
28	충주시	210,737	1	3	0	6	0	0	10	0.475
29	태백시	43,866	0	1	1	0	0	0	2	0.456
30	사천시	111,925	0	3	0	2	0	0	5	0.447
31	안동시	160,052	0	4	0	2	1	0	7	0.437
32	안성시	183,405	0	2	0	6	0	0	8	0.436
33	나주시	114,664	0	4	1	0	0	0	5	0.436
34	문경시	72,242	0	2	0	1	0	0	3	0.415
35	서산시	174,690	1	3	0	3	0	0	7	0.401
36	군포시	275,852	0	3	0	8	0	0	11	0.399
37	의정부시	451,868	0	3	0	14	1	0	18	0.398
38	안양시	567,044	0	5	0	17	0	0	22	0.388
39	시흥시	473,682	0	2	0	16	0	0	18	0.380
40	정읍시	110,541	1	2	1	0	0	0	4	0.362
41	성남시	942,724	1	4	2	26	1	0	34	0.361
42	부천시	829,996	2	5	0	20	1	0	28	0.337
43	의왕시	161,153	0	0	1	4	0	0	5	0.310
44	안산시	650,918	0	4	0	15	0	0	19	0.292
45	천안시	652,258	0	3	0	15	1	0	19	0.291
46	거제시	248,276	0	1	0	6	0	0	7	0.282
47	아산시	314,395	2	2	0	4	0	0	8	0.254
48	광명시	316,552	0	2	2	4	0	0	8	0.253
49	고양시	1,066,351	2	5	1	17	1	0	26	0.244
50	경주시	255,402	0	2	0	4	0	0	6	0.235
51	세종시	340,575	2	1	0	5	0	0	8	0.235
52	계룡시	42,971	0	0	1	0	0	0	1	0.233

No	지자체	인구수 (명)	생활문화시설							인구 만 명당 시설 수
			생활 문화 센터	평생 학습관	문화 의 집	작은 도서관	생활영상시설		총계	
							지역영상 미디어센터	작은 영화관		
53	양주시	222,314	1	3	0	1	0	0	5	0.225
54	제천시	134,617	0	2	1	0	0	0	3	0.223
55	양산시	350,759	0	1	3	2	1	0	7	0.200
56	경산시	263,185	0	2	0	3	0	0	5	0.190
57	광주시	372,654	0	2	0	5	0	0	7	0.188
58	남양주시	701,830	0	2	1	9	1	0	13	0.185
59	여주시	111,083	0	0	0	2	0	0	2	0.180
60	춘천시	281,291	1	3	0	0	1	0	5	0.178
61	파주시	454,040	0	2	0	6	0	0	8	0.176
62	원주시	349,215	1	2	2	0	1	0	6	0.172
63	논산시	118,842	0	1	0	1	0	0	2	0.168
64	평택시	513,027	1	3	0	4	0	0	8	0.156
65	김해시	542,455	0	2	4	1	1	0	8	0.147
66	순천시	279,598	1	1	0	1	1	0	4	0.143
67	구미시	419,742	0	2	1	3	0	0	6	0.143
68	오산시	226,379	0	0	0	3	0	0	3	0.133
69	청주시	839,566	1	4	2	4	0	0	11	0.131
70	용인시	1,059,609	1	5	0	7	0	0	13	0.123
71	화성시	815,396	1	2	2	3	1	0	9	0.110
72	여수시	282,786	1	2	0	0	0	0	3	0.106
73	수원시	1,194,465	3	6	0	1	1	0	11	0.092
74	김포시	437,221	1	3	0	0	0	0	4	0.091
75	하남시	272,455	0	2	0	0	0	0	2	0.073
76	진주시	347,334	0	1	0	0	1	0	2	0.058
총			44	183	46	526	21	3	823	32.68
평균			0.6	2.4	0.6	6.9	0.3	0.03	10.8	0.43

이상과 같이 기초(특별) 시 지방자치단체 생활문화시설 평균 시설수는 10.8개이고 인구 만 명당 평균 시설수는 0.43개이다.

인구 만 명당 시설수는 남원시가 1.842개로 76개 지역 중 제일 많고 진주시가 0.058개로 제일 적은 지역으로 파악되었다.

구미시는 생활문화시설수가 6개이고 인구 만 명당 평균 시설수는 0.143개로 76개 지역 중 67번째로 하위권이다. 또한 경상북도에서도 최하위이다.

3. 진흥기관

가. 지역문화재단

기초(특별)시 지방자치단체별 지역문화재단 현황은 아래 〈표 79〉와 같다.

〈표 79〉 기초(특별) 시 지방자치단체별 지역문화재단 현황[30]

2021년 2월 현재

광역도	기초(특별) 시	총(개)
-	세종특별자치시	1
경기도	용인시, 부천시, 고양시, 의정부시, 하남시, 화성시, 성남시, 안양시, 안산시, 수원시, 오산시, 군포시, 김포시, 광명시, 여주시, 평택시, 과천시, 광주시, 구리시	19
강원도	춘천시, 원주시, 강릉시, 태백시, 속초시	5
충청북도	청주시, 충주시, 제천시	3
충청남도	아산시, 천안시, 당진시	3

30 전국지역문화재단협의회. www.ancf.or.kr.

광역도	기초(특별) 시	총(개)
전라북도	전주시, 익산시	2
전라남도	목포시, 순천시	2
경상북도	포항시, 경주시, 영주시, 안동시	4
경상남도	창원시, 김해시, 거제시, 밀양시, 사천시, 통영시	6
총계		45

이상과 같이 2021년 2월 현재 76개 지역 중 45개 지역이 지역문화재단을 운영하고 있다.

구미시는 아직 문화재단이 없다.

나. 지역문화예술위원회

지역문화예술위원회는 기초(특별) 시 지방자치단체별 지역문화진흥법 기본조례 및 지역문화예술위원회 조례에 근거하여 설치한 기초단위 현황으로 아래 〈표 80〉과 같다.

〈표 80〉 기초(특별) 시 지방자치단체 위원회 현황

2020년 5월 현재

No	지자체	위원회 명	구성 인원(명)
1	광명시	광명시 문화예술진흥위원회	13
2	군산시	군산시 문화예술진흥위원회	12
3	밀양시	밀양시 문화도시 사업 추진위원회	18
4	부천시	부천시 문화예술위원회	21
5	세종시	세종특별자치시 문화예술진흥위원회	15
6	여수시	여수시 문화예술위원회	20
7	창원시	창원시 문화예술진흥위원회	21
8	춘천시	춘천시 문화예술진흥위원회	21

No	지자체	위원회 명	구성 인원(명)
9	충주시	충주시 문화예술자문위원회 문화예술분과위원회	28
10	통영시	통영시 문화예술진흥위원회	15
11	파주시	파주시 문화예술진흥위원회	15
12	평택시	평택시 문화예술진흥위원회	10
13	화성시	화성시 문화예술정책위원회	10
14	나주시	나주시 문화예술진흥위원회	15
15	안양시	안양시 문화예술위원회	13
16	과천시	과천시 문화예술위원회	11
17	남원시	남원시 문화도시사업추진위원회	11
18	당진시	당진시 문화예술위원회	11

이상과 같이 2020년 5월 현재 76개 지역 중 18개 지역만 위원회를 설치 · 운영하고 있다.

한편 안양시와 과천시는 지역문화예술위원회 별도 조례를 제정하여 운영하고 있다. 구미시는 지역문화예술위원회가 없다.

4. 활동조직

기초(특별) 시 지방자치단체별 문화예술법인 · 단체 및 문화예술분야 사회적 기업 현황은 아래 〈표 81〉과 같다.

〈표 81〉 기초(특별) 시 지방자치단체별 문화예술법인·단체 및 문화예술분야 사회적 기업 현황(2020.5)

(단위: 개)

No	지자체	전문예술법인·단체 수				인증 사회적 기업 수
		법인		단체	계	
		재단	사단			
1	수원시	4	4	5	13	3
2	성남시	2	–	8	10	3
3	의정부시	1	–	4	5	2
4	안양시	1	–	4	5	1
5	부천시	2	4	5	11	1
6	광명시	1	1	3	5	1
7	평택시	–	2	–	2	1
8	동두천시	–	–	1	1	–
9	안산시	1	–	9	10	5
10	고양시	1	3	8	12	3
11	과천시	1	2	3	6	1
12	구리시	–	–	2	–	–
13	남양주시	–	–	1	1	–
14	오산시	1	–	–	1	2
15	시흥시	–	1	5	6	–
16	군포시	1	1	–	2	–
17	의왕시	–	–	1	1	–
18	하남시	1	–	1	2	1
19	용인시	1	–	3	4	1
20	파주시	–	–	1	1	–
21	이천시	1	1	–	2	1
22	안성시	–	–	–	–	1
23	김포시	1	–	–	1	1
24	화성시	1	2[31]	1	4	2
25	광주시	–	–	4	4	–
26	양주시	–	–	1	1	–
27	포천시	–	–	1	1	–

No	지자체	전문예술법인 · 단체 수				인증 사회적 기업 수
		법인		단체	계	
		재단	사단			
28	여주시	1	1	–	2	–
29	원주시	2	5	16	23	4
30	춘천시	6	15	25	46	5
31	강릉시	1	4	4	9	3
32	동해시	–	1	1	2	–
33	속초시	–	–	3	3	–
34	삼척시	–	1	1	2	–
35	태백시	–	1	–	1	–
36	청주시	1	6	16	23	4
37	충주시	–	–	2	2	–
38	제천시	–	–	1	1	–
39	천안시	1	3	3	7	–
40	아산시	1	5	5	11	–
41	서산시	–	1	3	4	–
42	당진시	1	–	1	2	–
43	논산시	–	1	1	2	1
44	공주시	–	1	1	2	1
45	보령시	–	1	–	1	–
46	계룡시	–	1	1	2	–
47	전주시	2	16	10	28	15
48	군산시	–	1	2	3	–
49	익산시	1	–	–	1	2
50	정읍시	–	1	1	2	-
51	김제시	–	–	–	–	–
52	남원시	–	1	2	3	2
53	여수시	–	1	4	5	1
54	순천시	1	2	4	7	1
55	목포시	–	1	7	8	–
56	광양시	–	–	3	3	–
57	나주시	–	3	–	3	–

No	지자체	전문예술법인 · 단체 수				인증 사회적 기업 수
		법인		단체	계	
		재단	사단			
58	포항시	1	–	4	5	1
59	구미시	–	1	2	3	1
60	경산시	–	–	1	1	–
61	경주시	2	1	1	4	1
62	안동시	–	2	3	5	4
63	김천시	–	3	1	4	–
64	영주시	–	–	–	–	1
65	영천시	–	–	–	–	–
66	상주시	–	–	–	–	1
67	문경시	–	–	–	–	–
68	창원시	1	17	45	63	5
69	김해시	1	1	13	15	3
70	양산시	–	1	3	4	1
71	진주시	–	3	16	19	3
72	거제시	–	–	3	3	–
73	통영시	–	1	7	8	–
74	사천시	1	–	6	7	–
75	밀양시	–	1	7	8	–
76	세종시	1	2	7	10	4
계		46	127	307	478	94
평균		0.6	1.7	4	6.3	1.2

이상과 같이 기초(특별) 시 지방자치단체 전문예술법인 · 단체와 문화예술분야 인증 사회적 기업 평균수는 각각 6.3개와 1.2개이다. 전문예술법인 · 단체 수가 가장 많은 지역은 창원시로 63개 단체가 있다. 구리시, 안성시, 김제시, 영주시, 영천시, 상주시, 문경시 이렇게 7개 지역은 전문예술법

31 사회적 협동조합 1개 단체 포함.

인 · 단체가 없고 이 중 4개 지역이 경상북도 지역이다.

문화예술분야 인증 사회적 기업이 가장 많은 지역은 전주시로 15개가 있다. 76개 지역 중37개 지역은 사회적 기업이 없고 48.7%에 해당한다. 이런 결과는 문화예술단체나 지방자치단체의 문화예술분야 사회적 기업에 대한 인식 부족과 문화예술 분야가 기업형태의 조직으로 전환하기에는 기반이 약하거나 이들에게 필요한 지원내용이 빈약하기 때문으로 볼 수 있다.

구미시는 각각 3개와 1개이다. 전문예술법인 · 단체수가 평균보다 3.3개 적다.

5. 활동인력

가. 예술인

기초(특별) 시 지방자치단체별 분야별 등록 예술인 현황은 아래 〈표 82〉와 같다.

〈표 82〉 기초(특별) 시 지방자치단체별 분야별 인구 만 명당 등록 예술인 수(2020.5)[32]

(단위: 명)

No	주소지	문학	미술	사진	건축	음악	국악	무용	연극	영화	연예	만화	복수	합계	인구 만 명당 수
1	과천시	32	39	1	-	27	9	17	33	11	11	6	12	198	34.0
2	고양시	202	461	47	-	636	66	97	435	341	215	66	166	2,732	25.6
3	전주시	151	318	35	-	214	158	77	119	26	30	12	53	1,193	18.2
4	부천시	109	241	29	-	332	57	38	227	156	82	152	71	1,494	18.0
5	춘천시	63	111	13	-	98	37	22	76	15	29	9	25	498	17.7
6	창원시	196	596	73	1	379	164	185	69	26	30	19	46	1,784	17.1

32 소수점 둘째자리 반올림

No	주소지	문학	미술	사진	건축	음악	국악	무용	연극	영화	연예	만화	복수	합계	인구 만 명당 수
7	안양시	56	195	27	1	237	34	36	153	93	45	26	55	968	17.07
8	파주시	75	197	7	-	157	17	10	81	89	50	29	53	765	16.9
9	밀양시	30	91	7	-	9	7	2	20	-	1	1	8	176	16.7
10	성남시	119	337	28	-	309	70	57	269	160	68	39	92	1,548	16.4
11	군포시	38	90	7	-	112	15	12	80	24	19	19	26	442	16.0
12	광명시	35	73	6	1	102	26	15	79	73	37	19	29	495	15.6
13	의왕시	16	47	5	-	64	8	9	46	28	12	7	9	251	15.6
14	김포시	59	113	3	-	162	25	17	111	63	54	14	54	675	15.4
15	구리시	30	58	7	-	56	9	12	54	19	14	9	18	286	14.4
16	남양주시	75	210	15	-	201	37	35	165	114	49	27	79	1,007	14.4
17	수원시	133	231	23	-	424	138	110	228	110	84	52	101	1,634	13.7
18	용인시	100	296	28	-	330	71	54	207	125	73	41	105	1,430	13.5
19	하남시	22	62	11	-	90	5	17	72	26	23	12	23	363	13.3
20	의정부시	47	81	5	-	122	17	12	141	67	39	30	37	598	13.2
21	광주시	44	96	6	-	100	19	17	94	37	21	14	33	481	12.9
22	안산시	45	111	12	-	173	34	28	200	84	49	29	58	823	12.6
23	진주시	73	136	11	-	55	34	34	29	4	13	6	17	412	11.9
24	강릉시	37	62	12	1	54	20	4	11	11	16	6	13	247	11.6
25	김해시	69	177	38	-	147	42	41	45	11	17	7	17	611	11.7
26	양주시	18	45	2	-	38	15	5	40	24	16	6	17	226	10.2
27	시흥시	37	77	14	-	120	33	8	66	40	23	23	14	455	9.6
28	속초시	11	16	11	-	7	7	8	11	2	-	-	4	77	9.4
29	원주시	47	77	6	-	57	29	12	37	18	9	3	16	311	8.9
30	안성시	15	56	7	-	27	17	4	9	14	4	2	7	162	8.8
31	통영시	30	29	1	-	12	10	5	17	1	4	-	4	113	8.6
32	세종시	39	90	11	2	61	18	18	13	11	4	11	7	285	8.4
33	사천시	11	28	-	-	6	8	11	18	2	2	-	4	90	8.0
34	남원시	10	19	1	-	6	15	1	4	4	-	2	2	64	7.9
35	군산시	24	82	1	-	35	14	7	15	7	4	7	8	204	7.6
36	순천시	27	68	5	-	41	13	15	12	6	1	6	8	202	7.2

No	주소지	문학	미술	사진	건축	음악	국악	무용	연극	영화	연예	만화	복수	합계	인구 만명당 수
37	청주시	69	154	16	-	100	58	30	85	15	22	18	25	592	7.6
38	익산시	21	77	6	-	37	25	8	7	5	3	3	4	196	6.8
39	동두천시	12	12	-	-	9	3	1	10	8	-	2	7	64	6.8
40	천안시	38	103	-	-	128	25	13	39	23	22	32	16	439	6.7
41	목포시	10	68	4	-	17	5	8	27	1	2	2	8	152	6.6
42	여주시	4	37	1	-	15	4	2	3	1	4	-	2	73	6.6
43	양산시	44	61	-	-	40	22	12	15	3	15	6	10	228	6.5
44	오산시	15	22	3	-	37	5	4	28	15	4	9	3	145	6.4
45	이천시	8	55	1	-	24	7	4	13	10	4	7	5	138	6.4
46	경산시	13	40	1	-	49	19	9	16	1	1	14	5	168	6.4
47	안동시	12	37	2	-	18	7	1	8	2	2	-	7	96	6.0
48	경주시	21	43	4	-	22	33	4	7	1	3	4	10	152	6.0
49	화성시	45	87	10	-	121	24	25	69	35	20	13	25	474	5.8
50	정읍시	8	13	1	-	8	17	2	4	2	5	3	1	64	5.8
51	공주시	8	22	-	-	6	11	5	2	-	2	5	-	61	5.7
52	포천시	12	21	2	-	11	3	2	14	9	5	2	2	83	5.6
53	김제시	3	28	1	-	3	2	3	3	-	2	-	1	46	5.5
54	거제시	28	33	4	-	14	13	20	14	5	2	-	3	136	5.5
55	충주시	18	19	2	-	24	19	2	8	5	10	4	4	115	5.5
56	나주시	10	18	1	-	9	10	-	1	3	4	1	1	58	5.1
57	평택시	25	47	6	-	41	44	15	28	15	13	16	8	258	5.0
58	계룡시	4	9	-	-	2	3	-	-	-	1	-	1	20	4.7
59	아산시	17	23	1	-	43	11	5	15	5	10	10	4	144	4.6
60	태백시	-	3	2	-	2	11	-	1	-	-	-	1	20	4.7
61	동해시	7	10	3	-	7	3	3	2	1	1	2	1	40	4.4
62	제천시	10	13	2	-	15	-	-	4	-	1	4	3	52	3.9
63	광양시	10	14	1	-	12	4	-	6	4	1	4	3	59	3.8
64	김천시	8	14	1	-	9	4	2	9	-	1	1	2	51	3.6
65	여수시	11	25	1	-	20	2	9	9	1	5	3	8	94	3.3
66	영천시	2	17	1	-	2	6	1	1	-	-	2	1	33	3.2

No	주소지	문학	미술	사진	건축	음악	국악	무용	연극	영화	연예	만화	복수	합계	인구 만 명당 수
67	당진시	6	19	-	-	7	6	1	9	1	3	-	1	53	3.2
68	구미시	15	31	3	-	25	14	10	24	2	4	2	2	132	3.1
69	상주시	10	6	-	-	2	-	2	3	4	1	3	-	31	3.1
70	문경시	4	10	-	-	2	2	-	-	1	-	2	-	21	2.9
71	포항시	32	27	2	-	34	15	5	14	3	1	4	8	145	2.9
72	논산시	4	5	1	-	11	5	-	2	2	3	-	-	33	2.8
73	영주시	11	5	1	-	3	-	-	4	1	1	2	-	28	2.7
74	삼척시	3	2	1	-	2	1	1	3	-	3	-	1	17	2.5
75	서산시	6	12	-	-	9	4	-	6	2	2	2	1	44	2.5
76	보령시	6	9	2	-	2	-	-	1	2	1	2	-	25	2.5
계		2,715	6,267	602	6	5,942	1,745	1,261	3,800	2,030	1,332	895	1,485	28,080	690.77
평균		35.8	82.5	7.9	0.1	78.2	23.0	16.6	50.0	26.7	17.5	11.8	19.5	369.5	11.3

이상과 같이 76개 기초(특별) 시 지방자치단체 예술인 수는 28,080명에 인구 만 명 당 예술인수는 11.3명이다.

예술인 수가 1000명 이상이 되는 지역은 고양시(2,732명), 수원시(1,634명), 성남시(1,548명), 용인시(1,430명), 부천시(1,494명), 남양주시(1,007명), 창원시(1,784명), 전주시(1,193명)이다. 예술인 수가 가장 적은 지역은 삼척시로 17명이다.

하지만 인구 만 명당 수로 환산하면 과천시(198명)가 34명으로 가장 많고 서산시(44명), 보령시(25명), 삼척시(17명)가 2.5명으로 가장 적다.

구미시는 132명에 인구 만 명당 예술인 수는 3.1명으로 68번째에 해당한다. 분야별 예술인 수를 보면 미술분야 31명, 음악분야 25명, 연극분야 24명, 문학분야 15명, 국악분야 14명, 무용분야 10명, 연예분야 4명, 사진분야 3명, 영화 · 만화 · 복수분야가 각각 2명씩 등록되어 있다.

나. 문화예술교육사

한국문화예술교육진흥원에 등록된 기초(특별)시 지방자치단체별 분야별 문화예술교육사 현황은 아래 〈표 83〉과 같다.

〈표 83〉 기초(특별) 시 분야별 문화예술교육사 현황

(단위: 명)

No	지자체	공예	국악	디자인	만화 애니	무용	미술	사진	연극	영화	음악	이수자	계	인구 만 명당 수
1	전주시	15	176	40	25	69	79	3	42	15	72	28	564	8.7
2	계룡시	1	10	-	1	1	3	-	-	-	12	-	28	6.5
3	경산시	3	41	6	5	23	17	-	5	2	23	5	130	4.9
4	남원시	4	17	-	1	3	5	-	1	-	1	6	38	4.7
5	과천시	1	7	3	2	1	4	-	5	-	2	1	26	4.5
6	순천시	6	24	10	10	13	14	3	7	4	24	9	124	4.4
7	용인시	28	79	21	5	44	76	11	51	10	109	24	458	4.3
8	목포시	3	17	4	5	13	20	-	7	1	22	7	99	4.3
9	익산시	5	20	9	3	19	26	-	8	-	24	8	122	4.2
10	강릉시	4	22	3	1	4	3	-	3	-	5	42	87	4.1
11	정읍시	3	9	18	1	2	2	-	2	1	6	1	45	4.1
12	안양시	8	27	21	6	20	31	7	40	3	50	8	221	3.9
13	고양시	27	53	26	10	30	69	12	73	9	84	14	407	3.8
14	성남시	25	52	16	10	20	79	19	29	9	63	24	346	3.7
15	광명시	5	11	10	1	7	20	5	20	7	11	17	114	3.6
16	나주시	-	14	4	2	7	1	-	1	-	8	4	41	3.6
17	세종시	10	26	11	5	6	16	-	6	1	31	9	121	3.6
18	군산시	2	17	4	2	6	14	2	17	-	29	2	95	3.5
19	천안시	17	45	11	9	18	31	3	21	6	61	2	224	3.4
20	의왕시	2	8	6	-	6	9	2	2	3	15	2	55	3.4
21	창원시	15	63	15	6	56	69	4	21	8	72	15	344	3.3
22	군포시	7	13	4	1	12	10	4	13	2	22	1	89	3.2
23	수원시	22	53	21	15	27	67	12	37	10	94	20	378	3.2

No	지자체	공예	국악	디자인	만화 애니	무용	미술	사진	연극	영화	음악	이수자	계	인구 만 명당 수
24	춘천시	4	23	3	3	19	7	2	6	1	14	6	88	3.1
25	경주시	2	29	2	1	7	11	-	5	2	10	10	79	3.1
26	청주시	16	57	10	13	36	26	4	24	7	54	9	256	3.1
27	밀양시	2	8	-	1	-	7	-	3	1	4	6	32	3.0
28	부천시	8	27	16	10	20	36	6	33	7	70	18	251	3.0
29	공주시	2	9	1	2	2	2	1	4	-	7	1	31	2.9
30	구리시	3	10	1	3	4	8	-	10	2	15	2	58	2.9
31	양주시	1	4	4	7	2	4	1	10	1	15	15	64	2.9
32	진주시	7	16	3	-	9	9	3	4	1	14	33	99	2.9
33	충주시	1	15	1	2	3	8	3	3	1	9	14	60	2.9
34	광양시	1	6	3	1	2	10	1	3	2	13	2	44	2.8
35	안성시	-	16	1	2	5	6	1	2	-	12	6	51	2.8
36	구미시	4	37	1	2	28	20	3	6		15	-	116	2.8
37	김제시	2	5	-	-	6	4	-	1	1	2	2	23	2.7
38	통영시	1	3	-	-	4	2	-	5	1	2	18	36	2.7
39	안산시	5	15	8	3	19	36	2	43	2	35	8	176	2.7
40	속초시	-	9	-	1	-	1	-	5	-	3	3	22	2.7
41	안동시	2	7	2	1	6	1	1	3	1	8	11	43	2.7
42	의정부시	9	12	3	2	11	13	4	23	1	32	9	119	2.6
43	김포시	6	8	9	2	11	15	3	21	2	30	4	111	2.5
44	김해시	7	18	7	8	25	20	1	12	1	26	12	137	2.5
45	남양주시	15	21	4	2	20	29	7	15	2	42	15	172	2.5
46	원주시	4	18	5	2	10	12	2	7	2	15	3	80	2.3
47	아산시	3	17	6	3	9	4	1	11	1	15	2	72	2.3
48	하남시	5	4	3	2	4	7	1	12	1	21	2	62	2.3
49	논산시	5	9	1	1	2	2	-	2	-	5	-	27	2.3
50	파주시	10	5	5	3	6	19	2	15	2	28	7	102	2.3
51	영천시	-	6	1	2	7	2	2	-	-	3	-	23	2.2
52	동두천시	1	-	1	-	2	6	-	3	-	6	2	21	2.2
53	당진시	-	5	2	-	1	4	-	3	-	10	12	37	2.2
54	포항시	4	28	4	1	14	15	-	19	2	15	6	108	2.1

No	지자체	공예	국악	디자인	만화애니	무용	미술	사진	연극	영화	음악	이수자	계	인구 만명당 수
55	김천시	-	10	-	1	3	3	-	1	-	9	3	30	2.1
56	여수시	4	10	6	2	5	9	-	4	3	17	-	60	2.1
57	오산시	1	11	-	1	3	13	-	3	-	11	5	48	2.1
58	양산시	4	19	2	2	10	8	-	7	2	13	7	74	2.1
59	광주시	9	10	6	-	7	7	2	11	4	19	3	78	2.1
60	보령시	3	5	1	-	2	3	-	2	1	4	-	21	2.1
61	화성시	9	29	6	4	13	34	4	14	2	46	5	166	2.0
62	평택시	8	20	2	1	5	13	3	5	4	21	15	97	1.9
63	사천시	1	1	-	-	-	2	-	-	-	6	10	20	1.8
64	포천시	-	3	-	-	3	4	-	5	2	6	3	26	1.8
65	시흥시	4	10	2	1	4	15	2	11	-	29	4	82	1.7
66	상주시	-	5	-	2	3	1	-	3	-	2	-	16	1.6
67	이천시	8	7	1	1	2	5	2	-	-	6	1	33	1.5
68	제천시	1	4	1	-	-	-	-	2	-	3	9	20	1.5
69	서산시	-	8	1	2	-	3	1	2	1	7	-	25	1.4
70	문경시	4	1	-	-	2	-	1	-	-	-	1	9	1.3
71	여주시	2	1	2	1	1	2	1	-	-	1	2	13	1.2
72	거제시	-	2	-	-	5	5	2	4	-	6	4	28	1.1
73	영주시	-	1	-	-	-	2	-	5	-	2	-	10	1.0
74	태백시	-	1	-	1	-	-	-	1	-	1	-	4	0.9
75	동해시	-	5	-	-	-	-	-	-	-	1	1	7	0.8
76	삼척시	-	1	-	1	-	1	-	-	-	-	-	3	0.5
합계		401	1,415	400	226	769	1,141	156	804	154	1,600	560	7,626	213.5
평균		5.3	18.6	5.3	3.0	10.1	15.0	2.1	10.6	2.0	21.1	7.4	100.3	3.1

* 소수점 둘째자리 반올림

이상과 같이 76개 기초(특별) 시 지방자치단체 문화예술교육사 수는 7,626명에 인구 만 명 당 문화예술교육사 수는 3.1명이다.

문화예술교육사수가 300명 이상이 되는 지역은 전주시(564명), 용인시(458명), 고양시(407명), 성남시(346명), 창원시(344명), 수원시(378명)이다. 가장 적은 지역은 삼척시(3명)이다.

인구 만 명당 수로 환산하면 역시 전주시(564명)가 8.7명으로 가장 많고 삼척시(3명)가 0.5명으로 가장 적다. 문화예술교육사수가 300명 이상 되는 지역은 용인시(458명) 4.3명, 고양시(407명) 3.8명, 성남시(346명) 3.7명, 창원시(344명) 3.3명, 수원시(378명) 3.2명 순이다.

구미시는 총 116명에 인구 만 명당 예술인 수는 2.8명으로 36번째에 해당된다. 하지만 인구 만 명 당 평균수 3.1명을 넘은 지방자치단체는 26개뿐이다. 즉 76개 지방자치단체 전반적으로 문화예술교육사 수가 적다는 뜻으로 해석될 수 있다.

구미시 분야별 문화예술교육사 수는 국악 37명, 무용 28명, 미술 20명, 음악 15명, 연극 6명, 사진 3명, 만화·애니 2명, 디자인 1명이다.

6. 종합

이상과 같이 문화예술 기반요소 지표별로 76개 기초(특별) 시 지방자치단체 문화예술 실태를 살펴보았다. 이 76개 지역 중 지역문화예술위원회가 설치된 17개 지방자치단체를 대상으로 문화예술 기반요소 항목별로 지역간 비교를 해 보겠다.

관련 전문가를 포함하는 지역문화예술위원회를 통하여 지방자치단체는 문화예술 정책 및 관련된 사업을 다룬다. 또한 지역문화예술위원회는 문화예술 정책 구현을 위한 논의 기구이다. 따라서 지역문화예술위원회가 문화예술 기반요소에 얼마나 영향을 미치는지 확인할 필요가 있다.

지역문화예술위원회가 설치된 지방자치단체는 과천시, 광명시, 군산시, 남원시, 당진시, 밀양시, 부천시, 세종시, 안양시, 여수시, 창원시, 춘천시, 충주시, 통영시, 파주시, 평택시, 화성시 이렇게 17개 지역이다.

지역문화예술(진흥)위원회가 설치된 17개 시 지자체간 문화예술 기반요소 항목별 현황은 아래 〈표 84〉와 같다.

〈표 84〉 위원회가 설치된 17개 기초 시 지자체간 문화예술 기반요소 항목별 현황[33] [34]

No	지자체	인구수 (명)	문화예산 (번째)			기반시설 (개, 번째, 개, 번째)				진흥기관[35] (유무)		활동조직 (개)		활동인력 (명, 번째, 명, 번째)			
			①	②	③	④	⑤	⑥	⑦	⑧	⑨	⑩	⑪	⑫	⑬	⑭	⑮
1	과천시	58,289	56	4	×	7	3	3	25	○	○	6	1	198	1	26	5
2	광명시	316,552	40	53	×	7	73	26	48	○	○	5	1	495	12	114	15
3	군산시	270,131	22	24	○	9	51	17	17	×	○	3	0	204	35	95	18
4	남원시	81,441	49	7	○	7	12	15	1	×	○	3	2	64	34	38	4
5	당진시	167,042	51	40	○	9	29	14	9	○	○	2	0	53	67	37	53
6	밀양시	105,552	41	6	×	7	20	6	21	○	○	8	0	176	9	32	27
7	부천시	829,996	2	17	○	24	59	28	42	○	○	11	1	1,494	4	251	28
8	세종시	340,575	36	50	×	15	39	8	51	○	○	10	4	285	32	121	17
9	안양시	567,044	24	64	○	15	62	22	38	○	○	5	1	968	7	221	12
10	여수시	282,786	18	25	×	11	44	3	72	×	○	5	1	94	65	60	56
11	창원시	1,044,740	8	60	×	32	54	54	24	○	○	63	5	1,784	6	344	21
12	춘천시	281,291	13	9	×	18	21	5	60	○	○	46	5	498	5	88	24
13	충주시	210,737	44	38	×	12	27	10	28	○	○	2	0	115	55	60	33
14	통영시	131,404	33	5	×	9	19	7	23	×	○	8	0	113	31	36	38
15	파주시	454,040	38	69	×	22	34	8	61	×	○	1	0	765	8	102	50
16	평택시	513,027	17	49	○	15	57	8	64	○	○	2	1	258	57	97	62
17	화성시	815,396	4	34	○	19	68	9	71	○	○	4	2	474	49	166	61

33 ① 문화예술예산 ② 인구 1인당 문화예술예산 ③ 지역문화진흥기금 ④ 문화기반시설 ⑤ 인구 천 명당 문화기반시설 수 ⑥ 생활문화시설 ⑦ 인구 만 명당 생활문화시설 수 ⑧ 지역문화재단 ⑨ 지역문화예술위원회 ⑩ 전문예술법인 · 단체 ⑪ 문화예술분야 사회적 기업 ⑫ 예술인 ⑬ 인구 만 명당 예술인 수 ⑭ 문화예술교육사 ⑮ 인구 만 명당 문화예술교육사 수

34 나주시는 15명으로 구성된 나주시문화예술진흥위원회가 2020년 5월 최초로 구성되었다. 그러나 여기서는 제외한다.

35 문화재단 설치 유무

이상의 내용과 같이 17개 시 지자체 간 문화예술 기반요소 항목별 현황을 비교해 보면 우선 문화예산 항목에서 인구 1인당 문화예술예산이 76개 지방자치단체 중 상위 10개 지역은 5개 지역으로 과천시, 남원시, 밀양시, 춘천시, 통영시이고 중간인 38번째 아래 지역은 7개 지역으로 광명시, 당진시, 세종시, 안양시, 창원시, 파주시, 평택시이다. 지역문화진흥기금이 설치된 지역은 7개 지역이고 나머지 10개 지역은 설치되어 있지 않다.

기반시설 항목에서 인구 천 명당 문화기반시설 수가 76개 지방자치단체 중 상위 10개 지역은 과천시 1개 지역뿐이고 중간인 38번째 아래 지역은 8개 지역으로 군산시, 부천시, 세종시, 안양시, 여수시, 창원시, 평택시, 화성시이다. 인구 만 명당 생활문화시설 수가 76개 지방자치단체 중 상위 10개 지역은 남원시 1개 지역뿐이고 중간인 38번째 아래 지역은 8개 지역으로 광명시, 부천시, 세종시, 여수시, 춘천시, 파주시, 평택시, 화성시이다.

진흥기관 항목에서 지역문화재단이 설치된 지역은 11개 지역이고 나머지 6개 지역은 설치되어 있지 않다.

활동조직 항목에서 전문예술법인·단체 수는 76개 지역 평균수인 6.3개를 넘는 지역은 6개 지역으로 밀양시, 부천시, 세종시, 창원시, 춘천시, 통영시이다. 이 중 창원시는 63개로 가장 많으면 76개 지방자치단체에서도 가장 많은 지역이다. 문화예술분야 사회적 기업 수는 76개 지역 평균수인 1.2개를 넘는 지역은 4개 지역으로 남원시, 세종시, 창원시, 춘천시이다.

활동인력 항목에서 인구 만 명당 예술인 수는 76개 지방자치단체 중 상위 10개 지역은 8개 지역으로 과천시, 밀양시, 부천시, 안양시, 창원시, 춘천시, 파주시이고 중간인 38번째 아래 지역은 5개 지역으로 당진시, 여수시, 충주시, 평택시, 화성시이다. 인구 만 명당 문화예술교육사 수는 76개 지방자치단체 중 상위 10개 지역은 2개 지역으로 과천시, 남원시이고 .중간인 38번째 아래 지역은 4개 지역으로 당진시, 여수시, 파주시, 평택시, 화성시이다.

덧붙여 이상의 지역문화예술(진흥)위원회가 설치된 17개 지역 중 계획

수립 책무를 이행을 한 지역을 살펴보면 진흥계획 수립을 이행한 지역은 3개 지역으로 여수시, 창원시 남원시이고 교육계획을 수립을 이행한 지역은 세종시 1개 지역 그리고 예술인 실태조사를 이행한 지역은 창원시와 춘천시 2개 지역이다.

제5장

구미시 문화예술 진흥 방안 연구

본 장에서는 본 연구의 자료체인 구미시의 문화예술 진흥 방안에 대하여 다루겠다.

구미시의 문화예술 진흥 방안은 앞에서와 같이 조례와 문화예술 기반요소 이렇게 두 부분으로 나누어 진행할 것이다. 우선 조례에서 구미시의 문화 조례 제정 실태를 분석하고 그 개선방안으로 문화예술 주요법률에 기반한 기본조례 제정(안)을 제안할 것이다. 두 번째로 문화예술 기반요소에서는 제4장에서 분석한 기초 지방자치단체 문화예술 기반요소 실태를 토대로 구미시의 실태를 분석하여 기초 지방자치단체와 비교하여 구미시가 개선하고 보완하여야 할 부분에 대한 방안을 제안할 것이다.

Ⅰ. 조례

제3장 지방자치단체의 문화예술 조례에서 확인했듯이 구미시는 문화예술 주요법률 중 문화예술진흥법 기본조례 1개만을 제정하였고 책무 이행은 하지 않은 것으로 파악되었다.

여기서는 문화예술 기반요소에 이어 구미시 조례 제정 실태를 분석할 것인데 우선 문화 분야 조례 현황을 살펴보고 이후 문화예술진흥법 기본조례인 구미시 문화예술진흥 및 기금 운용 조례를 살펴볼 것이다. 그런 다음 구미시 문화예술 진흥 방안으로 문화예술 주요법률에 기반한 기본조례 제정을 제안할 것이다.

1. 조례 제정 실태

가. 구미시 문화 분야 조례

「2017년 기준 지역문화실태조사」에 따르면 2017년 전국 299개 시·군·구별 문화 분야 조례 평균 제정 건수는 5.4건이고 시는 7.7건이다. 그 현황은 아래 <표 85>와 같다.

<표 85> 시·군·구별 문화 분야 조례 제정 현황

(단위: 개)

전국	시	군	구
5.4	7.7	4.5	3.7

구미시는 2020년 5월 현재 총 13개의 문화 분야 조례를 제정·시행하고 있는데 2017년 이후 제정된 조례는 3건이다. 2017년 기준 전국 시 평균

7.7건과 비교하였을 때 구미시와 동일한 비율로 전국 평균 건수가 증가하였고 하더라도 구미시는 전국 평균 보다 많은 조례를 제정 · 시행하고 있다고 볼 수 있다.

한편 구미시 문화 분야 조례 현황은 아래 〈표 86〉과 같다.

〈표 86〉 구미시 문화 분야 조례 현황

분야	조례명		제정일	소관부서
문화예술	1	구미시 선산문화회관 설치 및 사용 조례	1995.1.1	문화체육관광국 문화예술과
	2	구미시 선산문화의 집 설치 및 운영 조례	1997.12.29	
	3	구미문화원 지원 및 육성 조례	2010.11.30	
	4	구미시 문화예술진흥 지원 및 기금 운용 조례	2011.9.21	
	5	구미시 거리예술 활성화에 관한 조례	2020.5.13	
	6	구미시문화예술회관 운영 조례	2004.7.16	평생교육원 문화예술회관
	7	구미시 강동문화복지회관 설치 및 운영 조례	2019.12.30	
	8	구미시립도서관 관리 운영 조례	1995.1.1	평생교육원 시립중앙도서관
	9	구미시 작은도서관 설치 · 운영 및 지원에 관한 조례	2013.8.7	
	10	구미시 독서문화진흥 조례	2016.12.30	
	11	구미시 인문학 진흥 조례	2017.12.29	문화체육관광국 교육지원과
문화유산 · 전통문화	12	구미시 문화유산 보존 및 활용에 관한 조례	2015.7.3	문화체육관광국 문화예술과
	13	구미발갱이들소리 전수관 설치 및 운영 조례	2010.1.7	
그 외 문화체육관광국	1	구미시 왕산기념관 설치 및 운영조례	2009.1.12	문화예술과
	2	구미시사편찬위원회 조례	1995.1.1	

분야		조례명	제정일	소관부서
소관 조례	3	구미시 관광진흥에 관한 지원 조례	2010.11.30	관광진흥과
	4	구미시 관광자문협의회 구성 및 운영에 관한 조례	2019.11.13	
	5	구미시 박정희대통령 기념사업 지원 및 육성에 관한 조례	2015.7.3	
	6	구미시 박정희대통령 생가 등 주변시설물 관리·운영 조례	2016.6.15	
	7	구미시 역사문화디지털센터 관리 및 운영 조례	2018.7.11	
	8	구미시 신라불교초전지 관리 및 운영 조례	2017.6.1	
	9	구미시 박물관자료 수집 및 관리 조례	2016.3.23	

앞서 문화체육관광부 소관 문화 분야 법률체계에 따라 '문화예술', '문화산업', '문화유산 · 전통문화', '국어의 발전과 보전' 이렇게 4영역으로 구분하여 구미시의 문화 분야 조례를 살펴보면 구미시는 '문화산업'과 '국어의 발전과 보전' 영역의 관련 조례는 없는 것으로 파악되었다.

'문화예술' 영역의 조례는 총 11개이다.

구미시 선산문화회관 설치 및 사용 조례는 구미시선산문화회관의 설치 및 사용에 필요한 사항을 규정함을 목적으로 제정되었고 총 17조항과 부칙으로 구성되어 있다.

구미시 선산문화의 집 설치 및 운영 조례는 구미시 선산문화의 집의 설치 및 운영에 관하여 필요한 사항을 규정함으로써 문화시설의 효율적 운영을 도모하고 지역 주민의 문화체험, 교육기회 확대 및 능동적 문화 활동 참여를 돕기 위함을 목적으로 제정되었고 총 14조항과 부칙으로 구성되어 있다.

구미문화원 지원 및 육성 조례는 지방문화원진흥법 제3조 및 제19조에 따라 구미문화원의 지원 · 육성에 관하여 필요한 사항을 규정함을 목적으로 제정되었고 총 18조항과 부칙으로 구성되어 있다.

구미시 문화예술진흥 지원 및 기금 운용 조례는 문화예술진흥법 및 지역문화진흥법에서 위임한 사항과 그 시행에 필요한 사항을 규정함을 목적으로 제정되었고 총 18조항과 부칙으로 구성되어 있다.

구미시 거리예술 활성화에 관한 조례는 거리예술 활동이 활성화될 수 있도록 지원하여 시민에게 문화향유의 기회를 제공하고 지역예술과 문화발전에 기여함을 목적으로 제정되었고 총 10조항과 부칙으로 구성되어 있다.

구미시문화예술회관 운영 조례는 지방문화예술 진흥에 기여하고 시민예술의 향상 및 전통문화의 전승을 도모하기 위해 설치된 구미시문화예술회관의 운영에 필요한 사항을 규정함을 목적으로 제정되었고 총 16조항과 부칙으로 구성되어 있다.

구미시 강동문화복지회관 설치 및 운영 조례는 주민들의 복지증진과 건전한 여가선용을 도모하기 위하여 구미시 강동문화복지회관의 설치 및 운영에 관한 사항을 규정함을 목적으로 제정되었고 총 21조항과 부칙으로 구성되어 있다.

구미시립도서관 관리 운영 조례는 도서 및 각종자료를 수집 · 보존하고 부대시설을 시민에게 제공함으로써 지역사회 교육 향상과 문화 발전에 기여하기 위하여 구미시립도서관의 관리 운영에 필요한 사항을 규정함을 목적으로 제정되었고 총 28조항과 부칙으로 구성되어 있다.

구미시 작은도서관 설치 · 운영 및 지원에 관한 조례는 도서관법과 작은도서관 진흥법이 정하는 바에 따라 지역주민들이 생활환경과 가까운 곳에서 작은도서관을 자유롭게 이용할 수 있도록 함으로써 지식정보의 습득 및 이용격차를 해소하고, 평생교육의 장으로써 구미시의 문화발전에 이바지하도록 하기 위한 작은도서관 지원에 필요한 사항을 규정함을 목적으로 제정되었고 총 15조항과 부칙으로 구성되어 있다.

구미시 독서문화진흥 조례는 「독서문화진흥법」 제3조에 따라 독서문화진흥에 필요한 시책을 수립하여 평생교육의 바탕을 마련함으로써 지역 경쟁력을 강화하고, 시민의 균등한 독서 활동 기회를 보장하여 삶의 질 개선에 이바지함을 목적으로 제정되었고 총 21조항과 부칙으로 구성되어 있다.

구미시 인문학 진흥 조례은 구미시민이 다양한 인문학적 기회를 접하고 인문학적 소양을 갖춘 시민으로 성장하여 보다 가치 있고 풍요로운 삶을 영위할 수 있도록 인문학 및 인문정신문화 진흥에 필요한 사항을 규정함을 목적으로 제정되었고 총 19조항과 부칙으로 구성되어 있다.

'문화유산 · 전통문화' 영역의 조례는 총 2개로, 구미시 문화유산 보존 및 활용에 관한 조례와 구미발갱이들소리 전수관 설치 및 운영 조례가 있다.

그 외 문화체육관광국 소관 조례는 9개가 있다.

이 중 관광진흥과 소관 조례인 구미시 박정희대통령 기념사업 지원 및 육성에 관한 조례는 문화예술진흥법 제3조(시책과 권장)와 제39조(국고보조 등)에 근거하여 제정하였다. 이 조례는 박정희대통령 기념사업의 지원육성에 관한 시책을 마련하고 육성하도록 하고 있다. 제4조(재정지원)를 통해 필요한 재정지원을 하고 있는데 그 중 3항을 통하여 박정희 기념사업을 위한 공모전을 지원하도록 하고 있다. 기념사업회인 한국정수문화예술원에서 대한민국정수미술대전, 대한민국 서예 · 문인화대전, 대한민국 사진대전을 운영하고 있다. 이는 구미시가 역사인물을 기념하는 근거와 활용을 문화예술진흥과 연관 짓고 있다는 것으로 해석할 수도 있다. 하지만 문화예술과 소관 조례인 구미시 왕산기념관 설치 및 운영조례는 문화예술 진흥과 연관 짓고 있지 않는다. 구미시 박정희대통령 기념사업 지원 및 육성에 관한 조례는 문화예술 진흥 목적보다는 역사인물 추모를 위하여 문화예술을 활용하고 있다고 볼 수 있다. 이는 구미시가 문화예술 진흥에 관하여 모호한 관점을 가지고 있다는 예로 볼 수 있다.

정리해 보면 구미시의 문화 분야 조례 제정건수는 전국 기초 지방자치단체 평균 제정 건수에 비해 양호한 편이다. 하지만 문화예술 주요 법률 제정 현황에 있어서는 문화예술진흥(에 관한) 기본조례로 구미시 문화예술진흥 지원 및 기금 운용 조례 1건만 있고 지역/생활문화진흥(에 관한) 기본조례, 문화예술교육 지원(에 관한) 기본조례, 예술인 복지증진(에 관한) 기본조례는 없다.

나. 구미시 문화예술 진흥(에 관한) 조례

앞서 확인했듯이 구미시가 제정 · 시행하고 있는 문화예술 진흥(에 관한) 조례는 구미시 문화예술진흥 지원 및 기금 운용 조례이다. 우선 이 조례의 구성을 살펴보면 아래 〈표 87〉과 같다.

〈표 87〉 구미시 문화예술진흥 지원 및 기금 운용 조례의 구성

구분	조항 구성
문화예술진흥	제1조(목적), 제2조(용어의 정의), 제3조(다른 법령과의 관계), 제4조(경비의 지원), 제5조(행사의 위탁)
문화예술진흥기금	제6조(기금의 조성), 제7조(기금의 관리), 제8조(기금의 운용), 제9조(기금의 운용계획), 제10조(기금의 결산), 제11조(기금의 존속기한)
기금 운용심의위원회	제12조(위원회의 구성 등) 제13조(위원의 해촉), 제14조(위원회의 기능), 제15조(위원회의 소집), 제16조(수당 등)
기타	제17조(준용), 제18조(시행규칙), 부칙

구미시 문화예술진흥 지원 및 기금 운용 조례는 제정당시 조례명이 구미시 문화예술진흥기금 조성 및 운용 조례(2011.9.21.제정)였다가 일부개정(2015.7.3.)을 거치면서 현 조례명이 되었다. 제정당시 총 14조항과 부칙이었다가 현재는 총 18조항과 부칙으로 구성되어 있고 별도의 시행규칙은 없다. 문화예술진흥 지원에 관한 사항이 추가된 본 조례는 조항의 내용에 따라 문화예술진흥(제1조~제5조), 문화예술진흥기금(제6조~제11조), 기금 운용심의위원회(제12조~제16조), 기타(제17조~제18조)로 구분할 수 있다.

각 영역별 조항의 내용을 살펴보기 전 일부개정을 거쳐 신설된 조항과 수정된 내용을 살펴볼 필요가 있다. 왜냐하면 행정체계의 변화 또는 해당 분야의 환경 변화로 인해 법률이나 조례가 개정된다. 하지만 본 조례가 제정된 이유는 제1조(목적)를 통해 알 수 있으나 개정한 사유를 확인할 수 없어 정확한 이유를 알지 못한다. 하지만 일부개정을 거친 본 조례의 내용을 통해 미뤄 짐작할 수 있고 구미시의 문화예술정책에 대한 변화된 시각을 유추해 볼 수 있을 것이다. 구미시 문화예술진흥 지원 및 기금 운용 조례의 제정과 일부개정에서 변화된 조항의 비교는 〈표 88〉과 같다.

〈표 88〉 구미시 문화예술진흥 지원 및 기금 운용 조례의 제정과 일부개정 비교

구분	조항 구성 및 주요 내용	
	제정(2011.9.21.)	일부개정(2015.7.3.)
문화예술 진흥	제1조(목적) · 문화예술진흥법	제1조(목적) · 문화예술진흥법, 지역문화진흥법
	제2조(용어의 정의) · 문화예술: 문학, 미술, 음악, 무용, 연극 영화, 연예, 국악, 출판	제2조(용어의 정의) · 문화예술: 문학, 미술(응용미술 포함), 음악, 연극, 영화, 연예, 국악, 사진, 건축, 어문, 출판 및 만화 · 전통문화 · 생활문화 · 문화시설
	· 문화예술진흥기금 · 문화예술진흥적립기금 · 문화예술진흥운용기금	· 문화예술진흥기금 · 문화예술진흥적립기금 · 문화예술진흥운용기금
		제3조(다른 법령과의 관계) 제4조(경비의 지원) 제5조(행사의 위탁)

구분	조항 구성 및 주요 내용	
	제정(2011.9.21.)	일부개정(2015.7.3.)
문화예술 진흥기금	제3조(기금의 조성)	제6조(기금의 조성)
	제4조(기금의 관리)	제7조(기금의 관리)
	제5조(기금의 운용)	제8조(기금의 운용)
	제6조(기금의 운용계획)	제9조(기금의 운용계획)
	제7조(기금의 결산)	제10조(기금의 결산)
	제8조(기금의 존속기한)	제11조(기금의 존속기한)
기금 운용심의 위원회	제9조(위원회의 구성 등)	제12조(위원회의 구성 등) ③ …이 경우 특정 성별이 위촉직 위원 수의 10분의 6을 초과하지 않도록… 비율을 확보 하기 곤란한 경우에는 예외로…
	제10조(위원의 해촉)	제13조(위원의 해촉)
	제11조(위원회의 기능)	제14조(위원회의 기능)
	제12조(위원회의 소집)	제15조(위원회의 소집)
	제13조(수당 등)	제16조(수당 등)
기타		제17조(준용) …「구미시 지방보조금 관리 조례」 및 「구미 시 재무회계 규칙」을 준용…
	제14조(시행규칙)	제18조(시행규칙)
	부칙	부칙
총	총 14조항과 부칙	총 18조항과 부칙

이상의 내용과 같이 제정과 일부개정 사이의 큰 변화는 없어 보인다. 일단 문화예술진흥기금 영역은 변화가 없고 기금 운용심의위원회 영역은 제12조(위원회의 구성 등) 제3항에 특정 성별이 위원 수의 10분의 6을 초과하지 않도록 하는 조항을 삽입하여 성비를 맞추려는 의지를 볼 수가 보인다. 한편, 문화예술진흥 영역은 제2조(용어의 정의)에 용어를 추가하였고 총 3조를 신설하였다.

따라서 구미시 문화예술진흥 지원 및 기금 운용 조례의 유형은 문화예술진흥법의 제1장(총칙)과 지역문화진흥법의 제5장(지역문화재단의 설립 등) 제22조(지역문화진흥기금의조성)의 내용으로 구성된 〈조합형〉에 '기본형 + 지역문화진흥법' 형태라 할 수 있다.

다음으로 각 영역의 조항을 살펴보도록 하는데 첫 번째로 문화예술진흥 영역의 조항을 보겠다. 우선 제1조(목적)에 본 조례가 문화예술진흥법에 근거하고 있다가 일부개정을 통해 지역문화진흥법이 추가되었다. 이는 이 시기 지역문화진흥법(2014.1.28. 제정)의 제정으로 그 근거를 문화예술진흥법과 함께 추가한 것으로 보인다.

두 번째로 제2조(용어의 정의)는 '문화예술', '문화예술진흥기금', '문화예술진흥적립기금', '문화예술진흥운용기금'에 개정을 거쳐 '전통문화', '생활문화', '문화시설'에 대한 용어가 추가되었고 '문화예술'은 장르가 추가되었다. '문화예술'은 문학, 미술, 음악, 무용, 연극, 영화, 연예, 국악, 출판 장르에 미술은 응용미술을 포함하고 사진, 건축, 어문, 만화 장르가 추가되었다. 용어의 정의는 이 조례가 근거로 하고 있는 문화예술진흥법과 지역문화진흥법 그리고 지자체 가 자체적으로 정의한 것으로 보이는데 이 중 '문화예술', '생활문화', '전통문화'에 대한 용어의 정의를 비교해 보면 〈표 89〉와 같다.

〈표 89〉 '용어의 정의' 비교

<table>
<tr><th rowspan="2">용어</th><th colspan="3">정의</th></tr>
<tr><th>조례</th><th>지역문화진흥법</th><th>문화예술진흥법</th></tr>
<tr><td>문화예술</td><td colspan="3">문학, 미술(응용미술을 포함), 음악, 무용, 연극, 영화, 연예(演藝), 국악, 사진, 건축, 어문(語文), 출판 및 만화</td></tr>
<tr><td>문화시설</td><td>공연, 전시 및 문화보급·전수 등 문화예술활동에 지속적으로 이용되는 시설</td><td colspan="2">가. 「공연법」 제2조 제4호에 따른 공연장 등 공연시설
나. 「박물관 및 미술관 진흥법」 제2조 제1호 및 제2호에 따른 박물관 및 미술관 등 전시</td></tr>
</table>

용어	정의		
	조례	지역문화진흥법	문화예술진흥법
		시설 다. 「도서관법」 제2조 제1호에 따른 도서관 등 도서시설 라. 문화예술회관 등 공연시설과 다른 문화시설이 복합된 종합시설 마. 예술인이 창작활동을 영위하기 위한 창작공간으로서 다중이용에 제공되는 시설 또는 예술인의 창작물을 공연·전시 등을 하기 위하여 조성된 시설 바. 그 밖에 대통령령으로 정하는 시설	
생활문화	지역의 주민이 문화적 욕구 충족을 위하여 자발적이거나 일상적으로 참여하여 행하는 유형·무형의 문화적 활동		–
전통문화	선조들로부터 전승되어 온 고유한 문화로 가치 있고 계승할 만한 문화유산 및 세시풍속	지역문화 지방자치법에 따른 지방자치단체 행정구역 또는 공통의 역사적·문화적 정체성을 이루고 있는 지역을 기반으로 하는 문화유산, 문화예술, 생활문화, 문화산업 및 이와 관련된 유형·무형의 문화적 활동	–

'문화예술'은 문학, 미술(응용미술을 포함), 음악, 무용, 연극, 영화, 연예(演藝), 국악, 사진, 건축, 어문(語文), 출판 및 만화로, '생활문화'는 지역의 주민이 문화적 욕구 충족을 위하여 자발적이거나 일상적으로 참여하여 행하는 유형·무형의 문화적 활동으로 본 조례가 근거로 하고 있는 주요법률이 정한 용어의 정의대로 기술하고 있다. 하지만 '문화시설'과 '전통문화'는 지자체가 독자적으로 정의하고 있는데 우선 두 용어는 출처가 불명확하다. 주요법률 뿐만 아니라 사전적 정의와도 다르기 때문이다.[1] [2]

1 문화시설(文化施設): 문화를 누리고 발달시키는 데 필요한 시설. 도서관, 극장, 학교, 박물관 따위가 있다. 『표준국어대사전』

2 전통문화(傳統文化): 그 나라에서 발생하여 전해 내려오는 그 나라 고유의 문화.

두 주요법률은 '문화시설'의 정의를 문화예술 관련 법률과 연계시켜 정의를 내리고 있고 구체적이다. 또한 지역문화진흥법에서 정의를 내리고 있는 '지역문화'는 지방자치법에 따른 지방자치단체 행정구역 또는 공통의 역사적 · 문화적 정체성을 이루고 있는 지역을 기반으로 하는 문화유산, 문화예술, 생활문화, 문화산업 및 이와 관련된 유형 · 무형의 문화적 활동이다. 조례가 정의하고 있는 '전통문화'라는 한정된 용어보다는 지역성을 기반으로 한 이 용어로 대체할 필요가 있어 보인다. 따라서 본 조례가 두 주요법률을 근거로 했다면 용어의 통일에 신경을 써야 할 것이다. 왜냐하면 문화와 예술의 개념과 정의가 상대적이기 때문에 정책이 발현되는 현장에서 혼선을 빚지 않기 위해서라도 또한 일관된 문화예술정책 수립을 위해서라도 법률과 조례가 사용하는 용어는 일관성을 가져야 할 것이다.

제4조(경비의 지원)는 문화예술과 관련한 사업 또는 활동이나 시설에 소요되는 경비를 보조할 수 있는 근거 조항으로 그 내용은 아래와 같다.

1. 문화예술 축제 및 공연, 연주회, 전시 등 행사 개최
2. 문화예술 창작 콘텐츠 육성 사업(기획사업 포함)
3. 문화예술의 국내 · 국외 교류 사업 및 경연(공모 포함)대회
4. 강좌, 발표회, 예절교육, 체험 · 참여형교실, 창작교실 등 지역 문화예술 사회교육활동
5. 문화예술에 관한 작품집 및 동인지 발간
6. 지역 문화예술 단체 육성 및 지원(전문지, 기관지 발간 포함)
7. 강연회, 세미나, 학술대회 등 문화예술 교육 및 학술활동 지원
8. 전통문화의 계발, 보급, 보존, 전승 및 선양
9. 향토사 등 전통문화 발굴, 조사, 연구 및 사료의 수집, 전승

『표준국어대사전』

이상의 내용을 항목표로 정리해 보면 아래 <표 90>과 같이 정리할 수 있다.

<표 90> 구미시 문화예술 지원 대상 항목

구분	사업유형
행사	축제, 공연, 연주회, 전시
창작 콘텐츠 육성	문화예술 장르별
교류 및 경연(공모)	문화예술 장르별
예술 교육	강좌, 발표회, 예절교육, 체험·참여형 교실, 창작교실
예술 작품집 및 동인지 발간	문화예술 장르별
학술활동	강연회, 세미나, 학술대회
전통문화	전통문화
향토사	전통문화

이상의 내용에서 알 수 있듯이 구미시는 조례를 통해 장르별 문화예술 지원, 예술교육 지원, 전통문화 육성 지원 등 지역 문화예술 전반에 걸쳐 지원 대상으로 삼고 있다. 또한 최근 5년간 구미시 문화예술 분야 보조금 사업에 선정된 단체들의 유형을 보면 지역 문화예술 대표기관인 구미예총과 산하 지부, 구미문화원, 생활동호회, 언론사, 주민협의회 등이다. 하지만 전문예술단체에 대한 지원 즉 창작지원은 전무하다. 또한 대부분이 생활예술 진흥과 관련이 있어 보이지만 단체의 지속적 성장과는 무관해 보인다.

두 번째로 살펴볼 부분은 이상의 내용을 지원하기 위하여 설치된 기금과 관련된 조항인 문화예술진흥기금과 기금 운용심의위원회 영역이다. 이 두 영역의 조항은 문화예술진흥기금과 관련된 사항과 이를 심의할 위원회에 대한 설명으로 본 조례에서 3분의 2에 해당하는 분량이고 타 기초 시 지방자치단체 조례 조항과 비교해 보더라도 진흥기금에 관한 내용이 충분해 보인다. 하지만 조례가 제정된 이후 진흥기금을 모금하거나 이와 관련된

운용심의위원회 구성이나 회의는 단 한 차례도 없었다.[3]

한편 문화예술에 대한 경비지원은 구미시 지방보조금 관리 조례(1995.1.1. 제정)를 근거하고 있다. 매년 이 조례의 제13조(지원계획의 수립 및 공고 등)에 의거하여 보조금 지원계획을 수립하여 공고하고 있다. 그리고 접수된 보조금 신청예산은 지방보조금심의위원회(제2장)를 통해 예산편성이 이루어지고 있는데 그 심의 과정은 아래 〈표 91〉과 같다.

〈표 91〉 구미시 보조금 심의 및 방법[4]

시기	대상	방법		심의결과
		사업부서(1차)	위원회(2차)	
일몰제 심의 (10월 중)	자체사업 (3년간 지원사업)	• 요구사업 검토 평가	• 규모, 타당성, 3년간 지원사업에 대한 유지필요성 평가	• 지원(여,부) 결과 예산반영 • 일몰 사업의 경우 후 3년간 지원 불가
예산편성 심의 (10월 중) 〈추경별도〉	자체사업	• 요구사업 검토 조정	• 사업규모 및 타당성, 유지 필요성 평가 후 예산반영 의견 제출	• 예산 반영 등 적절한 조치
민간단체 법정운영비 심의(20.10월 중) 〈추경별도〉	자체사업 (법령에 운영비지원 근거)	• 타당성, 근거 여부 검토 및 조정(예산부서와 함께)	• 산출내역 및 조정내역 검토 및 지원금액 심의 확정	• 확정된 지원금액 예산반영
보조사업자 선정 심의	국·도비 보조	• 공모사업 실적 등 검토	• 사업실적 등 검토, 심사 및	• 평균 60점 이상자 중

3 정보공개청구. www.open.go.kr. '구미시 문화예술진흥기금 운용심의위원회' 구성 및 운영현황에 대한 청구(2020.5.12.)에 대한 답변(2020.5.18.)은 '부존재', 즉 구미시 문화예술진흥기금 및 운용심의위원회는 없다.

4 출처. 구미시 지방보조금 운영 및 지원계획

시기	대상	방법		심의결과
		사업부서(1차)	위원회(2차)	
(2월중) 〈5,8,11월〉	+ 자체사업	선정순위 결정	최종 보조사업자 선정	최고득점자 선정(평가결과 D등급 선정배제)
성과평가 심의 (1월 중)	자체사업	• 사업별 성과분석 및 종합평가	• 사업추진 실적 평가	• 익년도 편성된 사업비 차등지원(A~D등급)
조례 제 · 개정안 심의	지방보조금 관련조례 제 · 개정안	• 조례 제 · 개정안 검토	• 보조금 지원근거 적합성 등 검토지원 가 · 부 결정(의견제출)	• 지원 가 · 부 결과(의견제출)

한편 문화예술과 관련된 보조금 심의는 분과위원회인 기획 분과에서 심의를 한다. 기획 분과는 교수, 시민단체, 공공기관 등의 분야 8명으로 구성되고 임기는 2년이다. 임원의 구성은 당연직은 구미시 관계자로, 위촉직은 민간 전문가 또는 교수로 구성하도록 하고 있지만 최근 5년간(2015~2020) 기획 분과 임원은 공공기관의 경영지원팀장, 경영 및 건축 전공 교수 그리고 시민단체 관계자로 문화예술 분야의 전문가는 없는 것으로 파악되었다.

결론적으로 문화예술 기반요소를 통해 살펴본 구미시의 문화예술 현황이 전반적으로 부족한 것과 마찬가지로 문화정책과 관련한 법 · 제도적 장치인 조례 역시 부실하고 책무 이행이 전혀 이루어지고 있지 않음을 다시 한 번 확인하게 되었다.

2. 조례 제정(안)

가. 조례 제정의 필요성

구미시가 문화예술 주요법률에 기반한 문화예술 조례를 제정해야하는 이유는 다음과 같다.

우선 문화예술 주요법률인 문화예술진흥법, 지역문화진흥법, 문화예술교육 지원법, 예술인 복지법이 문화예술 정책 구현을 위한 법·제도적 장치로 기능하기 위해서는 이 주요법률들의 기능과 이들의 관계를 이해할 필요가 있다.

문화예술진흥법과 지역문화진흥법은 상호보완적 관계의 법률이라 할 수 있다. 우선 문화예술진흥법의 지역에 대한 단편적 사항을 보완한 법률이 지역문화진흥법이기 때문이다. 또 하나는 문화예술진흥법은 창작자(생산자)에 무게중심을 두고 있는 법률이라 할 수 있다. 그 이유는 우선 제2조(정의)에서 "문화예술", "문화산업", "문화시설" 등의 정의를 내려 창작자(생산자)의 역할을 명확히 규정하고 있고 이를 토대로 문화예술 공간의 설치 권장(제5조)과 전문예술법인·단체를 육성(제7조)하도록 하고 있기 때문이다. 한편 지역문화진흥법은 향유자(소비자)인 지역 주민에게 무게 중심을 두고 있는 법률이라 할 수 있다. 그 이유는 제2조(정의)에서 "지역문화", "생활문화", "생활문화시설", "문화도시", "문화지구", "지역문화전문인력" 등의 정의를 내려 지역민이 문화예술을 공급받을 수 있는 지역문화의 기반을 구축하고 지역민이 향유자인 동시에 창작자 역할을 하도록 생활예술 진흥을 독려하고 있기 때문이다. 한편 예술인 복지법은 예술 창작자(생산자)의 권리와 지위를 보호하는 있고, 문화예술교육 지원법은 창작자와 향유자가 문화예술교육을 통해서 만나는 허브의 역할을 하는 법률이라 할 수 있다.

따라서 문화예술 주요법률이 담고 있는 내용을 정리한 문화예술 기반요소를 통해 구미시의 문화예술 현황을 파악할 수 있을 것이다. 이미 앞에서 구미시 문화예술 진흥을 위한 방안으로 문화예술 기반요소별로 본 구미시의 문화예술 현황과 그에 대한 보완책 또는 개선책에 대하여 살펴보았다.

그리고 문화예술 기반요소가 결국은 문화예술 주요법률이 담고 있는 내용이기에 이 기반요소를 바탕으로 문화예술 정책을 구현할 수 있는 법·제도적 장치인 조례의 제정의 당위성이 설명된다.

따라서 구미시 문화예술 진흥을 위해서는 문화예술 주요법률에 기반한 기본조례의 제정부터 시작하여야 한다는 결론에 이르게 된다.

나. 문화예술 주요법률 기본조례 제정

문화예술 주요법률 기본 조례 제정을 위한 전제조건은 문화기본법이 선언한 문화에 관한 국민의 권리와 국가 및 지방자치단체의 책무 이행이다. 연구를 통해서 조례 제정과 책무 이행에 있어 광역 및 기초 지방자치단체가, 광역 단위보다는 기초 단위가 소홀하다는 것을 확인했다.

이를 해결하기 위해 우선 문화예술 주요법률의 조항에 광역 지방자치단체와 함께 기초 지방자치단체도 책무 이행을 명시하여야 할 것이다. 이미 확인된 사실이지만 문화예술진흥법에서 계획수립에 대한 명확한 책무 규정이 없어 광역 지방자치단체의 문화예술진흥법 기본조례에 책무 조항이 있어도 이행하지 않은 지역이 많았다. 하지만 지역문화진흥법, 문화예술교육 지원법, 예술인 복지법의 계획수립 및 실태조사에 대한 책무 규정에 따라 광역 지방자치단체에 이들 법률의 기본조례가 없어도 이행하려는 지역이 있었다는 것이다. 물론 그럼에도 불구하고 이행을 하지 않은 지역이 많았지만 법적 근거를 명확하게 하기 위해서는 주요법률에서 다시 한 번 명확하게 명시할 필요가 있다.

두 번째로 책무를 명확하게 하기 위해서 법 조항의 문장이 구체적으로 표현되어야 한다.

"~ 할 수 있다."라는 표현은 지자체가 책임에서 한 발 벗어날 여지를 두고 있는 문장이다. 이렇게 실행 가능한 정도로 열어놓은 표현보다는 "~ 하여야 한다." 또는 "~ 해야 한다."와 같은 의무사항으로 명시하는 표현으로 법률의 실행력을 높일 수 있도록 하여야 한다. 물론 중앙정부가 지방정부의 자율성을 침해할 수 있다는 견해가 있을 수 있다. 그렇다면 지방자치단체가 자율적으로 문화예술 진흥에 대한 의지의 표현으로 조례의 책무 조항을 명확하게 하여야 할 것이다.

세 번째로 주요법률이 기본적으로 책무로 규정한 "계획수립"과 "위원회 구성" 그리고 "진흥기금"은 기본조례에 반드시 설치되어야 한다. 정책은 계획수립을 통해 실현되기 때문이고 이는 해당 분야의 전문가가 포함된 수평적이고 민주적 구조를 가진 위원회를 통해서 이루어지기 때문이다. 그리고 특수목적 기금인 "진흥기금"설치는 지역문화 및 예술 활성화의 의지를 확인할 수 있는 문화예술 기반요소이므로 반드시 조례에 명시되어야 할 것이다.

이상의 세 가지의 기본 전제를 바탕으로 문화예술 주요법률에 기반한 기본조례를 제정하여야 할 것이다.

'진흥' 관련 기본조례는 '기본형 + 문화예술진흥법 + 지역문화진흥법' 유형으로 구성해보면 그 내용은 아래 〈표 92〉와 같다.

〈표 92〉 구미시 '진흥' 법률 기본조례 예시

구성	조항 내용
제1장 총칙	• 목적 • 정의 • 시(장)의 책무 • 다른 법률과의 관계 • 지역문화진흥 시행계획 수립
제2장 구미시문화예술위원회	• 기능 • 구성 • 임기 • 위원장 등의 직무 • 회의 개최 • 소위원회 • 위원의 위촉해제 • 간사 • 수당 등
제3장 구미시문화예술진흥기금	• 기금의 설치 • 기금의 조성 • 기금의 운용관리 • 심의 • 기금의 운용계획 • 기금의 지급대상

구성	조항 내용
	• 기금관리 공무원 지정 • 결산 및 보고
제4장 전문예술법인 · 단체 지정 및 육성	• 전문예술법인 · 단체 지정 • 전문예술법인 · 단체 지정 취소 • 전문예술법인 · 단체 육성 지원
제5장 시민의 문화권 보장	• 시민의 문화권 보호 • 장애인 문화예술 활동 지원 • 문화소외계층의 문화예술복지 증진 시책 마련
제6장 생활문화진흥	• 생활문화진흥 사업 • 생활문화시설의 범위 • 생활문화시설의 확충 및 지원
제7장 지역의 문화진흥 기반구축	• 문화환경 취약지역 우선 지원 • 지역문화전문인력양성 • 협력활동 지원

'진흥' 법률 기본조례는 책무 조항인 "계획수립", "위원회", "진흥기금"이 반드시 포함되어한다. 그리고 앞서 문화예술 기반요소에 해당하는 "전문예술법인 · 단체 지정 및 육성", "생활문화진흥", "지역의 문화진흥기반 구축"에 관한 조항을 담아야 할 것이다. 그리고 이들이 구미시 문화예술 진흥을 위해 규정한 사항임을 명시하고 문화예술진흥법과 지역문화진흥법을 근거함을 정확히 명시하여야 한다. 그리고 이 조례에서 사용되는 용어의 정의를 명확하게 명시하여 용어사용에 있어 혼선을 방지한다.

"전문예술법인 · 단체 지정 및 육성" 조항을 통하여 생활문화단체(동호회)와는 구분되는 기초예술분야의 예술가 및 기획자의 양성을 도모한다. "생활문화진흥" 조항을 통하여 구미지역의 생활예술인 및 단체를 지원하는 근거를 명확히 한다. 그리고 문화기본법이 선언한 문화에 관한 시민의 권리를 차별 없이 누릴 수 있도록 "시민의 문화권 보장" 조항을 두어 문화의 다양성을 존중하고 차별이 없도록 한다. "지역의 문화진흥 기반구축" 조항을 두어 지역 문화 거버넌스의 기틀을 마련하도록 한다.

다. 기본조례 제정을 위한 준비

일반적으로 조례가 입법화되는 과정의 첫 시작은 지방자치단체장 또는 시의원 재적인원의 5분의 1 이상이 발의를 하면서 시작한다. 하지만 이 발의를 위한 시작은 시민들의 요구나 지방자치단체장이 정책실현을 위한 필요에 의해서이다. 따라서 정책간담회나 공청회 등의 창구를 통해 구성원의 의견을 충분히 수렴한 후 입법을 준비하는 것이 상식일 것이다. 따라서 문화예술 주요법률 기본조례 제정을 위해서는 행정기관인 구미시와 입법기관인 구미시의회 그리고 해당분야의 전문가와 시민들의 참여와 논의는 개방적이고 민주적 절차에 의해 준비해야 할 것이다.

핵심은 조례의 제정이지만 그보다 근본적인 것은 문화예술을 다루는 방식과 정책을 입안하는 과정에서의 민주성일 것이다. 문화예술을 다루는 방식이라는 말은 문화예술을 결과물로서만 존재하는 상품으로 바라보지 말아야 한다는 것이다. 문화예술은 창작자와 향유자의 상호작용의 과정에서 우리 일상의 삶을 풍요롭게 한다. 이들이 만나는 크고 작은 공간이 의미를 가지면서 가치 있는 장소로 거듭나는 것이다. 이러한 상호작용은 수평적인 관계에서 비롯되고 이를 뒷받침하는 행정기관은 팔길이 원칙하에 문화의 다양성을 존중하며 지원을 아끼지 말아야 할 것이다. 이런 상호작용의 과정에서 나온 내용을 입법기관은 조례에 반영해야 한다.

Ⅱ. 문화예술 기반요소

1. 실태

가. 문화예산

(1) 문화예술예산

구미시는 지자체 총예산 1조 3140억 원에 문화예술 예산액이 237억 3,598만 2,000원으로 총예산 대비 문화예술 예산은 1.81%로 76개 지방자치단체 중 31번째이고 인구 1인당 문화예술 금액은 5만 6,549원으로 52번째이다.

게다가 같은 경상북도 권역 기초 시 지방자치단체와 비교를 해보면 그 문제는 심각한데 그 내용은 아래 〈표 93〉과 같다.

〈표 93〉 경상북도 권역 기초 시 지방자치단체 문화예술 및 인구 1인당 문화예술 예산액(2019)[5]

No	지자체	인구수 (명)	예산액(천원)				
			지자체 총예산	인구 1인당 문화예술 예산액(원)	문화예술 예산		No
1	안동시	160,052	1,390,700,000	238.461	38,166,117	2.74	1
2	영주시	105,067	870,000,000	228.154	23,971,456	2.76	4

5 2020년 12월 기준, 지자체 문화예술예산액의 순위는 포항시(38,589,060천 원), 안동시(30,041,778천 원), 경주시(21,787,143천 원), 구미시(20,731,763천 원), 상주시(16,994,750천 원), 김천시(13,127,999천 원), 경산시(11,035,084천 원), 영천시(6,429,062천 원), 문경시(6,139,918천 원) 순이다. 한편, 1인당 문화예술예산액은 영주시(314.610원), 안동시(189.053원), 상주시(174.793원), 김천시(93.406원), 문경시(85.986원), 경주시(85.945원), 포항시(76.731원), 영천시(63.021원), 구미시(49.797원), 경산시(41.843원) 순이다. 2019년 대비 문화예술예산액이 4번째로 1단계 상승했지만 1인당 문화예술예산액은 9번째로 1단계 하락했다.

No	지자체	인구수 (명)	예산액(천원)				
			지자체 총예산	인구 1인당 문화예술 예산액(원)	문화예술 예산		No
3	김천시	141,229	1,067,200,000	128.406	18,134,678	1.70	6
4	문경시	72,242	810,400,000	103.536	7,479,634	0.92	7
5	경주시	255,402	1,600,000,000	99.532	25,420,731	1.59	3
6	포항시	507,025	2,238,200,000	74.064	37,552,351	1.68	2
7	영천시	102,470	1,077,482,859	63.275	6,483,770	0.60	9
8	구미시	419,742	1,314,000,000	56.549	23,735,982	1.81	5
9	상주시	100,688	1,163,400,000	53.602	5,397,109	0.46	10
10	경산시	263,185	1,101,600,000	27.503	7,238,494	0.66	8
평균 금액				107.308	19,358,032.2	1.49	

* 소수점 넷째자리 절삭

이상의 내용과 같이 구미시는 문화예술 예산액은 10개 지역 중 5번째이고 인구 1인당 문화예술 예산액은 8번째로 하위권이다. 인구 1인당 문화예술 예산액 전체 평균 10만 7,308원에 약 1.9배나 적은 액수이다.

한편 지자체 총예산 대비 문화예술 예산액 비율이 4%가 넘는 지역은 부천시(4.53%), 하남시(4.33%)이고 3% 이상 4% 미만인 지역은 전주시(3.93%), 군포시(3.69%), 성남시(3.54%)이며 2%이상 3% 미만인 지역은 과천시(2.92%), 통영시(2.90%), 영주시(2.76%), 안동시(2.74%), 제천시(2.63%), 춘천시(2.49%), 오산시(2.32%), 익산시(2.32%), 화성시(2.29%), 동두천시(2.22%), 수원시(2.06%), 천안시(2.06%), 군산시(2.01%)이다. 구미시는 1.81%이다.

(2) 지역문화진흥기금

제3장 지방자치단체의 문화예술 조례에서 기초 지방자치단체의 책무 이행 실태를 통해 확인했듯이 구미시는 지역문화진흥기금 책무를 이행하지 않고 있다. 즉 기금이 설치되지 않았다.

나. 기반시설

(1) 문화기반시설

구미시의 문화기반시설을 보면 문화예술회관이 2개[6], 공공 도서관 6개[7], 미술관 0개, 박물관 1개[8], 지방문화원 1개[9]로 총 10개의 문화기반시설을 보유하고 있다. 인구 천 명당 평균 시설수는 0.024개로 76개 지역 중 66번째로 하위권이다.

게다가 같은 경상북도 권역 기초 시 지방자치단체와 비교를 해보면 그 문제는 심각한데 그 내용은 아래 〈표 94〉와 같다.

〈표 94〉 경상북도 권역 기초 시 지방자치단체 문화기반시설 현황(2019)

No	지자체	인구수(명)	문화기반시설(개)						인구 천 명당 시설수(개)
			문예회관	공공도서관	미술관	박물관	지방문화원	총계	
1	문경시	72,242	1	5	0	5	1	12	0.166
2	상주시	100,688	1	2	0	6	1	10	0.099
3	영주시	105,067	2	3	0	2	1	8	0.076

6 구미문화예술회관(개관일: 1989.10.16.)은 대공연장(객석수: 1211석), 소공연장(객석수: 283석), 전시장 2개, 야외공연장(수용인원: 1,000명), 회의시설 1개 등을 보유하고 있다. 강동문화복지회관(개관일: 2017.5.12.)은 중공연장(객석수: 667석), 소공연장(객석수: 250석), 전시장 1개, 교육장 5개, 회의시설 5개 등을 보유하고 있다.

7 구미시가 설립주체인 구미시립봉곡도서관(개관일: 2007), 구미시립상모정수도서관(개관일: 2011), 구미시립선산도서관(개관일: 2007), 구미시립인동도서관(개관일: 2000), 구미시립중앙도서관(개관일: 1994) 5개와 교육청이 설립주체인 구미도서관(개관일: 1986, 경상북도립도서관) 1개가 있다. 한편 2020년에 구미시립양포도서관(개관일: 2020.7.1.)이 개관한다.

8 구미시립민속관(개관일: 1994.2.17.)으로 공립이고 미등록 박물관이다. 온라인 서비스인 홈페이지는 미운영이고 전시설명을 위한 오디오가이드 및 모바일 서비스를 제공하지 않고 있다.

9 구미문화원(설립일: 1978.5.10.)이다.

No	지자체	인구수 (명)	문화기반시설(개)						인구 천 명당 시설수(개)
			문예 회관	공공 도서관	미술관	박물관	지방 문화원	총계	
4	안동시	160,052	1	5	0	4	1	11	0.069
5	경주시	255,402	2	7	2	1	1	13	0.051
6	김천시	141,229	2	1	1	1	1	6	0.042
7	영천시	102,470	1	2	0	0	1	4	0.039
8	포항시	507,025	3	8	1	2	1	15	0.030
9	경산시	263,185	1	3	0	2	1	7	0.027
10	구미시	419,742	2	6	0	1	1	10	0.024
총			16	42	4	24	10	96	0.623
평균			1.6	4.2	0.4	2.4	1	9.6	0.062

이상의 내용과 같이 구미시는 상주시와 함께 총 문화기반시설수가 10개로 10개 지역에서 5번째이지만 인구 천 명당 시설수는 상주시가 0.099개로 2번째이고 구미시 0.024개로 최하위이다. 한편 문경시는 총 시설수 12개에 인구 천 명당 시설수가 0.166개로 76개 지방자치단체에서 첫 번째이다.

(2) 생활문화시설

구미시의 생활문화시설을 보면 생활문화센터 0개, 평생 학습관 2개[10], 문화의 집 1개, 작은 도서관 3개, 생활영상시설 0개로 총 6개의 생활문화시설을 보유하고 있다. 인구 만 명당 평균 시설수는 0.143개로 76개 지역 중 67번째로 하위권이다.

---

10 구미시가 설립주체인 구미시립봉곡도서관(개관일: 2007), 구미시립상모정수도서관(개관일: 2011), 구미시립선산도서관(개관일: 2007), 구미시립인동도서관(개관일: 2000), 구미시립중앙도서관(개관일: 1994) 5개와 교육청이 설립주체인 구미도서관(개관일: 1986, 경상북도립도서관) 1개가 있다. 한편 2020년에 구미시립양포도서관(개관일: 2020.7.1.)이 개관한다.

게다가 같은 경상북도 권역 기초 시 지방자치단체와 비교를 해보면 그 문제는 심각한데 그 내용은 아래 〈표 95〉와 같다.

〈표 95〉 경상북도 기초 시 지방자치단체 생활문화시설 현황(2019)

No	지자체	인구수 (명)	생활문화시설							인구 만 명당 시설 수
			생활문화센터	평생학습관	문화의 집	작은 도서관	생활영상시설		총계	
							지역영상미디어센터	작은 영화관		
1	포항시	507,025	1	2	2	41	0	0	46	0.907
2	김천시	141,229	0	1	1	10	0	0	12	0.850
3	상주시	100,688	1	2	0	3	0	1	7	0.695
4	영주시	105,067	0	3	1	3	0	0	7	0.666
5	영천시	102,470	1	1	1	3	0	0	6	0.586
6	안동시	160,052	0	4	0	2	1	0	7	0.437
7	문경시	72,242	0	2	0	1	0	0	3	0.415
8	경주시	255,402	0	2	0	4	0	0	6	0.235
9	경산시	263,185	0	2	0	3	0	0	5	0.190
10	구미시	419,742	0	2	1	3	0	0	6	0.143
총			44	183	46	526	21	3	823	0.330
평균			0.6	2.4	0.6	6.9	0.3	0.03	10.8	0.330

이상의 내용과 같이 구미시는 영천시, 경주시와 함께 총 생활문화시설수가 6개로 10개 지역에서 6번째이지만 인구 만 명당 시설수는 영천시가 0.586개로 5번째, 경주시가 0.235개로 8번째이고 구미시는 0.143개로 최하위이다. 한편 포항시는 총 시설수 46개에 인구 만 명당 시설수가 0.907개로 76개 지방자치단체에서 4번째이다.

다. 진흥기관

(1) 지역문화재단

지역문화재단은 문화예술과 관련된 공공의 복리를 위해 지방자치단체가 설립하는 비영리기관으로 지방자치단체장의 의지로 설립된다. 이 진흥기관은 지방자치단체의 조례 제정으로 설립되는 정부 유관기관이며 지방자치단체의 정책적 지원 수준과 관심을 판단할 수 있는 근거가 된다. 그리고 한국문화예술위원회, 한국문화예술교육진흥원, 한국예술인복지재단, 예술경영지원센터 등의 문화체육관광부 산하의 대표적인 문화예술 지원기구들은 이 지역문화재단을 매개로 지역문화예술 활동을 지원하고 있다. 또한 지역문화재단은 지방자치단체가 예산편성하고 관여하는 문화정책의 대부분을 구현하는 주체이자 주민과의 매개자 역할을 하고 있다.

그러나 구미시는 이런 역할을 할 지역문화재단이 없다.

하지만 이런 시도가 없었던 것은 아니다. 비관료출신 민선 7기 구미시장의 공약사항 중 하나가 구미문화재단 설립이었다. 2019년 본예산을 살펴보면 '구미문화재단' 설립을 위해 공청회 및 설명회 예산이 수립되어있다.[11] 하지만 보통의 경우 재단 설립을 위한 타당성 조사를 위해 용역의 의뢰 내용 중 의견수렴을 위한 공청회와 설명회가 포함되는 것인데 이 항목만 편성되어 있다. 조사결과 2019년과 2020년 본예산에 구미문화재단 설립을 위한 예산을 수립하였으나 구미시의회의 반대에 부딪혀 무산된 것으로 확인되었다.

2018년 정례회에서 반대의 이유를 살펴보면 크게 두 가지로 정리할 수 있는데 첫째, 예술인들이 재단의 자리를 자치하려는 욕심으로 인한 또 다른 문화 권력 집단화를 우려한 것인데 기존의 구미문화원이나 구미예총 등을 지역의 문화 권력으로 보는 시각이 담겨있다. 둘째, 설립과 운영에 있어 과도한 재정이 소요된다는 것으로 재단이 이후 지속적인 재정자립도

---

11 2019년 본예산에 '구미문화재단' 항목으로 3,300,000원이 편성되어 있다.

를 유지 여부에 대한 우려이다. 이에 대한 근거로 공연물, 뮤지컬 등 대형 상업 공연물을 시민에게 공급할 때 예산 부족을 이유로 티켓 가격이 과도하게 책정되어 시민들이 문화를 즐길 수 있는 기회가 줄어든다는 것이다(고양시 발레 공연의 티켓가격이 30만원 수준이라는 점을 든다). 그러면서 재단이 아닌 연구단체 또는 다른 여러 방안을 통해 지역문화 발전과 지역 예술인들에 대한 지원을 고민하도록 주문하고 있다.[12]

또한 2019년 임시회에서 반대의 이유는 첫째, 타 지역문화재단의 실패와 부작용에 대한 예를 들고 있는데 그 대표적인 내용이 문화예술지원 사업에 특정단체에 특혜를 준다는 것과 이를 바라보는 지역 예술인들의 시각이 곱지 않다는 것이다. 둘째는 광역단위 즉 경북문화재단이 출범하면서 시 문화재단과의 충돌이 야기될 수 있다는 점을 들고 있다. 이에 대해 타 지역의 경우 도 단위와 시 단위가 협업 형태의 운영이 아닌 각자의 지역에만 국한된 사업을 수행하고 있음을 지적하고 있다. 그러면서 재단 설립 전 문화예술 정책연구 기구 같은 중간 기구를 설치하여 재단 운영의 기본 경험을 축적할 시간을 갖자고 주문하고 있다.[13]

위의 내용은 두 가지로 요약할 수 있는데 문화 권력화 현상과 문화예술 정책에 관한 연구의 필요성이다. 우선 문화 권력화 현상이란 것은 그동안 구미시의 문화예술 행정이 주로 구미예총과 구미문화원 두 기관을 통해서 이루어졌다는 것이다. 이는 지역의 예술인과 예술단체에게 문턱이 높았다는 것과 구미시의 문화예술 행정 채널이 두 기관을 중심으로 이루어졌다는 반증이다. 다른 하나인 문화예술 정책에 관한 연구의 필요성은 앞에 따른 결과라 할 수 있다. 하지만 이후 2년이 지났지만 여전히 답보상태인 것을 보면 문화재단 설립의 당위성만 있을 뿐 설계도는 마련하지 못하고 있다.

---

12 구미시의회 제227회(정례회) 제2차 본회의(2018.11.27.) 회의록에서 해당 의원의 발언 정리

13 구미시의회 제233회(임시회) 제1차 본회의(2019.9.19.) 회의록에서 해당 의원의 발언 정리

(2) 지역문화예술위원회

지역문화예술위원회의 설치는 지역문화진흥법의 책무 이행 조항이다. 관련 전문가를 포함하는 이 위원회를 통하여 지방자치단체의 문화예술 정책과 사업 전반을 다룬다. 지역문화재단이 지방자치단체의 문화예술 정책 구현의 실행기구라면 지역문화예술위원회는 문화예술 정책 구현을 위한 논의 기구이다. 하지만 아쉽게도 구미시는 근거 조례가 없다.

라. 활동조직

전문예술법인 · 단체는 문화예술진흥법이 다루고 있는 조항으로 생활문화단체와는 구분이 되는 전문 단체라 할 수 있다.

경상북도 권역 기초 시 지방자치단체와 비교를 해보면 그 내용은 아래 〈표 96〉과 같다.

〈표 96〉 경상북도 권역 기초 시 지방자치단체별 활동조직 현황(2020.5)

(단위: 개)

No	지자체	전문예술법인 · 단체 수				인증 사회적 기업 수
		법인		단체	계	
		재단	사단			
1	포항시	1	–	4	5	1
2	구미시	–	1	2	3	1
3	경산시	–	–	1	1	–
4	경주시	2	1	1	4	1
5	안동시	–	2	3	5	4
6	김천시	–	3	1	4	–
7	영주시	–	–	–	–	1
8	영천시	–	–	–	–	–
9	상주시	–	–	–	–	1
10	문경시	–	–	–	–	–
계		3	7	12	22	9
평균						

이상과 같이 구미시는 경상북도 권역에서 전문예술법인 · 단체가 포항시 다음으로 많은 단체를 가지고 있지만 76개 지방자치단체 중에서는 59번째이다.

또한 광역시 · 도 지방자치단체 평균이 79.9개이고 가장 많은 서울특별시가 253개, 가장 적은 제주특별자치도는 18개이고 경상북도는 25개로 제주특별자치도 바로 앞이다.

전문예술법인 · 단체는 도 단위에서 공고와 지정을 한다. 즉 경상북도가 전문예술법인 · 단체 지정 · 육성에 소홀하다고 볼 수 있다.

활동조직의 지정 · 육성 전 선행되어야 할 것은 문화예술 지원에 있어서 생활문화단체와 구분되는 지원 정책이 필요하다. 하지만 최근 5년간 구미시 문화예술 분야 보조금 사업 선정현황을 보면 구미시는 경비 지원만을 하고 있다는 것을 알 수 있다. 내용은 아래 〈표 97〉과 같다.

〈표 97〉 구미시 문화예술분야 보조금 사업 신청 및 선정 현황(2009~2020.5)

연도	신청건수(건)	선정건수(건)	선정률(%)	선정단체(개)	선정 총 예산규모(원)
2019	139	134	96.4	85	3,668,477,000
2018	166	158	95.2	96	3,373,390,000
2017	163	162	99.4	98	4,578,394,000
2016	120	118	98.3	83	2,711,965,000
2015	122	120	98.4	84	3,036,729,000
평균	142	138.4	97.5	89.2	3,473,791,000

이상의 내용과 같이 보조금 사업 평균 신청 건수는 142건에 평균 선정건수는 138.4건으로 평균 선정률 97.5%로 별다른 문제가 없으면 선정된다고 볼 수 있다. 선정단체는 평균 89.2 개 단체인데 거의 동일한 단체가 매년 지원을 받고 있다. 그리고 대부분이 행사성 사업이고 예술창작지원사업은

없다. 다시 말해 구미시의 문화예술 행정의 특징은 소액다건의 행사성 문화사업 지원 위주의 예술행정이라고 할 수 있다.[14]

구미시에 등록된 전문예술법인은 1개, 전문예술단체 2개이다. 하지만 이상의 보조금 지원 사업에 이들 단체가 지원받는 사업은 없다. 정확히 말하자면 전문예술법인 · 단체에 대한 예술창작지원은 전무하다고 할 수 있다.

마. 활동인력

(1) 예술인

구미시에 거주하는 예술인은 132명이다.

경상북도 권역 기초 시 지방자치단체와 비교를 해보면 그 내용은 아래 〈표 98〉과 같다.

〈표 98〉 경상북도 권역 기초 시 지방자치단체별 분야별 인구 만 명당 등록 예술인 수(2020.5)

(단위: 명)

No	주소지	문학	미술	사진	건축	음악	국악	무용	연극	영화	연예	만화	복수	합계	인구 만 명당 수
1	경산시	13	40	1	-	49	19	9	16	1	1	14	5	168	6.4
2	안동시	12	37	2	-	18	7	1	8	2	2	-	7	96	6.0
3	경주시	21	43	4	-	22	33	4	7	1	3	4	10	152	6.0
4	김천시	8	14	1	-	9	4	2	9	-	1	1	2	51	3.6
5	영천시	2	17	1	-	2	6	1	1	-	-	2	1	33	3.2
6	구미시	15	31	3	-	25	14	10	24	2	4	2	2	132	3.1

14 이를 뒷받침하는 자료로 「2017년 기준 지역문화실태조사」 보고서에 따르면 2017년 기초지방자치단체 자체 문화사업 평균 추진 건수 현황에서 구미시가 상위 10개 지역 중 2번째로 많은 것으로 조사되었다. 이는 76개 기초(특별) 시 지방자치단체 중 지자체 예산 대비 문화예술예산이 31번째인 것과 인구 1인당 문화예술예산이 52번째인 것과 비교해 보면 흥미로운 지점이다. 이는 소액다건의 문화사업을 지원하는 방식의 결과로 해석할 수 있다.

No	주소지	문학	미술	사진	건축	음악	국악	무용	연극	영화	연예	만화	복수	합계	인구 만 명당 수
7	상주시	10	6	-	-	2	-	2	3	4	1	3	-	31	3.1
8	문경시	4	10	-	-	2	2	-	-	1	-	2	-	21	2.9
9	포항시	32	27	2	-	34	15	5	14	3	1	4	8	145	2.9
10	영주시	11	5	1	-	3	-	-	4	1	1	2	-	28	2.7
계		128	230	15	0	166	100	34	86	15	14	34	35	857	39.9
평균		12.8	23	1.5	0	16.6	10	3.4	8.6	1.5	1.4	3.4	3.5	85.7	4

경상북도 권역 기초 시 10개 단체 전체 예술인 수는 857명에 평균 85.7명이고 인구 만 명당 수는 약 4명이다. 분야별로 미술 230명, 문학 128명, 음악 166명, 국악 100명, 연극 86명, 만화 34명, 영화와 사진이 각각 15명, 연예 14명, 복수의 예술가가 35명 순이고 평균은 미술 23명, 문학 12.8명, 음악 16.6명, 국악 10명, 연극 8.6명, 만화 3.4명, 영화와 사진이 각각 1.5명, 연예 1.4명이 복수의 예술가가 3.5명으로 파악되었다.

예술인 수와 인구 만 명당 수를 살펴보면 첫 번째인 경산시는 168명에 6.4명, 안동시는 96명에 6명, 경주시는 152명에 6명 순이고 가장 적은 곳은 28명에 2.7명인 영주시다.

구미시는 총 132명에 분야별로 미술 31명, 음악 25명, 연극 24명, 문학 15명, 국악 14명, 무용 10명, 연예 4명, 사진 3명, 영화와 만화가 각각 2명, 복수의 예술가가 2명 순이고 인구 만 명당 수는 3.1명으로 경북권역에서 6번째로 평균에 못 미치고 있다. 또한 76개 기초 시 전체 평균 11.3명에 3.6배나 적고 68번째에 속한다.

(2) 문화예술교육사

구미시에 거주하는 문화예술교육사는 116명이다.[15]

15 문화예술교육사 중 예술인도 있을 것이다. 하지만 정확한 자료는 구할 수 없다.

경상북도 권역 기초 시 지방자치단체와 비교를 해보면 그 내용은 아래 〈표 99〉와 같다.

〈표 99〉 경상북도 권역 기초 시 지방자치단체별 분야별 문화예술교육사 현황

(단위: 명)

No	지자체	공예	국악	디자인	만화 애니	무용	미술	사진	연극	영화	음악	이수자	계	인구 만 명당 수
1	경산시	3	41	6	5	23	17	-	5	2	23	5	130	4.9
2	경주시	2	29	2	1	7	11	-	5	2	10	10	79	3.1
3	구미시	4	37	1	2	28	20	3	6	-	15	-	116	2.8
4	안동시	2	7	2	1	6	1	1	3	1	8	11	43	2.7
5	영천시	-	6	1	2	7	2	2	-	-	3	-	23	2.2
6	포항시	4	28	4	1	14	15	-	19	2	15	6	108	2.1
7	김천시	-	10	-	1	3	3	-	1	-	9	3	30	2.1
8	상주시	-	5	-	2	3	1	-	3	-	2	-	16	1.6
9	문경시	4	1	-	-	2	-	1	-	-	-	1	9	1.3
10	영주시	-	1	-	-	-	2	-	5	-	2	-	10	1.0
합계		19	165	16	15	93	72	7	47	7	87	36	564	23.8
평균		1.9	16.5	1.6	1.5	9.3	7.2	0.7	4.7	0.7	8.7	3.6	56.4	2.4

경상북도 권역 기초 시 10개 단체 전체 문화예술교육사 수는 564명에 평균 56.4명이고 인구 만 명당 수는 약 2.4명이다. 분야별로 국악 165명, 무용 93명, 음악 87명, 미술 72명, 연극 47명, 공예 19명, 디자인 16명, 만화 · 애니 15명, 사진과 영화가 각각 7명 순이고 평균은 국악 16.5명, 무용 9.3명, 음악 8.7명, 미술 7.2명, 연극 4.7명, 공예 1.9, 디자인 1.6명, 만화 · 애니 1.5명, 사진과 영화가 각각 0.7명로 파악되었다.

문화예술교육사 수와 인구 만 명당 수를 살펴보면 첫 번째인 경산시는 130명에 4.9명, 경주시는 79명에 3.1명 순이고 가장 적은 곳은 10명에 1명

인 영주시다.

구미시는 총 116명에 분야별로 국악 37명, 무용 28명, 미술 20명, 음악 15, 연극 6명, 공예 4명, 사진 3명, 디자인 1명 순이고 영화는 없다. 인구 만 명당 수는 2.8명으로 경북권역에서 3번째로 평균 수준이다. 또한 76개 기초 시 전체 평균 3.1명보다 적고 36번째에 속한다.

하지만 문화예술교육사의 인구 만 명당 평균 3.1명 이상인 지역은 총 26곳으로 나머지 50곳은 평균 이하로 대체적으로 그 수가 적다.

바. 종합

지금까지 문화예술 기반요소로 살펴본 구미시 문화예술 실태를 정리해 보면 아래 〈표 100〉과 같다.

〈표 100〉 문화예술 기반요소별 구미시 문화예술 실태 총괄현황

항목	문화예술 기반요소	구미시	지역			순위
			최저	평균	최고	
문화예산	문화예술예산 (천원)	23,735,982	5,168,635 (태백시)	23,945,167	117,119,427 (성남시)	31
	인구 1인당 문화예술예산 (원)	56,549	23,733 (진주시)	86,100	238,461 (안동시)	52
	지역문화진흥기금 (개)	0	-	19 (전체)	-	-
기반시설	문화기반시설 수 (개)	10	4 (영천시)	12.1	32 (창원시)	35 (총 6곳)
	인구 천 명당 문화기반시설 수(개)	0.024	0.015 (의정부시)	0.053	0.166 (문경시)	66 (총 4곳)
	생활문화시설 수 (개)	6	1 (계룡시)	10.8	46 (포항시)	47 (총 6곳)
	인구 만 명당 생활문화시설 수(개)	0.143	0.058 (진주시)	0.43	1.842 (남원시)	67 (총 2곳)
진흥기관	지역문화재단 (개)	0	-	41	-	-

항목	문화예술 기반요소	구미시	지역			순위
			최저	평균	최고	
	지역문화예술위원회 (개)	0	-	18	-	-
활동조직	전문예술법인 · 단체 (개)	3	0 (총 7곳)	6.3	63 (창원시)	36 (총 7곳)
	문화예술분야 사회적 기업 (개)	1	0 (총 37곳)	1.2	15 (전주시)	19 (총 20곳)
활동인력	예술인 수 (명)	132	17 (삼척시)	369.5	2,732 (고양시)	47
	인구 만 명당 예술인 수 (명)	3.1	2.5 (보령시)	11.3	34 (과천시)	68
	문화예술교육사 수 (명)	116	3 (삼척시)	100.3	564 (전주시)	20
	인구 만 명당 문화예술교육사 수 (명)	2.8	0.5 (삼척시)	3.1	8.7 (전주시)	36 (총 3곳)

이상의 내용과 같이 문화예술 기반요소로 파악한 구미시 문화예술 실태를 종합해 보면 76개 기초(특별) 시 지방자치단체와 비교해서 문화예산 항목에서는 문화예술예산이 237억 3598만 2000원으로 31번째이고 인구 1인당 문화예술예산이 5만 6,549원으로 52번째이며 지역문화진흥기금은 설치되지 않았다. 기반시설 항목에서는 문화기반시설이 총 10개로 35번째이지만 인구 천 명당 수는 0.024개로 66번째이고 생활문화시설이 총 6개로 47번째이지만 인구 만 명당 수는 0.143개로 67번째이다. 진흥기관 항목에서는 지역문화재단과 지역문화예술위원회는 없다. 활동조직 항목에서는 전문예술법인 · 단체가 3개로 36번째이고 문화예술분야 사회적 기업은 19번째이다. 활동인력 항목에서는 예술인이 총 132명에 47번째이지만 인구 만 명당 수는 3.1명으로 68번째이고 문화예술교육사는 총 116명에 20번째이지만 인구 만명당 수는 2.8명으로 36번째이다.

진흥기관과 지역문화진흥기금을 제외한 4개 항목 15개 세부기반요소에서 구미시는 활동조직 항목에서 2개 요소와 활동인력 항목에서 문화예술교육사 총수와 인구 만 명당 수 2개 요소, 이렇게 4개 요소를 제외하고 10개 세부기반요소가 모두 중하위권에 머물고 있다.

하지만 활동조직 항목에서 전문예술법인 · 단체에서 경상북도 권역은 16개 광역시 · 도에서 15번째에 해당하는데 전문예술법인 · 단체의 공고 및 지정을 광역시 · 도 단위에서 운영하는 것으로 보았을 때 결코 높은 점수라 할 수 없다. 또한 문화예술분야 사회적 기업수가 전체 평균 보다 높다하더라도 지자체 전반적으로 사회적 기업에 대한 인식이 부족해 보인다.

또한 문화예술교육사 역시 지자체 전반적으로 그 수가 많은 편은 아니다. 이는 우리나라에서 문화예술교육사 활용이나 지원이 전반적으로 부실한 것으로 보인다. 이는 지자체만의 노력이 아닌 중앙정부 차원에서 의지를 가지고 보다 적극적으로 운영하여야 할 것이다.

어쨌든 문화예술 기반요소를 통해 살펴본 구미시 문화예술 실태는 전반적으로 미흡하다는 것으로 판명되었다. 물론 양적 수치만으로 미흡하다는 결론을 내린다는 것이 성급할 수도 있다. 하지만 분명한 것은 동일한 조건과 잣대로 파악한 것이기에 여기서 도출된 문제점은 보완하여야 할 것이다.

2. 개선 방안

지금부터는 앞서의 분석을 토대로 구미시 문화예술 진흥을 위한 개선 및 보완 방안을 정리해 보겠다. 순서는 실태분석 때와 같이 항목별로 구분하여 문화예술 기반요소에 대한 개선방안을 기술하겠다.

가. 문화예산

우선 문화예술예산은 지방자치단체가 문화예술정책을 추진하는데 있어 필요한 물적 기반이다. 따라서 문화예술예산의 확보는 기반요소의 기본이라 할 수 있다.

당연히 문화예술예산을 많이 확보할 수로 진흥을 위한 정책수립이나 사업운영을 다양하게 할 수 있을 것이다. 하지만 그 전에 구미시가 문화예술 예산을 확보할 만큼 재정자립도가 높은지 확인할 필요가 있다. 76개 기초(특별) 시 지방자치단체의 재정자립도를 살펴보면 아래 〈표 101〉과 같다.

〈표 101〉 기초(특별) 시 지방자치단체별 재정자립도 현황(2019)[16 17 18]

No	지자체	재정 자립도(%)	No	지자체	재정 자립도(%)	No	지자체	재정 자립도(%)
1	화성시	68.86	27	남양주시	32.77	53	충주시	18.2
2	세종시	62.12	28	안성시	32.5	54	속초시	18.04
3	성남시	58.08	29	청주시	31.86	55	태백시	17.51
4	이천시	55.62	30	파주시	31.54	56	강릉시	17.36
5	용인시	53.01	31	구리시	31.41	57	익산시	16.71
6	수원시	48.09	32	오산시	29.63	58	제천시	15.01

16 재정자립도란 지방자치단체의 일반회계세입 중에서 자체 재원(자주수입)이 차지하는 비율이다. 즉, 재정자립도란 지방정부가 재정활동에 필요한 자금을 어느 정도나 조달하고 있는가를 나타내는 지표로 지방세와 세외수입을 재원으로 하는 자체 재원을 일반회계 세입으로 나눈 값이다. 지방자치단체의 자율적 재정운영 능력, 즉 자립수준을 나타내는 데 흔히 활용되고 있다.(출처: 네이버 사전)

17 지방재정365(지방재정통합공개시스템). http://lofin.mois.go.kr. 2019년 전국 평균 재정자립도는 44.9%이고 경상북도 평균 재정자립도는 24.94%이다.

18 2021년 전국 평균 재정자립도는 43.58%이고, 경상북도 평균 재정자립도는 24.9%이다. 구미시는 29.1%이다. 구미시는 29.1%로 26번째이다. 경기도 권역 외 구미보다 재정자립도가 높은 지자체로는 천안시(33.9%), 창원시(34.5%), 아산시(37.5%)가 있다. 여전히 경상북도에서 재정자립도가 가장 높다.

No	지자체	재정 자립도(%)	No	지자체	재정 자립도(%)	No	지자체	재정 자립도(%)
7	평택시	45.87	33	전주시	28.86	59	사천시	14.99
8	하남시	43.54	34	양주시	28.75	60	계룡시	14.8
9	시흥시	43.41	35	당진시	28.26	61	김천시	14.77
10	과천시	43.08	36	서산시	28.16	62	보령시	14.72
11	광주시	40.98	37	포항시	28.1	63	밀양시	14.36
12	구미시	40.51	38	거제시	26.99	64	영천시	14.17
13	안산시	40.15	39	포천시	26.81	65	삼척시	14.02
14	안양시	39.39	40	의정부시	26.59	66	통영시	13.93
15	고양시	38.74	41	경산시	25.00	67	공주시	13.87
16	천안시	38.04	42	광양시	24.59	68	동두천시	12.70
17	김포시	37.66	43	여주시	23.68	69	문경시	11.94
18	의왕시	37.27	44	원주시	23.42	70	안동시	11.15
19	창원시	36.7	45	춘천시	22.29	71	논산시	11.02
20	아산시	35.76	46	경주시	22.15	72	영주시	10.6
21	광명시	34.96	47	진주시	21.14	73	김제시	8.97
22	부천시	34.45	48	군산시	20.24	74	정읍시	8.46
23	김해시	34.41	49	순천시	18.92	75	상주시	8.45
24	군포시	34.08	50	목포시	18.68	76	남원시	7.74
25	여수시	33.81	51	동해시	18.59	경북 평균		24.94
26	양산시	33.55	52	나주시	18.44	76개 평균		27.69

이상의 내용에서 알 수 있듯이 2019년 구미시의 재정자립도는 40.51%로 76개 지역 중 12번째에 해당한다. 한편 76개 지자체 평균 재정자립도는 27.69%이고 경상북도(시·군구 포함) 평균 재정자립도는 24.94%이다. 그런데 전국 평균 재정자립도는 44.9%로 구미시는 전국 평균에 미치진 못하고 있다.

그런데 주목해야 할 부분은 안동시와 영주시의 재정자립도가 각각 11.15%와 10.6%로 구미시보다 각각 약 3.6배와 3.8배 낮지만 인구 1인당 문화예술 예산액이 각각 23만 8,461원과 22만 8,154원이고 이들은 76개 시 지방자치단체들 중에서 1위와 2위에 해당한다. 게다가 구미시보다 인구 1인당 문화예술 예산액이 높은 7개 지역(안동시, 영주시, 김천시 문경시, 경주시, 포항시, 영천시) 모두 재정자립도에 있어서 구미시보다 낮다.

결론적으로 문화예술예산의 증액은 구미시가 문화예술 진흥에 대한 의지가 있다면 불가능하지 않다는 것이다. 따라서 문화예술 진흥에 있어서 기초체력이라 할 수 있는 문화예술예산은 적어도 같은 경북권역인 안동시나 영주시보다 재정자립도가 높은 만큼 이들에 준하거나 그 이상이 되는 문화예술 예산과 인구 1인당 문화예술 예산액으로 높여야 할 것이다.

다음으로 지역문화진흥기금과 같은 특수목적 기금은 지자체의 일반회계나 균특회계[19] 예산이 아닌 별도의 예산으로 이 기금의 설치 여부는 지역 문화 및 예술 활성화의 의지를 확인할 수 있는 문화예술 기반요소이다.

물론 앞서 확인했듯이 76개 기초 시 지방자치단체 중에서 19개만이 설치하고 있어 비교할 수준이 아니지만 구미시는 명백히 조례에 기금설치와 기금심의운용위원회를 구성하여 운영하도록 법적 장치를 만들어 놓았다. 이 법·제도적 장치가 제대로 작용되기 위해서라도, 구미시 문화예술 진흥을 위해서는 반드시 설치·활용하여야 할 것이다.

---

19 국가균형발전특별회계(균특회계)란 지역 간의 균형적 발전과 재정 격차를 줄이기 위해 정부가 별도로 지원하는 예산으로 국가균형발전특별회계는 1년에 5조 원 규모다. 낙후지역 개발, 도로·항만 등 사회간접자본(SOC) 건설, 재해예방 사업지원을 위한 지역개발사업 계정(약 4조 원), 지역 전략산업 육성을 위한 지역혁신사업 계정(약 1조 원)으로 구성된다.(출처: 네이버 사전)

나. 기반시설

우선 문화기반시설의 확충은 지역문화 발전과 지역민의 문화향유 보장에 관한 지방자치단체의 의지와 노력으로 볼 수 있다. 또한 이 현황을 통해 지역 간의 문화격차 수준을 파악하는 데 도움이 된다. 따라서 구미시는 76개 기초 시 지방자치단체들 중에서 문화격차 수준이 상당히 떨어져 있고 지역민의 문화향유 보장에 소홀하다는 결론에 도달한다. 더구나 미술관을 단 1개도 보유하고 있지 않다. 당연한 이야기지만 적어도 구미시보다도 재정자립도가 낮은 영주시 수준으로 인구 천 명당 시설을 확충하여야 할 것이다.

인구 8만 1,441명인 남원시는 총 시설 15개에 인구 만 명당 시설수가 1.842개로 76개 지역 중 첫 번째이다. 따라서 구미시가 인구 만 명당 시설수가 1.842개인 남원시 수준이 되기 위해서는 적어도 총 시설수가 77.3개가 되어야 한다는 계산이 나온다. 또한 경북지역 인구 만 명당 평균 시설수 0.33개 이상의 수준이 되려면 구미시는 생활문화시설을 적어도 13.9개 이상을 확충해야 한다.

다음으로 생활문화시설은 지역주민이 지속적으로 생활문화의 참여기회를 확대하고 생활 속에서 문화를 향유하기 위하여 공동으로 이용하는 목적으로 설치 · 운영되고 있는 시설이다. 따라서 이 생활문화시설을 통하여 지역주민의 생활문화 참여기회를 확대하기 위한 지자체의 노력 여부를 가늠할 수 있다. 그러므로 구미시는 적어도 평균 이상의 수준을 달성하기 위한 계획을 세워야 할 것이다.

정리하자면 문화예술 진흥을 구현할 기반이 될 시설을 적어도 평균 이상의 수준으로 달성하여야 한다는 것이다.

다. 진흥기관

우선 앞서 구미문화재단 설립이 시기상조라는 주장의 두 가지는 문화 권력화 현상과 문화예술 정책에 관한 연구의 필요성이다. 우선 재단을 문화 권력으로 바라보는 시각이 오히려 재단을 정치적 관점으로만 보고 있는 것은 아닌지 의구심이 든다. 이미 76개 지방자치단체 중 54%에 달하는 41개 지역이 재단을 운영하고 있고 앞서 서술했듯이 문화재단은 지방자치단체의 문화정책의 대부분을 구현하는 주체이자 주민과의 매개자 역할을 하고 있는 추세이다. 부작용에 대한 우려는 설립 추진에서 세밀하게 다루면 될 것이다.

더구나 16개 광역시 · 도 중 경상북도가 제일 마지막으로 설립(2020.1) 되었다. 10년 이상이 지난 문화재단들은 여전히 이사장 선임문제나 사업 운영에서의 많은 문제점들을 노출하고 있다. 중요한 것은 시대의 흐름에 문제를 실어 해결하여야 한다.

이것이 바로 두 번째 반대주장의 해결이라 본다. 문화예술 정책에 관한 연구의 필요성은 오히려 문화재단의 고유한 역할이다. 중앙정부가 문화예술진흥법을 근거로 문화예술 지원기관인 1973년 한국문화예술진흥원을 설립하였고 2005년 한국문화예술위원회로 전환한 것도 시대의 변화를 인지하고 체질을 개선하기 위해 조직의 형식에 변화를 준 것이다.

16개 광역시 · 도 모두 재단이 설립이 되었고 76개 기초 지방자치단체 중 54%에 달하는 지역이 이미 설립되었고 심지어는 군 단위는 18개, 구 단위는 33개가 설립되어 문화예술 진흥의 매개자 역할을 하고 있다는 것을 감안한다면 지자체장의 의지와 해당부서의 세밀한 실행력을 담보로 구미문화재단 설립을 시작하여야 할 것이다.

다음으로 구미시는 지역문화예술위원회 설치 조항에 대한 문화예술 진흥(에 관한) 조례나 이에 대한 별도의 조례가 없다. 따라서 우선 조례 제정부터 준비하여야 한다.

민간위원이 참여하는 위원회 형식의 민-관 회의체계는 구미시가 문화예술 사업과 관련하여 사안마다 설치 · 운영하기도 한다. 하지만 문제는 책임감 있는 논의의 장이기 보다 행정이 준비하는 사업에 관련기관의 대표인사가 형식적으로 참여하여 힘을 실어주는 수준이라 할 수 있다. 따라서 전문성을 가진 인사가 책임감 있게 참여하고 이들의 제안을 충분히 논의할 수 있는 구조가 되어야 한다. 즉 개방성을 가진 수평적이고 민주적인 절차가 선행되어야 한다.

한편 76개 지역 중 18개 지역만이 위원회를 구성 · 운영하고 있고 몇몇 지자체를 제외하고는 거의 모든 지역이 형식적인 업무보고 수준의 회의이라는 것을 확인했다. 따라서 이런 소극적인 사례를 교훈 삼아야 할 것이다.

어쩌면 지역문화재단 설립 전 이 지역문화예술위원회 구성으로 구미시 문화예술 진흥에 관한 의제들을 설정하고 논의를 통하여 얻어진 내용들이 정책으로 입안해 가는 과정에서 자연스럽게 지역재단 설립으로 이어질 수도 있을 것이다.

라. 활동조직 · 활동인력

전문예술법인 · 단체와 예술인 그리고 문화예술교육사에 관한 개선은 현재 구미시가 해결할 수 있는 부분은 없다. 우선 전문예술법인 · 단체 모집과 지정은 광역단위에서 이루어지고 있고 예술인은 한국예술인복지재단에 예술인 증명을 통해 등록 예술인이 된다. 또한 문화예술교육사 역시 한국문화예술진흥원에서 자격증을 발급해주고 있다. 다만 이들에 대한 지원사업의 대부분이 지역문화재단으로 위탁하고 있다.

따라서 구미시가 이들이 활동할 수 있는 지원 환경을 구축하는 것이 우선되어야 할 것이다. 전체 예술인의 66.8%가, 전체 문화예술교육사의 49.2%가 서울 · 경기지역에 거주하고 있다는 것을 앞에서 확인하였다. 이는 우리나라의 문화예술의 중심이 서울이기 때문에 이 지역을 중심으로 이들이 거주하는 것은 당연한 이치일거다. 따라서 이들이 활동할 여건을 마련하는 것이 관건인데 우선 전문예술법인 · 단체와 함께 예술인이 활동할 수 있는 여러 지원 정책을 펼쳐야 한다. 이를 위해서는 문화예술 사업 지원에 대한 중장기적인 계획수립이 전제되어야 한다. 이는 앞서 책두 이행 실태를 분석했던 조례를 통하여 책임감 있게 준비할 수 있다.

한편 문화예술교육사가 안정적인 활동을 펼칠 수 있는 곳은 당연히 교육이 이루어지는 현장이다. 이미 2005년 시범을 거쳐 2010년 전국 16개 지역에 광역단위 문화예술교육지원센터가 설치 · 운영되고 있다. 이 기관에서는 학교예술교육과 사회예술교육으로 성격별로 구분하여 문화예술교육사와 학교 및 사회 예술교육 기관을 매칭하고 있다. 현재는 대부분 지역문화재단에서 지역단위를 책임지고 있지만 한국문화예술교육진흥원에서는 기초 단위 거점 지역을 새롭게 구축하기도 하고 있다.

구미가 보유할 문화예술교육사 적정 수를 살펴보자. 학교문화예술교육으로 한정하여 구미시에 필요한 문화예술교육사 수를 알아보기 위해 구미시 초 · 중 · 고등학교 현황을 살펴볼 필요가 있는데 구미시 초 · 중 · 고등학교 현황은 아래 〈표 102〉와 같다.

〈표 102〉 구미시 유치원 및 초 · 중 · 고등학교 현황

2020.3.1. 현재

구분	설립주체	학교수(개)	학급수(개)		학생수(명)	
			일반	특수	일반	특수
유치원	공립	42	90	3	1,682	12
	사립	59	394	-	8,349	-
초등학교	공립	52	1,096	54	27,639	238
중학교	공립	24	487	19	12,241	76
	사립	4	38	1	819	3

구분	설립주체	학교수(개)	학급수(개)		학생수(명)	
			일반	특수	일반	특수
고등학교	국립	1	42	-	823	-
	공립	15	358	12	9,550	129
	사립	5	135	1	2,940	5
특수학교	사립	1	45	-	295	-
총		203	2,685	90	64,338	463

이상의 내용과 같이 2020년 3월 1일 현재 구미시에 재학 중인 유치원 및 초 · 중 · 고등학교 총 학생수는 64,388명이다. 이 학생들이 1년에 적어도 한 장르의 문화예술교육 수업을 받는다는 가정 하에 학생수 대비 문화예술교육사 수를 단순히 산출해 보면 학생 20명당 1인 교사가 배치한다고 했을 때 3,219명의 문화예술교육사가 필요하다.[20] 여기에 다시 20명 1개 수업반이 1일 2시간씩 총 20회차 수업을 한다고 설정하면 이들의 총 수업시수는 40시간이고 한 달 기간 정도가 소요된다. 시간당 50,000원 비용으로 하면 20명 1개 수업반에 지출될 비용은 총 백만 원이다. 2020년 최저임금에 준하는 월급은 1백 79만 5,310원이고 연봉은 2천 154만 3,720원이다. 따라서 1인 교사가 한 달에 20명 2개 수업반을 운영한다고 하면 최저임금 월급에 준하는 수입을 안정적으로 벌 수 있다. 이렇게 된다면 40명 당 1개월씩 1인 교사가 1년 10개월 수업을 한다면 1인 교사가 책임질 학생수는 400명(40명×10개월)이 된다. 따라서 구미시 학생수 대비 필요한 문화예술교육사는 약 160명(64,338명÷400명)이 필요하다는 계산이 나온다. 단순 계산이기는 하지만 어쨌든 구미시가 문화예술교육의 확산을 위해 수요자와 공급자의 상관관계를 고려한다면 공급되어야할 충분한 문화예술 자원을 육성해야 한다는 결론에 이르게 될 것이다.

20 65,388명(총 학생수) ÷ 20명(교사 1인) = 3,129.2명

한편 창작 작업을 하는 예술인들이 고육지책으로 문화예술교육사를 병행하기도 한다. 생계유지에 어려움을 겪고 있는 예술인들의 생계방편으로 문화예술교육을 병행할 수 있는 구조를 설계한다면 예술인들의 정주여건은 개선될 것이다.

하지만 예술인(단체)에 대한 창작지원 환경구축은 이와는 별개로 설계되어야 할 것이다.

지금까지 문화예술 기반요소별 구미시 문화예술진흥 방안에 대한 개선 및 보완 방안에 대해 알아봤다. 중요한 것은 문화예술 기반요소는 문화예술 진흥을 충족시키는 필요조건이라는 것이다.

3. 종합

이상과 같이 구미시를 자료체로 하여 구미시의 문화예술 진흥 방안에 대하여 조례와 문화예술 기반요소 두 부분으로 나누어 연구를 진행하였다.

더불어 지금까지의 연구를 통해 확인한 것은 광역 단위보다는 기초 단위가 조례 제정이 활발하지 못하고 그에 따른 책무 이행이 미흡하다는 것이다. 또한 기초(특별) 시 지방자치단체들 중 기본조례의 책무를 이행한 지방자치단체가 문화예술 기반요소 항목별로 타 지역에 비해 상대적 우위를 차지하지는 않는 것을 확인하였다. 이는 법 · 제도적 장치가 반드시 문화예술 진흥을 담보한다고 볼 수 없다는 것이다.

하지만 문화예술 기반요소는 문화예술 주요법률의 핵심조항으로 구성된 것이다. 그러므로 이상의 결과가 나타난 원인을 기초 지방자치단체가 문화예술 주요법률 기본조례의 책무 이행이 미흡한 것과 연관지어 생각해 보면 지방자치단체가 문화예술 주요법률에 대한 이해부족과 실천력을 담보한 의지가 약하다는 의미로 해석할 수 있다.

문화예술 주요법률과 그 기본조례는 문화예술 진흥을 위한 기초 작업인

법 · 제도적 장치이다. 따라서 문화기본법이 선언적으로 명시한 문화에 대한 국민의 권리와 국가와 지방자치단체의 책무를 실질적으로 담보하고 이행할 문화예술 주요법률에 기반한 기본조례의 제정은 구미시뿐만 아니라 지방자치단체의 문화예술 진흥 방안을 위한 초석이자 준비의 시작이라 할 수 있다.

제6장

결 론

우리 헌법은 문화를 발전시키고 예술을 진흥하는 것이 국가의 의무라는 사실을 분명히 하고 있다. 아울러 문화기본법은 문화에 관한 국민의 권리와 국가 및 지방자치단체의 책임을 선언하고 있다. 그리고 국민의 문화권 보장을 위한 이 선언적 기본원칙을 전제로 실제 실행을 담보해 주는 문화예술 주요법률은 문화예술진흥법, 지역문화진흥법, 문화예술교육 지원법, 예술인 복지법이다.

1972년 문화예술진흥법의 제정으로 문화예술정책의 법제화를 구현했지만 지방자치단체들은 지방자치제도가 시작된 1995년부터 동 법률을 근거로 하여 조례를 제정하면서 본격적인 문화예술 시책과 재원마련을 하기 시작한다.

그리고 25년이 지난 지금 문화기본법이 선언한 문화에 대한 국민의 권리와 지방자치단체의 책무 이행을 확인할 수 있는 방법은 문화예술 주요법률 기본조례의 제정 현황과 책무 이행 실태 그리고 문화예술 기반요소별 지방자치단체의 문화예술 현황을 파악하는 것이다.

그래서 지방자치단체의 문화예술 진흥에 관한 노력과 의지를 확인하기 위한 첫 번째로 문화예술 주요법률에 근거한 기본조례의 제정 현황과 책무 이행 실태를 16개 광역시 · 도와 세종특별자치시를 포함한 76개 기초 시 지방자치단체로 구분하여 분석하였다.

우선 16개 광역시 · 도 지방자치단체의 기본조례 제정 현황은 주요 4개 법률을 종합해 볼 경우 제정률은 93.8%이고, 평균 소요기간은 72.3개월이다. 그러니까 조례 제정조차 안 하는 지방자체단체가 평균 2군데는 있으며 법률이 제정된 뒤 조례를 제정하기까지 거의 6년이 걸리는 셈이다. 책무 이행 실태를 '계획 수립'과 '위원회 구성'으로 나누어 보았는데 일단 조례에 이 책무들이 조항으로 포함되어 있는지 살핀 뒤 그 실행 여부와 활동의 내용 및 수준을 살폈다. 그 결과 우선 '계획 수립'은 조례에 관련 조항 설치율이 72.5%이고 그 이행률은 47.6%였다. 그리고 '위원회 구성'은 조례에 관련 조항 설치율은 46.9%이고 그 이행률은 34.4%였으며, 연간 회의의 횟수는 0.7회였다.

다음으로 76개 기초(특별) 시 지방자치단체의 기본조례 제정 현황은 주요 4개 법률을 종합해 볼 경우 제정률은 30.7%이고, 평균 소요기간은 109.9개월이다. 그러니까 조례 제정조차 안 하는 지방자체단체가 평균 53군데나 있으며 법률이 제정된 뒤 조례를 제정하기까지 거의 9년이 걸리는 셈이다. 책무 이행 실태를 '계획 수립'과 '위원회 구성' 그리고 '진흥기금'으로 나눈 결과 '계획 수립'은 조례에 관련 조항 설치율이 7.6%이고 그 이행률은 1.6%였다. 그리고 '위원회 구성'은 조례에 관련 조항 설치율은 11.6%이고 그 이행률은 6.6%였으며, 연간 회의의 횟수는 0.7회였다.

정리하면 우리나라의 지방자치단체들은 전반적으로 문화예술 주요법률에 근거하여 조례를 제정하고 법률에서 부과한 주요 책무를 이행하는 데 있어 무척 소홀하다는 것이다. 그리고 광역단위보다는 기초단위가 그 심각성이 크다는 것을 알 수 있었다.

덧붙여 기초 지방자치단체가 다른 주요법률 기본조례 보다 제일 많이 제정하고 있는 '진흥'관련 기본조례는 문화예술진흥법과 지역문화진흥법 그리고 예술인 복지법의 조항을 지자체별로 단독, 조합, 혼합의 형태로 구성하고 있었고 그 유형을 '기본형', '조합형', '지역문화진흥법 기본조례형', '혼합형'으로 분류하여 보았다.

한편 문화예술진흥법과 지역문화진흥법은 상호보완적 관계의 법률이라 할 수 있다. 우선 문화예술진흥법의 지역에 대한 단편적 사항을 보완한 법률이 지역문화진흥법이기 때문이다. 또 하나는 문화예술진흥법은 창작자(생산자)에 무게중심을 두고 있는 법률이라 할 수 있다. 그 이유는 우선 제2조(정의)에서 "문화예술", "문화산업", "문화시설" 등의 정의를 내려 창작자(생산자)의 역할을 명확히 규정하고 있고 이를 토대로 문화예술 공간의 설치 권장(제5조)과 전문예술법인 · 단체를 육성(제7조)하도록 하고 있기 때문이다. 한편 지역문화진흥법은 향유자(소비자)인 지역 주민에게 무게 중심을 두고 있는 법률이라 할 수 있다. 그 이유는 제2조(정의)에서 "지역문화", "생활문화",

"생활문화시설", "문화도시", "문화지구", "지역문화전문인력" 등의 정의를 내려 지역민이 문화예술을 공급받을 수 있는 지역문화의 기반을 구축하고 지역민이 향유자인 동시에 창작자 역할을 하도록 생활예술 진흥을 독려하고 있기 때문이다. 한편 예술인 복지법은 예술 창작자(생산자)의 권리와 지위를 보호하는 있고 문화예술교육 지원법은 창작자와 향유자가 문화예술교육을 통해서 만나는 허브와 같은 역할을 하는 법률이라 할 수 있다.

따라서 지방자치단체의 문화예술 진흥에 관한 노력과 의지를 확인하기 위한 두 번째로 문화예술 주요법률이 담고 있는 내용을 정리한 문화예술 기반요소를 통해 지방자치단체 문화예술 실태를 분석하였다. 문화예술 기반요소는 "문화예산", "기반시설", "진흥기관", "활동조직", "활동인력"의 5개의 항목으로 "문화예산"은 '문화예술예산'과 '인구 1인당 문화예술예산과' 그리고 '지역문화진흥기금', "기반시설"은 '문화기반시설'과 '생활문화시설', "진흥기관"은 '지역문화재단'과 '지역문화예술위원회', "활동조직"은 '전문예술법인 · 단체'와 '문화예술분야 사회적 기업', "활동인력"은 '예술인'과 '문화예술교육사' 이렇게 11개 기반요소(15개 세부기반요소)이다.

그리고 마지막으로 본 연구의 자료체인 구미시의 문화예술 진흥 방안을 연구하기 위해 두 부분으로 나누어 실태를 분석하였는데 그 하나가 구미시의 조례 제정 실태였다.

앞서 기초(특별) 시 지방자치단체 문화예술 조례현황과 책무 이행 실태를 통해 확인한 구미시의 문화예술 주요법률 기본조례는 1개로 문화예술 진흥(에 관한) 기본조례인 구미시 문화예술 진흥 및 기금 운용 조례는 형식만 갖추었을 뿐 구미시 문화예술 진흥과는 관련이 없는 경비지원 근거로만 존재하고 있었다. 게다가 구미시 지방보조금 관리 조례에 의거하여 구성된 지방보조금심의위원회에는 문화예술 분야의 전문 위원이 단 한 명도 없이 문화예술 보조사업을 심의하는 것으로 확인하였다.

따라서 문화예술 기반요소 조항이 담긴 법 · 제도적 장치인 문화예술 주요법률 기본조례를 새롭게 정비하여 제정하는 것이 구미시 문화예술 진흥을 위한 방안의 시작이라는 결론에 이르렀다.

문화예술 주요법률에 기반한 조례 제정을 위한 기본 전제는 책무 이행을 위해 주요법률과 기본조례에 책무 조항을 반드시 담아야 하는 것과 이 책무 조항의 문구를 "~ 할 수 있다."라는 지자체가 책임에서 한 발 벗어날 여지를 둔 표현보다는 "~ 하여야 한다." 또는 "~ 해야 한다."와 같은 의무사항으로 명시하는 표현으로 법률의 실행력을 높일 수 있도록 하는 것이다.

그리고 문화예술 주요법률에 기반한 기본조례에는 반드시 '계획'과 '위원회' 그리고 '진흥기금' 조항을 포함하는 것은 제안하였다. 그리고 '진흥' 법률 기본조례를 예시로 구미시는 '기본형 + 문화예술진흥법 + 지역문화진흥법' 유형을 제시하였다.

두 번째는 앞서 진행한 지방자치단체의 문화예술 실태 분석을 토대로 구미시 문화예술 실태를 비교·분석하고 문화예술 기반요소별로 그 개선 방안을 제시하였다.

11개의 문화예술 기반요소(15개 세부기반요소)로 76개 기초(특별) 시 지방자치단체와 비교·분석한 구미시 문화예술 실태를 살펴보면 문화예산 항목에서는 문화예술예산이 237억 3598만 2000원으로 31번째였고 인구 1인당 문화예술예산이 5만 6,549원으로 52번째였으며 지역문화진흥기금은 설치되지 않았다. 기반시설 항목에서는 문화기반시설이 총 10개로 35번째였지만 인구 천 명당 수는 0.024개로 66번째였고 생활문화시설이 총 6개로 47번째였지만 인구 만 명당 수는 0.143개로 67번째였다. 진흥기관 항목에서는 지역문화재단과 지역문화예술위원회는 없다. 활동조직 항목에서는 전문예술법인·단체가 3개로 36번째였고 문화예술분야 사회적 기업은 19번째였다. 활동인력 항목에서는 예술인이 총 132명에 47번째였지만 인구 만 명당 수는 3.1명으로 68번째였고 문화예술교육사는 총 116명에 20번째였지만 인구 만 명당 수는 2.8명으로 36번째였다.

종합하면 진흥기관과 지역문화진흥기금을 제외한 4개 항목 15개 세부기반요소에서 구미시는 활동조직 항목에서 2개 요소와 활동인력 항목에서 문화예술교육사 총수와 인구 만 명당 수 2개 요소, 이렇게 4개 요소를 제외하고 11개 세부기반요소가 모두 중하위권에 머물고 있었다.

그런데 문화예술 기반요소의 물적 기반이 되는 문화예술 예산의 증액을 위해 구미시의 재정자립도를 확인한 결과, 2019년 구미시의 재정자립도는 40.51%로 76개 지역 중 12번째에 해당하였다. 한편 76개 지자체 평균 재정자립도는 27.69%이고 경상북도(시·군구 포함) 평균 재정자립도는 24.94%이다. 따라서 예산이 직접적으로 수반되는 기반시설의 확충이나 지역문화진흥기금 설치는 구미시가 문화예술 진흥에 대한 의지가 있다면 불가능하지 않다는 것을 확인하였다.[1]

한편 진흥기관과 활동조직 및 활동인력은 현재 구미시가 직접적으로 해결할 수 있는 방법이 없었다. 진흥기관은 지역문화재단과 지역문화예술위원회로 지역문화재단 설립의 반대 여론을 극복할 수 있는 방법으로 우선 실현가능한 지역문화예술위원회를 구성하여 구미시 문화예술 진흥에 관한 의제들을 설정하고 논의를 통하여 얻어진 내용들이 정책으로 입안해 가는 과정에서 자연스럽게 지역재단 설립으로 이어지도록 제시하였다.

활동조직 및 활동인력의 지원과 확충을 위해서는 문화예술 사업 지원에 대한 중장기적인 계획수립이 필요한데 이는 조례 제정을 통하여 그 법적 근거를 마련하는 것이다.

결론적으로 구미시의 문화예술 진흥을 위한 시작은 분야별 문화예술 정책 수립을 뒷받침해 줄 법 · 제도적 장치인 문화예술 주요법률에 기반한 기본조례 제정이다. 그리고 이 조례는 문화기본법이 선언하고 있는 문화에 대한 국민의 권리와 지방자치단체의 책무를 이행하기 위하여 '계획수립'과

---

1 2021년 전국 평균 재정자립도는 43.58%이고, 경상북도 평균 재정자립도는 24.9%이다. 구미시는 29.1%이다. 구미시는 29.1%로 26번째이다. 경기도 권역 외 구미보다 재정자립도가 높은 지자체로는 천안시(33.9%), 창원시(34.5%), 아산시(37.5%)가 있다. 여전히 경상북도에서 재정자립도가 가장 높다. 2019년도에 비해 14단계 떨어졌지만 여전히 전국 상위에 해당한다.

'위원회 구성' 그리고 '진흥기금'이 반드시 포함하여야 한다. 또한 구미시 문화예술 실태를 통해 확인된 문화예술 기반요소를 구미시보다 우위에 있는 지방자치단체들의 수준으로 끌어올릴 수 있도록 하는 것이다.

문화예술 주요법률에 기반한 기본조례 제정이 문화예술 진흥을 보장하다고 할 수는 없다. 본 연구에서 확인했듯이 문화예술 주요법률 기본조례 제정이나 책무 이행을 제대로 하고 있는 지역이 그리 많지 않는 것과 기초(특별) 시 지방자치단체들 중 기본조례의 책무를 이행한 지방자치단체가 문화예술 기반요소 항목별로 타 지역에 비해 상대적 우위를 차지하지는 않는 것을 확인하였다. 이는 법 · 제도적 장치가 반드시 문화예술 진흥을 담보한다고 볼 수 없다는 것이다.

하지만 이런 문제는 현재 제정 · 시행하고 있는 지방자치단체의 기본 조례가 지역 현실을 반영하고 있는지 현장에 필요한 내용을 담고 있는지에 대해 제고할 필요가 있다. 이를 위해서는 문화예술 주요법률의 책무 조항인 위원회를 활용하거나 조례 입법평가 조례 또는 조례 사후 입법 평가 조례를 활용(제정)하여 각 지방자치단체가 제정 · 시행하고 있는 기본조례를 지역현실에 맞게 개정할 필요가 있다.

기초(基礎)는 사물이나 일 따위의 기본이 되는 토대이다. 기본(基本)은 사물이나 현상, 이론, 시설 따위의 기초와 근본이다. 문화예술진흥법의 제정으로 우리나라는 문화 정책 수립을 시작하게 되었다. 그 이후 지역문화진흥법, 문화예술교육 지원법, 예술인 복지법이 제정되면서 문화예술의 분야별 정책 수립을 세우기 시작하였다. 그리고 이러한 문화예술 영역의 법률에 국가와 지방자치단체의 책무를 정한 문화기본법은 문화에 대한 국민의 권리를 선언하였다. 바로 이 법과 조례가 문화예술 진흥을 위한 기초이고 문화예술 진흥을 위해 이들이 정한 책무를 이행하는 것은 기초 지방자치단체의 기본이다.

지방자치단체의 문화예술 주요법률에 기반한 조례는 문화정책과 관련한 법 · 제도적 장치를 마련함으로써 정책적 실행력을 높이겠다는 지방자치단체의 의지이다. 역설적이게도 문화정책의 행정을 구현하기 위해서는 현재 취약하고 소홀하게 관리하고 있는 지방자치단체의 문화관련 조례를 "계획수립"과 "위원회 구성" 그리고 "진흥기금 설치" 책무 조항이 반드시 포함된 문화예술 주요법률에 기반한 기본조례를 제정하는 것이다. 나아가 구미시가 이러한 실천들을 선도적으로 실행하는 기초 지방자치단체의 모델이 된다면 이 문화예술 주요법률에 기반한 구미시 문화예술 진흥 방안은 검증된 성공 사례가 될 것이다. 아울러 이러한 법 · 제도적 장치의 준비과정은 개방성을 원칙으로 해당 관계자와 관련분야 전문가들의 수평적인 관계에서 민주적 절차에 의해 이루어져야 한다.

결론적으로 문화기본권이 선언하고 있는 문화에 대한 국민의 권리와 국가 및 지방자치단체의 책무 이행은 문화예술을 통한 민주주의의 실현이라고 할 수 있다.

참고문헌

단행본

김민주 · 윤성식. 『문화정책과 경영』, 박영사, 2016.

김정수. 『문화행정론』. 집문당, 2010.

박광무. 『한국문화정책론』. 김영사, 2010.

임학순. 『창의적 문화사회와 문화정책』, 진한도서, 2003.

학술논문

김창규 (2014). 「문화법정책의 이론과 실제. 한국법정책학회」, 14(3), 749~794.

금성희 · 남재걸 (2017). 「우리나라 예술정책의 변화과정에 관한 연구: 역사적 제도주의의 관점에서. 한국거버넌스학회」, 24(1), 235~270.

오양렬 (1995). 「한국의 문화행정체계 50년: 구조 및 기능의 변천과정과 그 과제. 문화정책논총」, 7, 29~74.

이병량 (2004). 「한국문화정책의 변화추이와 내용에 관한 분석: 문화예산을 중심으로. 한국정책과학학보」, 8(3), 99~125.

학위논문

강은경 (2018). 「문화예술과 국가의 관계 연구」, 서울대학교 대학원 박사학위논문.

금성희 (2000). 「문화예술정책 제도변화에 관한 연구」, 단국대학교 대학원 박사학위논문.

보고서

구미시. 「구미문화도시조성계획」, 2019.

문화관광부. 「2006 문화정책백서」, 2006.

문화체육관광부. 「2017년 기준 지역문화실태조사」 2019.

문화체육관광부. 「2018 전국 작은 도서관 운영실태조사 결과보고서」, 2019.

문화체육관광부. 「2018 문화예술정책 백서」, 2018.
문화체육관광부. 「2019 전국문화기반시설 총람」, 2019.
전병태. 「예술지원의 원칙과 기준에 관한 연구」. 한국문화관광정책연구원. 2005.
한국문화관광연구원. 「문화국가를 위한 헌법연구」, 2017.

인터넷자료

국가법령정보센터. www.law.go.kr.
늘배움 국가평생학습포털 홈페이지. www.lifelongedu.go.kr.
예술경영지원센터 홈페이지. www.gokams.go.kr.
작은 영화관 홈페이지. www.scinema.org.
전국미디어센터협의회 홈페이지. www.krmedia.org.
전국지역문화재단협의회. www.ancf.or.kr.
자치법규정보시스템. www.elis.go.kr.
지방재정365(지방재정통합공개시스템). www.lofin.mois.go.kr.
한국사회적기업진흥원 홈페이지. www.socialenterprise.or.kr.
행정안전부 정보공개청구 사이트. www.open.go.kr.
16개 광역시 · 도 지방자치단체 홈페이지.
76개 기초(특별) 시 지방자치단체 홈페이지.

기타

구미시의회 제227회(정례회) 제2차 본회의(2018.11.27.) 회의록.
구미시의회 제233회(임시회) 제1차 본회의(2019.9.19.) 회의록.
대한민국헌법. 헌법 제10호(1987. 10. 29.,전부개정)
문화기본법. 법률 제12134호(2013.12.30.,제정) ~ 법률 제16593호(2019.11.26., 일부개정)
문화예술진흥법. 법률 제2337호(1972.8.14.,제정) ~ 법률 제16595호(2019.11.26.,일부개정)
문화예술교육 지원법. 법률 제7774호(2005.12.29.,제정) ~ 법률 제16686호(2019.12.3.,일부개정)
예술인 복지법. 법률 제11089호(2011.11.17.,제정) ~ 법률 제16687호(2019.12.3.,일부개정)

지역문화진흥법. 법률 제12354호(2014. 1. 28.,제정)
16개 광역시 · 도 지방자치단체 문화예술교육 지원(에 관한) 조례.
16개 광역시 · 도 지방자치단체 문화예술 진흥(에 관한) 조례.
16개 광역시 · 도 지방자치단체 예술인 복지 증진(에 관한) 조례.
16개 광역시 · 도 지방자치단체 지역/생활문화 진흥(에 관한) 조례.
16개 광역시 · 도 지방자치단체 2019년도 세출총괄예산서.
76개 기초(특별) 시 지방자치단체 문화예술교육 지원(에 관한) 조례.
76개 기초(특별) 시 지방자치단체 문화예술진흥기금 조성 및 운용 조례.
76개 기초(특별) 시 지방자치단체 문화예술 진흥(에 관한) 조례.
76개 기초(특별) 시 지방자치단체 예술인 복지 증진(에 관한) 조례.
76개 기초(특별) 시 지방자치단체 지역/생활문화 진흥(에 관한) 조례.
76개 기초(특별) 시 지방자치단체 2019년도 세출총괄예산서.

예술정책, 법대로 하자

초판 1쇄 인쇄 2021년 5월 24일
초판 1쇄 발행 2021년 5월 31일

지은이 황윤동
펴낸이 박성복
펴낸곳 도서출판 연극과인간
주소 01047 서울특별시 강북구 노해로25길 61
등록 2000년 2월 7일 제6-0480호
전화 (02) 912-5000
팩스 (02) 900-5036
홈페이지 www.worin.net
전자우편 worinnet@hanmail.net

ISBN 978-89-5786-783-9 93680

값은 뒤표지에 있습니다.